Willi Dieckerhoff, Karl Friedrichs, Christoph Jung, Klaus Manegold

Wirtschafts- und Betriebslehre

Lehr- und Arbeitsbuch

4. Auflage

Bestellnummer 24225

Bildungsverlag EINS

Bildquellenverzeichnis

Bank-Verlag GmbH, Köln: S. 60, 62.1

Bergmoser + Höller Verlag AG, Aachen: S. 16.2, 22, 28, 34, 58.1, 64.1, 74 (3x), 76 (2x), 116, 126, 134.1, 144.3

Bildungsverlag EINS/Oliver Wetterauer: S. 17, 106.2

Bundesinstitut für Berufsbildung (BIBB), Bonn: S. 7

Deutsche Postbank AG, Bonn: S. 62.2, 62.3

dpa Infografik GmbH, Hamburg: S. 18 (2x), 20, 25, 26 (2x), 46, 47, 56, 58.2, 66, 68, 89, 90 (2x), 102, 106.1, 118, 120 (2x), 124 (2x), 125, 128, 129, 134.2, 134.3, 138 (2x), 140 (2x), 141, 142 (3x), 143, 144.1, 144.2, 146, 154

Fotolia Deutschland GmbH, Berlin: S. 16.1 (mars), 41 (Nils Perpeet)

IfM Bonn: S. 70 (2x)

Mercur Eco e. V., Rheinau: S. 151

MEV Verlag GmbH, Augsburg: S. 6, 38, 147

MLP Finanzdienstleistungen AG, Wiesloch. S. 64.2

Mussil, Felix: S. 148

Wolter, Jupp (Künstler), Haus der Geschichte, Bonn: S. 111

Die in diesem Werk aufgeführten Internetadressen sind auf dem Stand der Drucklegung 2015. Die ständige Aktualität der Adressen kann vonseiten des Verlags nicht gewährleistet werden. Darüber hinaus übernimmt der Verlag keine Verantwortung für die Inhalte dieser Seiten.

Die in diesem Produkt gemachten Angaben zu Unternehmen (Namen, Internet- und E-Mail-Adressen, Handelsregistereintragungen, Kontonummern, Steuer-, Telefon- und Faxnummern und alle weiteren Angaben) sind i. d. R. fiktiv, d. h., sie stehen in keinem Zusammenhang mit einem real existierenden Unternehmen in der dargestellten oder einer ähnlichen Form. Dies gilt auch für alle Kunden, Lieferanten und sonstigen Geschäftspartner der Unternehmen wie z. B. Kreditinstitute, Versicherungsunternehmen und andere Dienstleistungsunternehmen. Ausschließlich zum Zwecke der Authentizität werden die Namen real existierender Unternehmen und z. B. im Fall von Kreditinstituten auch deren Bankleitzahlen, IBAN und BIC verwendet.

Aus Gründen der besseren Lesbarkeit wird bei geschlechtsspezifischen Bezeichnungen in der Regel ausschließlich die männliche Form gewählt.

service@bv-1.de
www.bildungsverlag1.de

Bildungsverlag EINS GmbH
Ettore-Bugatti-Straße 6-14, 51149 Köln

ISBN 978-3-427-**24225**-5

Dieses Lehr- und Arbeitsbuch enthält alle wesentlichen Themenbereiche des Unterrichtsfaches „Wirtschafts- und Betriebslehre“ für nicht-kaufmännische Ausbildungsberufe. Mit seinen inhaltlichen Schwerpunkten und Zielsetzungen berücksichtigt es außerdem die überarbeiteten KMK-Elemente für die Zwischen- und Abschlussprüfung der gewerblich-technischen Berufe im Prüfungsfach „Wirtschafts- und Sozialkunde“.
Junge Erwachsene haben sich in unterschiedlichen Lebensbereichen (Auszubildende/-r, Arbeitnehmer/-in, Konsument/-in und Wirtschaftsbürger/-in) und Situationen zu bewähren und sind zu Handlungen aufgefordert. Deshalb beziehen sich die Lerngebiete, Lernziele und Lerninhalte einerseits auf den jungen Menschen in der heutigen Berufs- und Arbeitswelt; sie berücksichtigen aber andererseits auch die Zusammenhänge zwischen ökonomischen, rechtlichen, sozialen und ökologischen Aspekten. Die Inhalts- und Problemaspekte der 14 Kapitel sind durch jeweils vier bis sechs Themen erschlossen.
Die Gestaltung des Lehrbuches entspricht in seiner Zielsetzung einem durch die Lernenden getragenen Unterrichtsverlauf. So sind die Unterrichtsinhalte in konzentrierter Form und ansprechender Darstellung auf der linken Seite und die dazugehörigen Arbeitsaufträge auf der rechten Seite dargestellt. Dadurch wird den Lernenden die Möglichkeit eröffnet, die Bearbeitung der Aufgaben unmittelbar vorzunehmen und die Lösungen in die dafür vorgesehenen Felder einzutragen. Die Aufgabenstellungen sind derart ausgewählt, dass nicht nur Faktenwissen abgefragt wird, sondern Anregungen für die eigene selbstständige Auseinandersetzung und Beurteilung volkswirtschaftlicher und betriebswirtschaftlicher Fragestellungen gegeben werden.
Die Arbeitsaufträge sind an verschiedene Methoden gebunden, die geeignet sind, die Methodenkompetenz der Lernenden zu erweitern. So werden z. B. Tabellen, Grafiken und Schaubilder analysiert und interpretiert, Berechnungen vorgenommen und Meinungen erfragt, die in vielfältiger Form präsentiert werden können.
Ziel des Buches ist es einerseits, die Bearbeitung aller Lehrplan-Themenbereiche und die Vorbereitung auf die Abschlussprüfung in Wirtschafts- und Sozialkunde im Rahmen der Ausbildung zu ermöglichen, andererseits durch die gestraffte Darstellung in kompakter Form ein „handliches“ Lern- und Arbeitsbuch zur Verfügung zu stellen.

Inhalt

1 Berufsbildung

1.1 Berufsausbildungsverhältnis

Partner zur Begründung eines Berufsausbildungsverhältnisses sind der Ausbildende und der Auszubildende. Sie haben vor Beginn der Berufsausbildung einen Berufsausbildungsvertrag zu schließen. Bei Vertragsabschluss mit Minderjährigen ist die Zustimmung des gesetzlichen Vertreters notwendig.

Berufsbildungsgesetz

§ 11 Vertragsniederschrift

(1) Ausbildende haben unverzüglich nach Abschluss des Berufsausbildungsvertrages, spätestens vor Beginn der Berufsausbildung, den wesentlichen Inhalt des Vertrages [...] schriftlich niederzulegen [...]. In die Niederschrift sind mindestens aufzunehmen

1. Art, sachliche und zeitliche Gliederung sowie Ziel der Berufsausbildung, insbesondere die Berufstätigkeit, für die ausgebildet werden soll,
2. Beginn und Dauer der Berufsausbildung,
3. Ausbildungsmaßnahmen außerhalb der Ausbildungsstätte,
4. Dauer der regelmäßigen täglichen Ausbildungszeit,
5. Dauer der Probezeit,
6. Zahlung und Höhe der Vergütung,
7. Dauer des Urlaubs,
8. Voraussetzungen, unter denen der Berufsausbildungsvertrag gekündigt werden kann,
9. ein in allgemeiner Form gehaltener Hinweis auf die Tarifverträge, Betriebs- oder Dienstvereinbarungen, die auf das Berufsausbildungsverhältnis anzuwenden sind.

Die zuständigen Stellen (s. Kap. 1.4), die Kammern, führen Verzeichnisse der Berufsausbildungsverhältnisse. Jeder Berufsausbildungsvertrag muss vom Ausbildenden unverzüglich an die zuständige Stelle geschickt werden, damit der Vertrag in das Ausbildungsverzeichnis eingetragen werden kann.

Pflichten von Ausbilder und Auszubildenden

Während der Berufsausbildung hat der Ausbildende, aber auch der Auszubildende, Pflichten zu übernehmen. Der Ausbildende muss dafür Sorge tragen, dass der Auszubildende das vorgesehene Ausbildungsziel erreichen kann. Der Auszubildende muss sich bemühen, die notwendigen Kenntnisse und Fertigkeiten zu erwerben. Die entsprechenden §§ 13 und 14 des Berufsbildungsgesetzes enthält der Ausbildungsvertrag.

Berufsbildungsgesetz

§ 13 Verhalten während der Berufsausbildung

Auszubildende haben sich zu bemühen, die berufliche Handlungsfähigkeit zu erwerben, die zum Erreichen des Ausbildungsziels erforderlich ist. Sie sind insbesondere verpflichtet,

1. die ihnen im Rahmen ihrer Berufsausbildung aufgetragenen Aufgaben sorgfältig auszuführen,
2. an Ausbildungsmaßnahmen teilzunehmen, für die sie nach § 15 freigestellt werden,
3. den Weisungen zu folgen, die ihnen im Rahmen der Berufsausbildung von Ausbildern oder Ausbilderinnen oder von anderen weisungsberechtigten Personen erteilt werden,
4. die für die Ausbildungsstätte geltende Ordnung zu beachten,
5. Werkzeug, Maschinen und sonstige Einrichtungen pfleglich zu behandeln,
6. über Betriebs- und Geschäftsgeheimnisse Stillschweigen zu wahren.

§ 14 Berufsausbildung

(1) Ausbildende haben

1. dafür zu sorgen, dass den Auszubildenden die berufliche Handlungsfähigkeit vermittelt wird, die zum Erreichen des Ausbildungszieles erforderlich ist, und die Berufsausbildung in einer durch ihren Zweck gebotenen Form planmäßig, zeitlich und sachlich gegliedert so durchzuführen, dass das Ausbildungsziel in der vorgesehenen Ausbildungszeit erreicht werden kann,
2. selbst auszubilden oder einen Ausbilder oder eine Ausbilderin ausdrücklich damit zu beauftragen,
3. Auszubildenden kostenlos die Ausbildungsmittel, insbesondere Werkzeuge und Werkstoffe zur Verfügung zu stellen, die zur Berufsausbildung und zum Ablegen von Zwischen- und Abschlussprüfungen, auch soweit solche nach Beendigung des Berufsausbildungsverhältnisses stattfinden, erforderlich sind,
4. Auszubildende zum Besuch der Berufsschule sowie zum Führen von schriftlichen Ausbildungsnachweisen anzuhalten, soweit solche im Rahmen der Berufsausbildung verlangt werden, und diese durchzusehen,
5. dafür zu sorgen, dass Auszubildende charakterlich gefördert sowie sittlich und körperlich nicht gefährdet werden.

(2) Auszubildenden dürfen nur Aufgaben übertragen werden, die dem Ausbildungszweck dienen und ihren körperlichen Kräften angemessen sind.

Probezeit

Das Berufsausbildungsverhältnis beginnt mit der Probezeit, die nach § 20 BBiG (Berufsbildungsgesetz) mindestens einen Monat betragen muss und höchstens vier Monate dauern darf. Während der Probezeit kann das Berufsausbildungsverhältnis jederzeit sowohl vom Ausbildenden als auch vom Auszubildenden ohne Angabe von Gründen und ohne Einhaltung einer Frist schriftlich gekündigt werden.

A1 Ein **Berufsausbildungsvertrag** muss Mindestangaben enthalten. Nennen Sie diese.

- ______________________
- ______________________
- ______________________
- ______________________
____

- ______________________
- ______________________
- ______________________
- ______________________
- ______________________

A2 Welche Vereinbarung in einem Berufsausbildungsvertrag ist ungültig? Kreuzen Sie an.

☐ Zahlung eines Ausbildungsbetrags
☐ Beginn und Dauer der Ausbildung
☐ Dauer der Probezeit drei Monate
☐ Vertragsstrafen
☐ Zahlung und Höhe der Vergütung

A3 Wer muss einen Ausbildungsvertrag unterschreiben? Kreuzen Sie richtige Antworten an.

☐ Ausbilder und volljähriger Auszubildender
☐ Ausbilder, Kammer, Auszubildender
☐ gesetzlicher Vertreter, Ausbilder, minderjähriger Auszubildender
☐ Ausbilder, Auszubildender, Berufsschule, Kammer

A4 Nach § 13 und § 14 des **Berufsbildungsgesetzes** ergeben sich für Auszubildende und Ausbildende gegenseitige Pflichten. Nennen Sie die wichtigsten Pflichten in Stichwörtern.

Pflichten der Auszubildenden (= Rechte der Ausbildenden)	Pflichten der Ausbildenden (= Rechte der Auszubildenden)
◆	◆
◆	◆
◆	◆
◆	◆
◆	◆
◆	

A5 Kreuzen Sie an, welche Aussagen zutreffen. In der **Probezeit** ist eine Kündigung

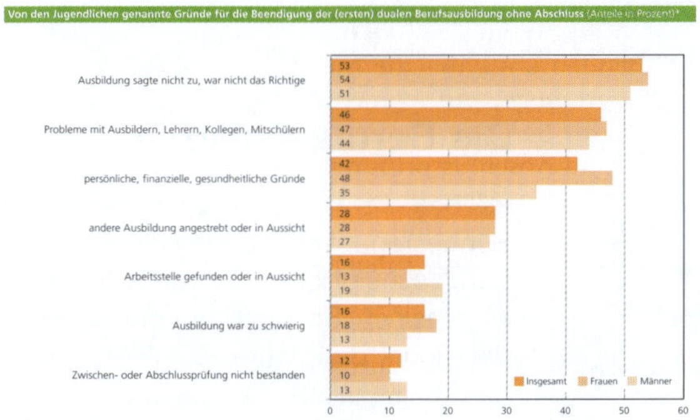

BIBB-Übergangsstudie 2014, BIBB-Report 21-2013, S.9

☐ möglich mit einer Kündigungsfrist von 14 Tagen,
☐ von beiden Seiten möglich,
☐ Ausbildungsabbruch
☐ ohne Angaben von Gründen möglich,
☐ nicht möglich,
☐ ohne Fristen möglich.

A6 Welche Maßnahmen sind Ihrer Meinung nach geeignet, die hohe Zahl von über 20 % Vertragsauflösungen zu verringern?

- ______________________
- ______________________
- ______________________
- ______________________
____

1.2 Duale Berufsausbildung

In der Bundesrepublik Deutschland erfolgt die Berufsausbildung im Handwerk, in Industrie und Handel und in den freien Berufen in wechselseitigen Beziehungen zwischen **Betrieb** und **Berufsschule**. Da *zwei* Einrichtungen an der Ausbildung mitwirken, bezeichnet man sie als eine *duale* Ausbildung.

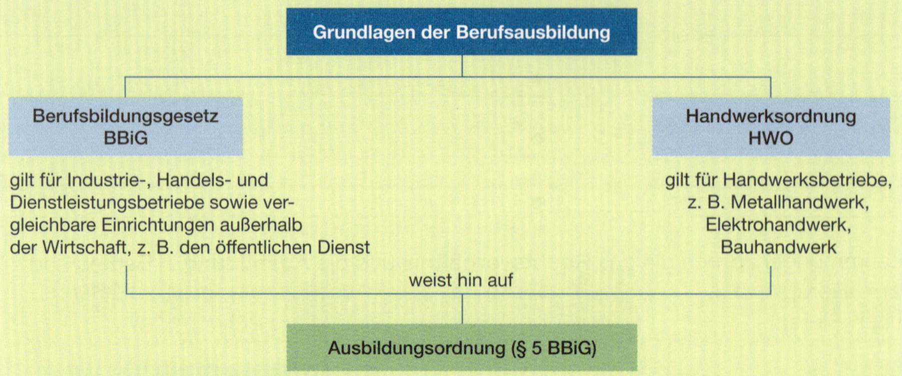

= rechtliche Grundlage für einen Ausbildungsberuf

Die Ausbildungsordnung hat mindestens festzulegen (§ 5 BBiG, Abs. 1)

1. die Bezeichnung des Ausbildungsberufes,
2. die Ausbildungsdauer, nicht weniger als zwei Jahre
3. die Fertigkeiten und Kenntnisse, die Gegenstand der Berufsausbildung sind,
4. eine Anleitung zur sachlichen und zeitlichen Gliederung der Vermittlung der Fertigkeiten und Kenntnisse (Ausbildungsrahmenplan),
5. die Prüfungsanforderungen.

Berufsbildungsgesetz
§ 2 Lernorte der Berufsbildung

(1) Berufsbildung wird durchgeführt
1. in Betrieben der Wirtschaft, in vergleichbaren Einrichtungen außerhalb der Wirtschaft, insbesondere des öffentlichen Dienstes, der Angehörigen freier Berufe und in Haushalten (betriebliche Berufsbildung),
2. in berufsbildenden Schulen (schulische Berufsbildung) und
3. in sonstigen Berufsbildungseinrichtungen außerhalb der schulischen und betrieblichen Berufsbildung (außerbetriebliche Berufsbildung).

Für die beiden Lernorte – Schule und Betrieb – gelten unterschiedliche rechtliche Rahmenbedingungen. Der Jugendliche, der aufgrund eines privatrechtlich abgeschlossenen Ausbildungsvertrages eine betriebliche Berufsausbildung durchläuft, ist als Auszubildender in das Sozial- und Arbeitsrechtssystem einbezogen. Er erhält eine Ausbildungsvergütung, die tarifvertraglich festgelegt ist. Auf der anderen Seite ist der Jugendliche zugleich aufgrund der nach Landesrecht erlassenen Schulgesetze berufsschulpflichtig. Er ist also während der dualen Berufsausbildung in zwei unterschiedliche Rechtsverhältnisse eingebunden.

Die Ausbildungsziele und -inhalte für die duale Berufsausbildung sind ebenfalls in unterschiedlichen Ausbildungsvorschriften festgelegt. Grundlage für die betriebliche Berufsausbildung sind die als Rechtsverordnung erlassenen Ausbildungsverordnungen. Sie gelten bundeseinheitlich. Die Lehrpläne für die Berufsschulen werden von den jeweiligen Kultusministerien in Form von Erlassen herausgegeben. Sie basieren auf den Rahmenlehrplänen der Kultusministerkonferenz, die bei allen neu geordneten Berufen mit den Ausbildungsordnungen abgestimmt sind.

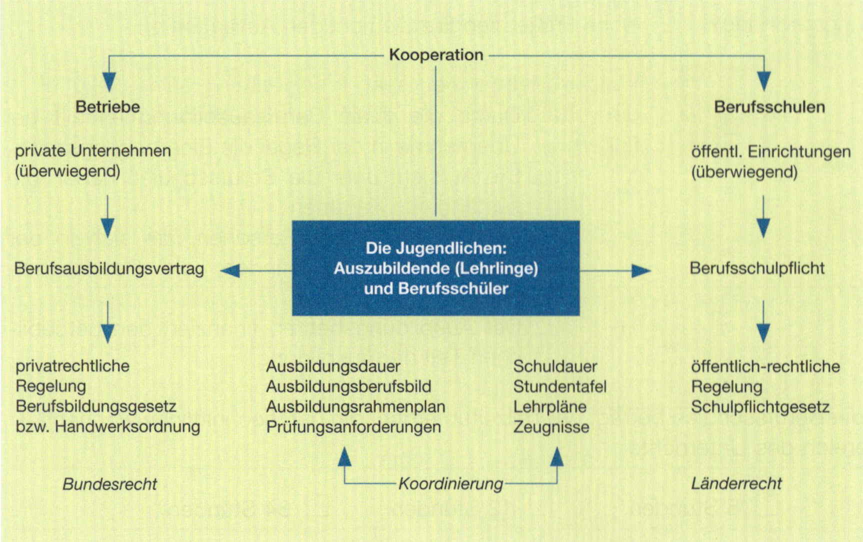

Der Betrieb

Der Betrieb hat die Aufgabe, die für die Berufsausbildung notwendigen fachlichen Fertigkeiten und Kenntnisse sowie den Erwerb der erforderlichen Berufserfahrungen zu vermitteln.
Diese Zielsetzung ist im Berufsbildungsgesetz von 2005, das einheitlich für die Wirtschaft die Ausbildung regelt, festgelegt. Ähnliche Bestimmungen enthält die Handwerksordnung für die Ausbildung in den Handwerksberufen.

Die Berufsschule

Es besteht in jedem Bundesland der Bundesrepublik Deutschland eine Berufsschulpflicht nach dem Ende der allgemeinen Schulpflicht. Sie dauert in der Regel drei Jahre. Die Berufsschulpflicht gilt auch für Jugendliche, die keinen Ausbildungsvertrag haben. Die Jugendlichen müssen die für den Arbeitsort zuständige Berufsschule besuchen. Der Berufsschulunterricht ist nach dem Berufsbildungsgesetz wesentlicher Teil der Berufsausbildung. Sein Besuch wird daher auf die Arbeitszeit angerechnet. Bei Jungarbeitern wird er wie Arbeitszeit bezahlt.

A1 **Duales Ausbildungssystem** heißt, dass ______ Einrichtungen an der Berufsausbildung mitwirken.

Berufsausbildung

erfolgt an | den Lernorten

Die überbetriebliche Ausbildung gehört zum Lernort _________.

A2 Nennen Sie die Gesetze und Bestimmungen, durch die das **Rechtsverhältnis** und die **Ausbildung** in Betrieb und Schule geregelt sind.

Betrieb		**Berufsschule**
• ______	Rechts-verhältnis	• ______
• ______		• ______
• ______		• ______
• ______		• ______
______	Aus-bildungs-inhalte	______
______		______

A3 In welchen Gesetzen ist die duale Berufsausbildung geregelt? Kreuzen Sie an.

- ☐ Berufsausbildungsförderungsgesetz
- ☐ Gewerbeordnung
- ☐ Handwerksordnung
- ☐ Arbeitsförderungsgesetz
- ☐ Berufsbildungsgesetz
- ☐ Sozialgesetzbuch

A4 Wer erlässt eine Ausbildungsordnung? Kreuzen Sie an.

- ☐ Arbeitgeberverband
- ☐ Kultusminister
- ☐ zuständige Bundesminister
- ☐ Gewerkschaft und Arbeitgeber
- ☐ Industrie- und Handelskammer
- ☐ Berufsbildungsinstitut

A5 Was ist Bestandteil der Ausbildungsordnung? Kreuzen Sie an.

- ☐ Ausbildungsdauer
- ☐ Ausbildungsvergütung
- ☐ Berufsbild
- ☐ Lehrpläne der Berufsschule
- ☐ Prüfungsanforderungen
- ☐ Ausbildungsrahmenplan
- ☐ Urlaubsdauer

A6 Kreuzen Sie die richtigen Aussagen an.

- ☐ Durch die duale Berufsausbildung entfällt bei Übernahme in der Regel die Einarbeitungszeit.
- ☐ Die Aufsicht über die Berufsschulen haben die zuständigen Kammern.
- ☐ Es besteht für alle Personen, die sich in der Berufsausbildung befinden, die Berufsschulpflicht.
- ☐ Der Ausbildungsbetrieb finanziert den betrieblichen Teil der Ausbildung.

A7 Nach der Rahmenstundentafel für die Berufsschulen beträgt bei Teilzeitunterricht die durchschnittliche wöchentliche Stundenzahl für den Pflichtbereich des Unterrichts

☐ 6 Stunden ☐ 7 Stunden ☐ 8 Stunden ☐ 12 Stunden ☐ 34 Stunden

1.3 Jugendarbeitsschutzgesetz

Kinder und Jugendliche sind noch im Wachstum begriffen und weniger widerstandsfähig. Um ihre Gesundheit nicht zu gefährden, müssen sie vor solcher Arbeit geschützt werden, die

- zu früh beginnt,
- für sie ungeeignet ist,
- zu schwer ist,
- sie gefährdet.
- zu lange dauert,

Die Regelungen hierzu enthält das Gesetz zum Schutz der arbeitenden Jugend (JArbSchG). Das Jugendarbeitsschutzgesetz gilt für die Beschäftigung von Personen unter 18 Jahren.

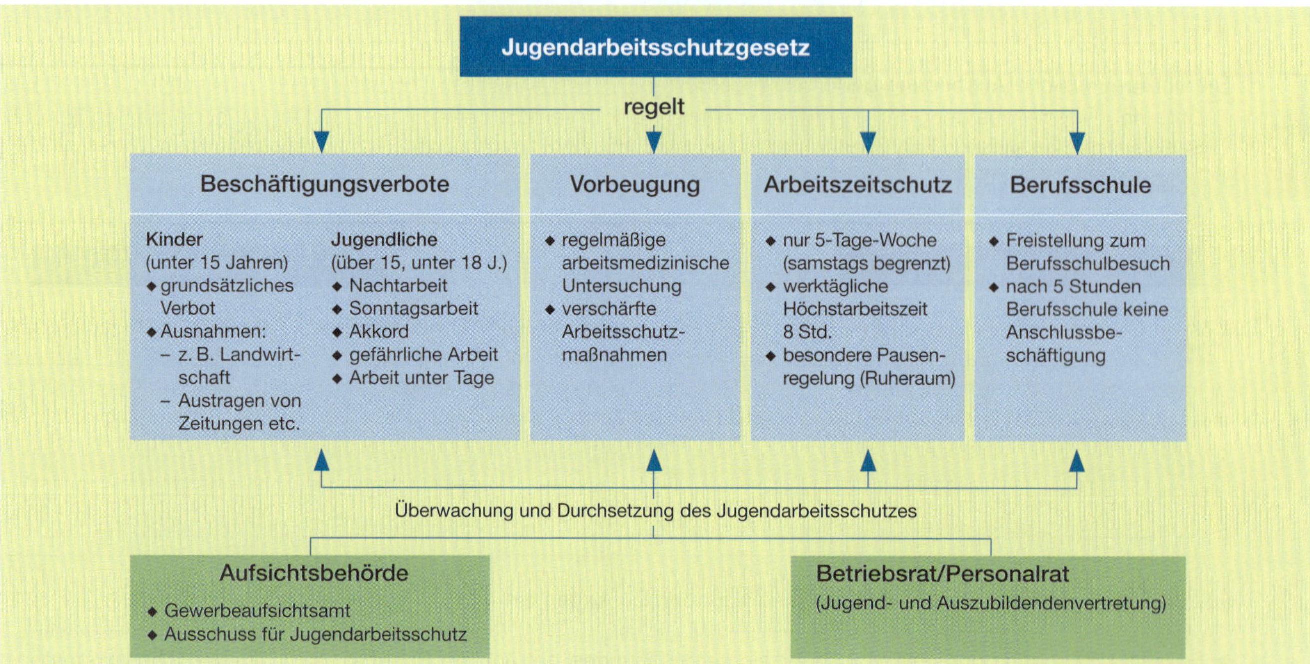

Gesetz zum Schutz der arbeitenden Jugend (Auszug)

§ 8 Dauer der Arbeitszeit

(1) Jugendliche dürfen nicht mehr als acht Stunden täglich und nicht mehr als 40 Stunden wöchentlich beschäftigt werden.

§ 9 Berufsschule

(1) Der Arbeitgeber hat den Jugendlichen für die Teilnahme am Berufsschulunterricht freizustellen. Er darf den Jugendlichen nicht beschäftigen

1. vor einem vor 9.00 Uhr beginnenden Unterricht, dies gilt auch für Personen, die über 18 Jahre alt und noch berufsschulpflichtig sind,
2. an einem Berufsschultag mit mehr als fünf Unterrichtsstunden von mindestens je 45 Minuten, einmal in der Woche,
3. in Berufsschulwochen mit einem planmäßigen Blockunterricht von mindestens 25 Stunden an mindestens fünf Tagen; zusätzliche betriebliche Ausbildungsveranstaltungen bis zu zwei Stunden wöchentlich sind zulässig.

(2) Auf die Arbeitszeit werden angerechnet

1. Berufsschultage nach Abs. 1 Nr. 2 mit acht Stunden,
2. Berufsschulwochen nach Absatz 1 Nr. 3 mit 40 Stunden,
3. im Übrigen die Unterrichtszeit einschließlich der Pausen.

(3) Ein Entgeltausfall darf durch den Besuch der Berufsschule nicht eintreten.

> Ein Arbeitgeber ist verpflichtet, auch volljährigen Auszubildenden, die noch berufsschulpflichtig sind, die durch die Schule ausfallende Arbeitszeit zu bezahlen. Dazu gehören auch die Wege zur Schule und die Unterrichtspausen.
>
> *LAG Hamm 9 Sa 1273/98*

§ 11 Ruhepausen, Aufenthaltsräume

(1) Jugendlichen müssen im Voraus feststehende Ruhepausen von angemessener Dauer gewährt werden. Die Ruhepausen müssen mindestens betragen

1. 30 Minuten bei einer Arbeitszeit von mehr als viereinhalb bis zu sechs Stunden,
2. 60 Minuten bei einer Arbeitszeit von mehr als sechs Stunden.

Als Ruhepause gilt nur eine Arbeitsunterbrechung von mindestens 15 Minuten.

§ 13 Tägliche Freizeit

Nach Beendigung der täglichen Arbeitszeit dürfen Jugendliche nicht vor Ablauf einer ununterbrochenen Freizeit von mindestens 12 Stunden beschäftigt werden.

§ 14 Nachtruhe

(1) Jugendliche dürfen nur in der Zeit von 6 bis 20 Uhr beschäftigt werden.

(2) Jugendliche über 16 Jahre dürfen

1. im Gaststätten- und Schaustellergewerbe bis 22.00 Uhr,
2. in mehrschichtigen Betrieben bis 23.00 Uhr,
3. in der Landwirtschaft ab 5 oder bis 21.00 Uhr,
4. in Bäckereien und Konditoreien ab 5.00 Uhr beschäftigt werden.

(3) Jugendliche über 17 Jahre dürfen in Bäckereien ab 4.00 Uhr beschäftigt werden.

§ 15 Fünftagewoche

Jugendliche dürfen nur an fünf Tagen in der Woche beschäftigt werden.
Die beiden wöchentlichen Ruhetage sollen nach Möglichkeit aufeinander folgen.

§ 19 Urlaub

(1) Der Arbeitgeber hat Jugendlichen für jedes Kalenderjahr einen bezahlten Erholungsurlaub zu gewähren.

(2) Der Urlaub beträgt jährlich

1. mindestens 30 Werktage, wenn der Jugendliche zu Beginn des Kalenderjahres noch nicht 16 Jahre ist,
2. mindestens 27 Werktage, wenn der Jugendliche zu Beginn des Kalenderjahres noch nicht 17 Jahre alt ist,
3. mindestens 25 Werktage, wenn der Jugendliche zu Beginn des Kalenderjahres noch nicht 18 Jahre alt ist.

§ 23 Akkordarbeit, tempoabhängige Arbeiten

(1) Jugendliche dürfen nicht beschäftigt werden

1. mit Akkordarbeiten und sonstigen Arbeiten, bei denen durch ein gesteigertes Arbeitstempo ein höheres Entgelt erzielt werden kann.

A1 Nehmen Sie Stellung zu folgenden Fällen, und begründen Sie Ihre Antwort mithilfe der entsprechenden Paragrafen des **Jugendarbeitsschutzgesetzes**.

a) Peter K. ist 17 Jahre alt und macht eine Ausbildung als Koch. Er hat an einem Tag bis 21.00 Uhr gearbeitet. Ab wann darf er am nächsten Tag frühestens beschäftigt werden?

____

____

b) Die Berufsschulklasse muss wegen einer Erkrankung ihres Lehrers statt nach sechs bereits nach vier Stunden Unterricht wieder aus der Schule entlassen werden. Der Unterricht begann um 7.30 Uhr. Müssen die Schüler und Schülerinnen an diesem Tag wieder in den Betrieb?

____

____

c) In einem chemischen Labor ist ein Laborant, der zurzeit in der Nachtschicht arbeitet, erkrankt. Der Auszubildende Dieter S., 17 Jahre, mit den anfallenden Arbeiten vertraut, möchte ihn gerne vertreten. Sein Brieffreund aus Frankreich ist nämlich für einige Tage zu Besuch bei ihm, und Dieter hätte so tagsüber etwas mehr Zeit für seinen Freund. Kann die Betriebsleitung auf Dieters Angebot eingehen?

____

____

A2 Setzen Sie die richtigen Zahlenwerte in die folgenden Aussagen ein.

- Bei einer Beschäftigungszeit von mehr als sechs Stunden beträgt die Ruhepause für Jugendliche mindestens ______ Minuten.
- Für Jugendliche ist eine wöchentliche Arbeitszeit von ______ Stunden höchstens zulässig.
- Die tägliche Arbeitszeit darf für Jugendliche ______ Stunden in der Regel nicht überschreiten.
- Der Urlaub beträgt mindestens ______ Werktage, wenn der Jugendliche zu Beginn des Kalenderjahres noch nicht 17 Jahre alt ist.
- Nach einer Beschäftigung von ______ Stunden muss eine Ruhepause erfolgen. Diese muss mindestens ______ Minuten betragen.

A3 Mit welcher der genannten Arbeiten dürfen Jugendliche nicht beschäftigt werden?

Kreuzen Sie an:

☐ Mit Arbeiten, die vorwiegend in stehender Haltung zu verrichten sind,
☐ mit Arbeiten, die auch den Einsatz körperlicher Kräfte erfordern,
☐ mit Arbeiten in Räumen, die ausschließlich künstlich beleuchtet sind,
☐ mit Arbeiten, die überwiegend im Freien zu verrichten sind,
☐ mit Akkord- und Fließbandarbeiten.

A4 Welche Institutionen sollen sich für die Einhaltung des Jugendarbeitsschutzgesetzes einsetzen?

innerbetriebliches Mitbestimmungsorgan ______________________________

staatliche Behörde ______________________________

für die Ausbildung zuständige Stellen ______________________________

1.4 Zuständige Stellen

Die zuständige Stelle überwacht die Durchführung der Berufsausbildung und fördert sie durch Beratung (§ 76 BBiG). Je nach Wirtschaftsbereich sind unterschiedliche Kammerorganisationen die „zuständige Stelle". Die Industrie- und Handelskammer (IHK) ist für alle Gewerbebetriebe außerhalb des Handwerks zuständig, die Handwerkskammer (HWK) für alle Handwerksbetriebe, die Landwirtschaftskammer für Betriebe in den Bereichen Land- und Forstwirtschaft, Gartenbau und Fischerei. Weiterhin gibt es Kammern für die freien Berufe (u. a. Rechtsanwälte und Notare, Ärzte).

Die Kammern sind Körperschaften des öffentlichen Rechts. Sie üben außer der Vertretung ihrer (Pflicht-) Mitglieder hoheitliche Funktionen im Rahmen der Selbstverwaltung aus.

Sie unterstehen einer staatlichen Aufsicht, und zwar der obersten Landesbehörde (Wirtschaftsministerium).

Die **Aufgaben** der Kammern lassen sich mit den Schlagworten **Beratung**, **Bildung** und **Betreuung** zusammenfassen. In Bezug auf die Berufsbildung hat die Kammer folgende Aufgaben:

Berufsbildungsgesetz
§ 71 Zuständige Stellen

(1) Für die Berufsbildung in Berufen der Handwerksordnung ist die Handwerkskammer zuständige Stelle im Sinne dieses Gesetzes.
(2) Für die Berufsbildung in nichthandwerklichen Gewerbeberufen ist die Industrie- und Handelskammer zuständige Stelle im Sinne dieses Gesetzes.

§ 76 Überwachung, Beratung

(1) Die zuständige Stelle überwacht die Durchführung
1. der Berufsausbildungsvorbereitung,
2. der Berufsausbildung und
3. der beruflichen Umschulung

und fördert diese durch Beratung der an der Berufsbildung beteiligten Personen. Sie hat zu diesem Zweck Berater oder Beraterinnen zu bestellen.

- Sie führt das Verzeichnis der Berufsausbildungsverhältnisse.
- Sie regelt und überwacht die Berufsausbildung und nimmt die Berufsabschlussprüfungen ab.
- Sie führt Fortbildungs- (u. a. Meisterprüfungen) und Umschulungsprüfungen durch.

Organisatorischer Aufbau

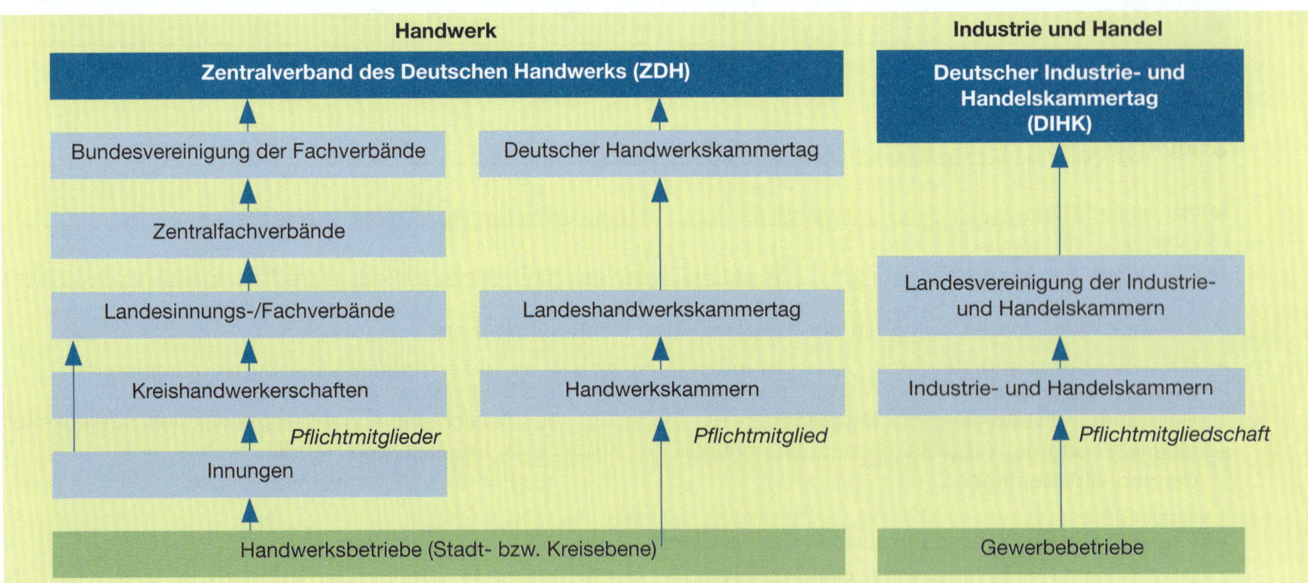

Innungen

Innungen sind der Zusammenschluss selbstständiger Handwerker einer Berufsgruppe auf Stadt- oder Kreisebene. Die Mitgliedschaft ist freiwillig.

Eine Innung hat u. a. folgende **Aufgaben:**
- Sie regelt und überwacht die Berufsausbildung entsprechend den Vorschriften der Handwerkskammer.
- Sie nimmt die Zwischen- und Gesellenprüfung ab.
- Sie fördert die berufliche Bildung durch Unterstützung von Fachschulen und Lehrgängen.
- Sie vertritt die gemeinsamen Interessen ihrer Mitglieder.
- Sie hilft ihren Mitgliedern durch Auskünfte und Beratung.

Kreishandwerkerschaft

Die Innungen auf Stadt- bzw. Kreisebene bilden eine Kreishandwerkerschaft. Die Mitgliedschaft ist Pflicht. Zum Vorsitzenden wird ein Kreishandwerksmeister gewählt.

Wesentliche **Aufgaben** sind:
- Vertretung der Gesamtinteressen des Handwerks auf örtlicher Ebene (Kreisebene)
- Schaffung von Einrichtungen zur Förderung der Mitglieder, wie überbetriebliche Ausbildungsstätten, Schlichtungsstellen
- Führung der Geschäfte der Innungen, Auskünfte und Rechtsberatung

A1 In welcher der nachfolgend genannten Organisationen ist die Mitgliedschaft eines Unternehmens Pflicht?

- ☐ Kreishandwerkerschaft
- ☐ Arbeitgeberverband
- ☐ Handwerkskammer
- ☐ Handwerksinnung
- ☐ Industrie- und Handelskammer

A2 Welche der aufgeführten Unternehmen gehören der IHK als Pflichtmitglieder an?

- ☐ Elektroinstallation Rüther
- ☐ Blumen Edeltraud
- ☐ Rechtsanwalt und Notar Beier
- ☐ Hotel Traumblick
- ☐ Meyer Metallbau AG

A3 In welcher gesetzlichen Bestimmung sind die Grundlagen für ein einheitliches Handwerksrecht in Deutschland festgelegt?

____

A4 Was ist eine Innung?

____

____

A5 Nennen Sie mindestens drei Aufgaben der Innung.

- ◆ ______________________________
- ◆ ______________________________
- ◆ ______________________________

A6 Wie ist das **Handwerk** auf Stadt-, Kreis-, Landes- und Bundesebene fachlich organisiert?

Stadt/Kreis ______________________________

Land ______________________________

Bund ______________________________

A7 Was gehört nicht zu den Aufgaben der **Industrie- und Handelskammern**?

- ☐ Förderung der gewerblichen Wirtschaft
- ☐ Beratung und Betreuung der Mitglieder
- ☐ Überwachung der Arbeitsschutzeinrichtungen in den Industriebetrieben
- ☐ Überwachung der Berufsausbildung
- ☐ Schlichtung von arbeitsrechtlichen Streitigkeiten in Industrie und Handel
- ☐ Führen von Tarifverhandlungen

A8 **Wie heißen die Spitzenorganisationen der Kammern?**

a) Handwerk: ______________________________

b) Industrie und Handel: ______________________________

A9 Kreuzen Sie an, welche der folgenden Aussagen richtig oder falsch sind.

	richtig	falsch
◆ Kammerorganisationen geben in Gesetzgebungsverfahren Gutachten und Stellungnahmen ab.	☐	☐
◆ Die IHK ist ein freiwilliger Zusammenschluss aller Gewerbetreibenden einer Region.	☐	☐
◆ Die Durchführung der Meisterprüfung ist Aufgabe der Kammern.	☐	☐
◆ Die Kreishandwerkerschaft ist eine Körperschaft des öffentlichen Rechts und hat alle Innungen auf Kreisebene zu Pflichtmitgliedern.	☐	☐

Wahl der JAV

Meist ist es die zuständige Gewerkschaft, die in den einzelnen Betrieben die Initiative zur Gründung einer Jugend- und Auszubildendenvertretung (JAV) ergreift. Eine JAV kann nach dem Betriebsverfassungsgesetz (§ 60) in Betrieben mit mindestens fünf Wahlberechtigten eingerichtet werden. Nach § 62 Abs. 1 ist die Zahl der JAV-Mitglieder von der Zahl der Wahlberechtigten abhängig; bei 5—20 eine Person, 21—50 drei Mitglieder, 51—150 fünf Mitglieder usw. Nach Abs. 3 muss das Minderheitengeschlecht mindestens im zahlenmäßigen Verhältnis in der JAV vertreten sein.

Betriebsverfassungsgesetz

§ 60 Errichtung der JAV

(1) In Betrieben mit in der Regel mindestens fünf Arbeitnehmern, die das 18. Lebensjahr noch nicht vollendet haben (jugendliche Arbeitnehmer) oder die zu ihrer Berufsausbildung beschäftigt sind und das 25. Lebensjahr noch nicht vollendet haben, werden Jugend- und Auszubildendenvertretungen gewählt.

§ 61 Wahlberechtigung und Wählbarkeit

(1) Wahlberechtigt sind alle in § 60 Abs. 1 genannten Arbeitnehmer des Betriebs.

(2) Wählbar sind alle Arbeitnehmer des Betriebs, die das 25. Lebensjahr noch nicht vollendet haben [...].

§ 63 Wahlvorschriften

(1) Die Jugend- und Auszubildendenvertretung wird in geheimer und unmittelbarer Wahl gewählt.

(2) Spätestens acht Wochen vor Ablauf der Amtszeit der Jugend- und Auszubildendenvertretung bestellt der Betriebsrat den Wahlvorstand und seinen Vorsitzenden.

§ 64 Zeitpunkt der Wahlen und Amtszeit

(1) Die regelmäßigen Wahlen der Jugend- und Auszubildendenvertretung finden alle zwei Jahre in der Zeit vom 1. Oktober bis 30. November statt.

(2) Die regelmäßige Amtszeit der Jugend- und Auszubildendenvertretung beträgt zwei Jahre.

(3) Ein Mitglied der Jugend- und Auszubildendenvertretung, das im Laufe der Amtszeit das 25. Lebensjahr vollendet, bleibt bis zum Ende der Amtszeit Mitglied der Jugend- und Auszubildendenvertretung.

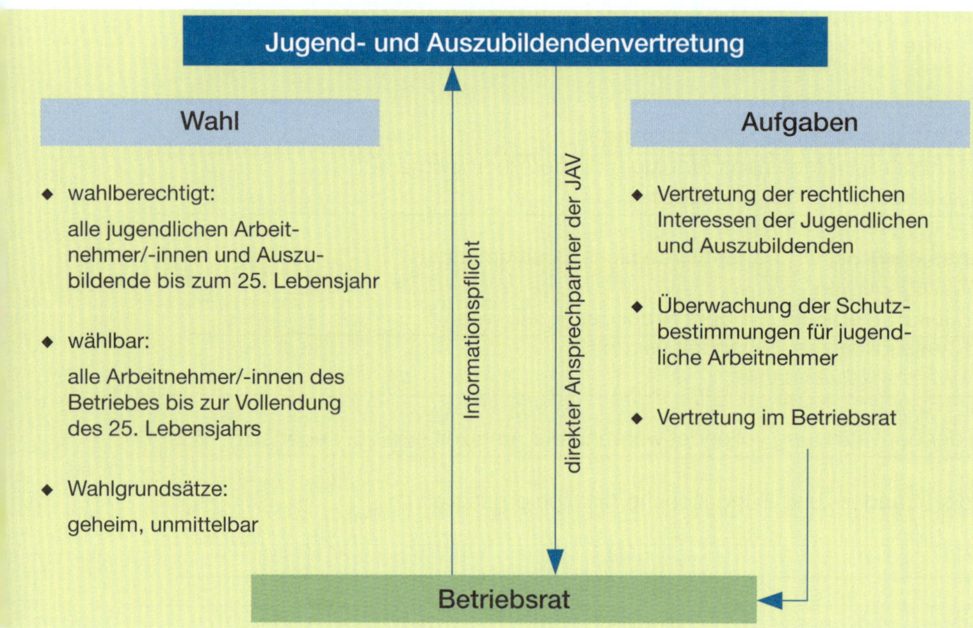

Aufgaben und Arbeitsweise der JAV

Die Jugend- und Auszubildendenvertretung, deren Errichtung, Wahl und Aufgaben in den §§ 60 bis 73 des Betriebsverfassungsgesetzes geregelt sind, kann gegenüber dem Arbeitgeber nicht direkt tätig werden. Das Gesetz nennt als Partner, an den sich die JAV halten soll, stets den **Betriebsrat (BR)**, vor allem auch in den beiden §§ 70 und 80 über die allgemeinen Aufgaben. Auch ihre Informationsansprüche richten sich an den BR, so auch auf Vorlage von erforderlichen Unterlagen nach § 70 Abs. 2. An gemeinsamen Besprechungen mit dem Arbeitgeber, auf denen besondere Belange Jugendlicher und Auszubildender zur Sprache kommen sollen, hat die gesamte JAV — Größe zwischen einer und 15 Personen — ein Teilnahmerecht (§ 68).

Die JAV ist nach § 67 in abgestufter Weise an den Sitzungen des BR zu beteiligen (siehe Aufgabenseite).

Nach § 70 hat sie folgende allgemeine Aufgaben:

- Maßnahmen zur Verbesserung der Berufsbildung mit dem Betriebsrat zu erörtern,
- die Übernahme der Auszubildenden in ein Arbeitsverhältnis zu beantragen,
- Überwachung der zugunsten der jugendlichen Arbeitnehmer und Auszubildenden geltenden Gesetze, Verordnungen und Unfallverhütungsvorschriften,
- auf die Erledigung von Anregungen der Auszubildenden zu drängen,
- die Integration ausländischer Auszubildender in den Betrieb zu fördern.

A1 Wer ist Ansprechpartner der JAV

bei Informationsansprüchen? ______________________________

zur Durchsetzung ihrer Anliegen? ______________________________

A2 Entscheiden Sie, welche Aussagen zur Jugend- und Auszubildendenvertretung (JAV) richtig oder falsch sind. Informationen finden Sie in den §§ 60–64, 67 und 70 des Betriebsverfassungsgesetzes.

	richtig	falsch
◆ An der Wahl zur JAV dürfen ausländische jugendliche Arbeitnehmer und Auszubildende nicht teilnehmen.	☐	☐
◆ In die JAV dürfen alle Arbeitnehmer, die das 25. Lebensjahr noch nicht vollendet haben, gewählt werden.	☐	☐
◆ Als Kandidaten sind je zur Hälfte weibliche und männliche Arbeitnehmer aufzustellen.	☐	☐
◆ Alle Betriebsangehörigen unter 18 Jahren sowie alle Auszubildenden unter 25 Jahren dürfen die JAV wählen.	☐	☐
◆ Alle Mitglieder der JAV gehören dem Betriebsrat an.	☐	☐
◆ Die JAV kann zu allen Betriebsratssitzungen einen Vertreter entsenden.	☐	☐
◆ Eine JAV wird in Betrieben gewählt, in denen mindestens fünf jugendliche Arbeitnehmer und/oder Auszubildende unter 25 Jahren ständig beschäftigt sind.	☐	☐
◆ Der JAV-Vertreter hat im Betriebsrat generell Stimmrecht.	☐	☐
◆ Die JAV hat darüber zu wachen, dass gesetzliche und tarifvertragliche Bestimmungen zugunsten der Jugendlichen eingehalten werden.	☐	☐
◆ Die JAV nimmt an Besprechungen des Betriebsrats mit dem Arbeitgeber teil, wenn Angelegenheiten Jugendlicher und Auszubildender behandelt werden.	☐	☐
◆ Die regelmäßige Amtsdauer der JAV beträgt zwei Jahre.	☐	☐

A3 Ein Mitglied der Jugend- und Auszubildendenvertretung vollendet während der Amtszeit sein 25. Lebensjahr. Wie lautet hier die Regelung?

____

____

A4 Sie möchten als JAV mit der Betriebsleitung eine Regelung z. B. zur Übernahme nach der Ausbildung für alle Auszubildenden erreichen. Wie gehen Sie unter Beachtung des Betriebsverfassungsgesetzes vor? Wer ist Ihr Ansprechpartner?

§ 67 Teilnahme an Betriebsratssitzungen

(1) Die Jugend- und Auszubildendenvertretung kann zu allen Betriebsratssitzungen einen Vertreter entsenden. Werden Angelegenheiten behandelt, die besonders die in § 60 Abs. 1 genannten Arbeitnehmer betreffen, so hat zu diesen Tagesordnungspunkten die gesamte Jugend- und Auszubildendenvertretung ein Teilnahmerecht.

(3) Die Jugend- und Auszubildendenvertretung kann beim Betriebsrat beantragen, Angelegenheiten, die besonders die in § 60 Abs. 1 genannten Arbeitnehmer betreffen und über die sie beraten hat, auf die nächste Tagesordnung zu setzen.

§ 68 Teilnahme an gemeinsamen Besprechungen

Der Betriebsrat hat die Jugend- und Auszubildendenvertretung zu Besprechungen zwischen Arbeitgeber und Betriebsrat beizuziehen, wenn Angelegenheiten behandelt werden, die besonders die in § 60 Abs. 1 genannten Arbeitnehmer betreffen.

1.6 Berufliche Fortbildung und Umschulung

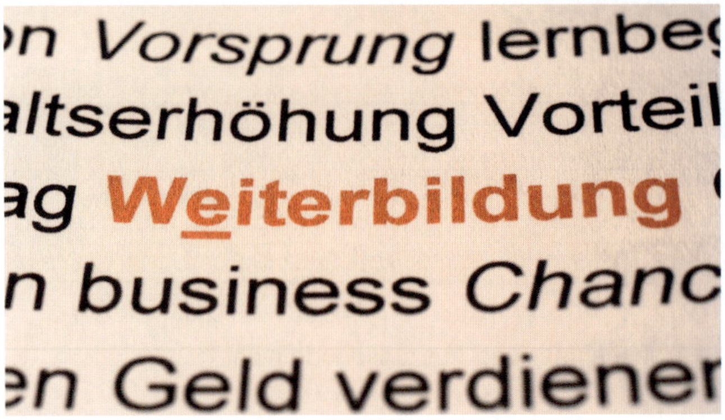

Angesichts der fortschreitenden technologischen Entwicklung, der Veränderungen der betrieblichen Organisationsstrukturen, der Veränderungen am Arbeitsmarkt sowie künftiger neuer Herausforderungen kommt der beruflichen Weiterbildung eine besondere Bedeutung zu. Erstausbildung muss daher auch die Bereitschaft und Fähigkeit zur Weiterbildung wecken und fördern. Sie sollte den Einzelnen u. a. befähigen, künftige Entwicklungen mitvollziehen und mitgestalten zu können. Des Weiteren ist die Bereitschaft zu erzeugen, notfalls mehrmals den Beruf zu wechseln, um insbesondere nach Phasen der Arbeitslosigkeit eine neue berufliche Tätigkeit aufnehmen zu können.

Die **berufliche Weiterbildung** umfasst die berufliche Fortbildung und Umschulung.

Die berufliche **Fortbildung** soll es ermöglichen, die beruflichen Kenntnisse zu erhalten, zu erweitern, der technischen Entwicklung anzupassen oder beruflich aufzusteigen. Unterschieden wird somit zwischen Anpassungs- und Aufstiegsfortbildung. Sie setzt in der Regel eine abgeschlossene Berufsausbildung voraus.	Berufliche **Umschulung** soll zu einer notwendig gewordenen anderen beruflichen Tätigkeit befähigen. Umschulungslehrgänge finden in der Regel in Vollzeitform statt.

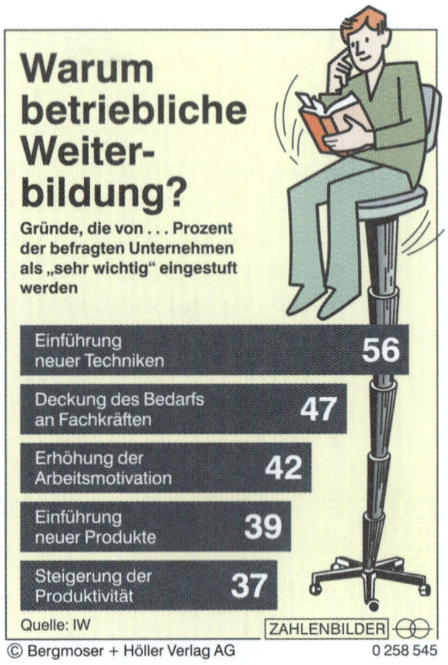

Die betriebliche Weiterbildung wird von den Unternehmen bezahlt. Die außerbetriebliche Fortbildung und Umschulung kann durch die Agentur für Arbeit gefördert werden. Rechtsgrundlage für die Förderung beruflicher Weiterbildung ist das 3. Buch des Sozialgesetzbuches (SGB III — Arbeitsförderung).
In den Grundsätzen des § 77 werden die Voraussetzungen für die Förderung genannt. Der § 85 formuliert die Anforderungen an berufliche Weiterbildungsmaßnahmen.

Sozialgesetzbuch 3. Buch (SGB III — Arbeitsförderung)

§ 81 Grundsatz

(1) Arbeitnehmerinnen und Arbeitnehmer können bei beruflicher Weiterbildung durch Übernahme der Weiterbildungskosten gefördert werden, wenn
1. die Weiterbildung notwendig ist, um sie bei Arbeitslosigkeit beruflich einzugliedern, eine ihnen drohende Arbeitslosigkeit abzuwenden oder weil bei ihnen wegen fehlenden Berufsabschlusses die Notwendigkeit der Weiterbildung anerkannt ist,
2. die Agentur für Arbeit sie vor Beginn der Teilnahme beraten hat und
3. die Maßnahme und der Träger der Maßnahme für die Förderung zugelassen sind.

(4) Der Arbeitnehmerin oder dem Arbeitnehmer wird das Vorliegen der Voraussetzungen für eine Förderung bescheinigt (Bildungsgutschein). Der Bildungsgutschein kann zeitlich befristet sowie regional und auf bestimmte Bildungsziele beschränkt werden. Der von der Arbeitnehmerin oder vom Arbeitnehmer ausgewählte Träger hat der Agentur für Arbeit den Bildungsgutschein vor Beginn der Maßnahme vorzulegen.

§ 179 Maßnahmezulassung

(1) Eine Maßnahme ist von der fachkundigen Stelle zuzulassen, wenn sie
1. nach Gestaltung der Inhalte, der Methoden und Materialien ihrer Vermittlung sowie der Lehrorganisation eine erfolgreiche Teilnahme erwarten lässt und nach Lage und Entwicklung des Arbeitsmarktes zweckmäßig ist [...].

§ 180 Ergänzende Anforderungen an Maßnahmen der beruflichen Weiterbildung

(1) Für eine Maßnahme der beruflichen Weiterbildung nach den §§ 81 und 82 gelten für die Zulassung durch die fachkundige Stelle ergänzend die Anforderungen der nachfolgenden Absätze.

(2) Eine Maßnahme ist zuzulassen, wenn
1. durch sie berufliche Fertigkeiten, Kenntnisse und Fähigkeiten erhalten, erweitert, der technischen Entwicklung angepasst werden oder ein beruflicher Aufstieg ermöglicht wird,
2. sie einen beruflichen Abschluss vermittelt oder
3. sie zu einer anderen beruflichen Tätigkeit befähigt [...].

A1 Erläutern Sie berufliche Fortbildung und Umschulung.

Berufliche Fortbildung: ______________________________

____

____

Umschulung: ______________________________

____

A2 Nennen Sie je ein Beispiel für eine Anpassungs- bzw. Aufstiegsfortbildung. Führen Sie anschließend je drei Motive/Gründe an.

Anpassungsfortbildung	Aufstiegsfortbildung
Beispiel: ______________________	Beispiel: ______________________
______________________	______________________
Motive/Gründe:	Motive:
◆ ______________________	◆ ______________________
◆ ______________________	◆ ______________________
◆ ______________________	◆ ______________________

A3 Welche gesetzliche Bestimmung regelt die Übernahme der Kosten bei Umschulung?

☐ Arbeitsgesetzbuch
☐ Sozialgesetzbuch
☐ Handelsgesetzbuch
☐ Bürgerliches Gesetzbuch

A4 Ergänzen Sie die Lücken in dem Text zu den förderungswürdigen Zielen von beruflichen Weiterbildungsmaßnahmen.

Zugelassen werden kann eine Maßnahme, wenn sie das Ziel hat,

- ◆ berufliche Qualifikationen zu __________, der technischen __________ __________ oder einen beruflichen __________ zu ermöglichen,
- ◆ einen __________ zu vermitteln,
- ◆ zu einer __________ beruflichen __________ zu befähigen.

A5 Kreuzen Sie an, welche der folgenden Aussagen zu den Fördervoraussetzungen für eine berufliche Fortbildungsmaßnahme richtig oder falsch sind.

	richtig	falsch
◆ Durch die Einführung neuer Produktionstechniken ist der Arbeitsplatz gefährdet.	☐	☐
◆ Der/die Arbeitnehmer/-in darf nicht älter als 50 Jahre alt sein.	☐	☐
◆ Die Bildungsmaßnahme wird mit der Antragstellung begonnen.	☐	☐
◆ Die Maßnahme ist aus arbeitsmarktpolitischen Gründen notwendig.	☐	☐
◆ Vor Beginn muss eine Beratung durch die Agentur für Arbeit erfolgen.	☐	☐

Arbeitsagentur

„Hab ich mir doch gleich gedacht, dass da'n Trick bei war: Hinterher sollen wir nämlich malochen!"

A6 Interpretieren Sie die Karikatur und nehmen Sie zur Bildunterschrift Stellung.

____

____

____

____

2.1 Soziale Sicherung

Die Marktwirtschaft ermöglicht es den einzelnen Bürgern, sich wirtschaftlich weitgehend frei zu entfalten. Es gibt jedoch Probleme, die sich nicht allein über die Marktmechanismen lösen lassen.

Eines der größten Probleme ist die soziale Absicherung von in Not geratenen Menschen. Damit auch sie ein menschenwürdiges Leben führen und ihre soziale Stellung halten können, ergreift der Staat finanzielle und gesetzliche Maßnahmen, die diese Personengruppen unterstützen (Sozialstaatsprinzip nach Art. 20 und 28 GG).

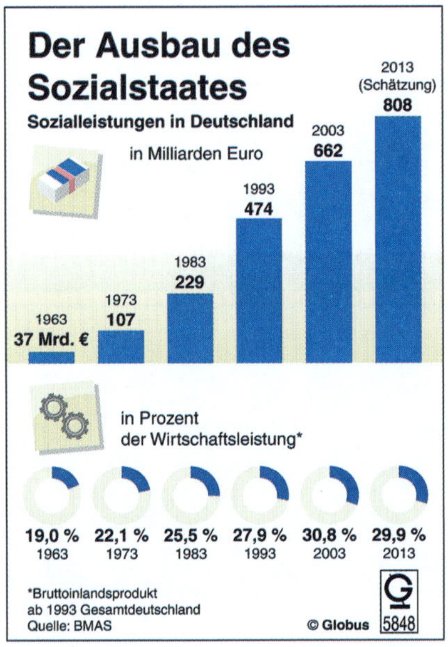

Das benötigte Geld wird vor allem über die **gesetzliche Sozialversicherung** beschafft, deren Geburtsstunde in die zweite Hälfte des 19. Jahrhunderts fällt (1881 forderte Kaiser Wilhelm I. vom Reichstag unter Reichskanzler Bismarck die Einführung der Sozialversicherung).

Sie ist auf dem **Solidaritätsprinzip** aufgebaut: Prinzip der Zusammengehörigkeit, das sich in gegenseitiger Hilfe und Unterstützung äußert. So zahlen die Gesunden für die Kranken, die Beschäftigten für die Arbeitslosen und die Jungen für die Alten.

Die Leistungen der gesetzlichen Sozialversicherung werden finanziert durch die Arbeitnehmer und Arbeitgeber sowie durch Zuschüsse des Staates.

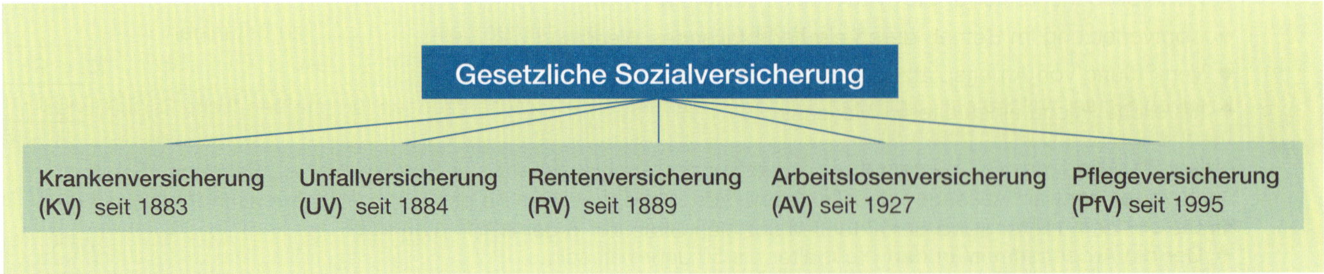

Der Staat verwendet aber auch einen Teil seiner Einnahmen, um in denjenigen Fällen zu helfen, die nicht durch die gesetzliche Sozialversicherung abgedeckt sind.

So zahlt der Staat an Bedürftige oder im Sinne des Gemeinwohls u.a. Sozialhilfe, Wohngeld, Kinder- und Elterngeld oder fördert die Vermögensbildung breiter Einkommensschichten.

Allerdings sind in den vergangenen Jahren die Ausgaben für Sozialleistungen so stark gestiegen, dass der Staat seinen Bürgern nicht mehr jedes Risiko abnehmen kann. Er bietet gegen wichtige existenzielle Risiken teilweise nur noch einen Mindestschutz. Deshalb bedeutet eine sichere Zukunft heutzutage auch, **selbst die Initiative** zu ergreifen und bestimmte Risiken zusätzlich **privat** abzusichern.

Informationen zum System der sozialen Sicherung in Deutschland: www.bmas.de
Sozialpolitk: www.sozialpolitik.com
Versicherungstipps für alle Lebenslagen: www.gvd.de/verbraucherinformationen

A1 Warum wurde die jeweilige Einführung gesetzlicher Regelungen zur sozialen Sicherheit notwendig?

KV, UV, RV: zunehmende Industrialisierung, ______________________________

____

AV: ______________________________

PfV: ______________________________

A2 Um wie viel Prozent sind die Sozialleistungen in den vergangenen 20 Jahren (1993–2013) gestiegen (s. Abb. „Der Ausbau des Sozialstaates")?

______ Mrd. EUR = 100 %

______ Mrd. EUR = x % x = ______ % (Steigerung um ______ %)

A3 Wie viel Prozent der gesamten Sozialleistungen entfielen 2013 auf die gesetzliche Sozialversicherung (s. Abb. „Das soziale Netz")?

RV: ______ Mrd. EUR ______ Mrd. EUR = 100 %

KV: ______ Mrd. EUR ______ Mrd. EUR = x %

AV: ______ Mrd. EUR

PfV.: ______ Mrd. EUR x = ______

UV: ______ Mrd. EUR

______ Mrd. EUR

A4 Geben Sie an, welche gesetzliche Sozialversicherung in den nachfolgenden Fällen jeweils zuständig ist.

- Krankenhausaufenthalt nach einem Unfall auf dem Weg zur Arbeit ______
- Heimunterbringung eines pflegebedürftigen Rentners ______
- Berufsberatung eines Schulabgängers ______
- Medikamente für die Tochter eines Facharbeiters ______
- ärztliche Behandlung nach einer Pilzvergiftung ______
- vorzeitiger Ruhestand eines Angestellten ______
- Hinterbliebenenrente für die Witwe eines Rentners ______
- Kopfverletzung im Betrieb durch ein herabfallendes Werkzeug ______
- Vermittlung von Arbeitsplätzen ______
- häusliche Pflege eines älteren Menschen ______

A5 Artikel 20, Abs.1 des GG bestimmt, dass die Bundesrepublik ein sozialer Bundesstaat ist. Schreiben Sie in Stichworten zentrale Aussagen des Textes heraus und diskutieren Sie diese fast 20 Jahre alten Positionen der Kirche vor dem Hintergrund der aktuellen sozialen Situation in der BRD.

„Der Sozialstaat war in der Geschichte der Bundesrepublik Deutschland die entscheidende Voraussetzung dafür, dass der soziale Friede gewahrt werden konnte. Nach wie vor bietet er der großen Mehrheit der Bevölkerung soziale Sicherheit auf einem hohen Niveau. Jedoch stellen grundlegende Veränderungen in der Sozialstruktur, die lang anhaltende Massenarbeitslosigkeit, die demographische Entwicklung und die Situation der öffentlichen Haushalte das System sozialer Sicherung vor große Herausforderungen. In den letzten 20 Jahren ist mit dem Reichtum zugleich die Armut in Deutschland gewachsen. Die Armut in Deutschland unterscheidet sich grundlegend von der Armut in den Ländern der dritten Welt. Dennoch ist die Armut in der Wohlstandsgesellschaft ein Stachel. Armut hat viele Gesichter und viele Ursachen. Sie ist mehr als nur Einkommensarmut. Häufig kommen bei bedürftigen Menschen mehrere Belastungen zusammen, wie etwa geringes Einkommen, ungesicherte und zudem schlechte Wohnverhältnisse, hohe Verschuldung, chronische Erkrankungen, psychische Probleme, lang andauernde Arbeitslosigkeit, soziale Ausgrenzung und unzureichende Hilfen. Diese Armutssituationen treffen besonders diejenigen, die mehrere Jahre auf Sozialhilfe angewiesen sind."

Quelle: Rat der Evangelischen Kirche in Deutschland/Deutsche Bischofskonferenz: Für eine Zukunft in Solidarität und Gerechtigkeit, 1998

Zentrale Aussagen:

- ______________________________
  ____
- ______________________________
  ____
- ______________________________
- ______________________________
  ____
  ____

Jeder Mensch hat das Bedürfnis, gesund zu bleiben oder im Krankheitsfall die bestmögliche Hilfe zu bekommen.

Deshalb hat sich in unserer Gesellschaft ein weitverzweigtes System gesundheitsbezogener Dienstleistungen entwickelt.

Allerdings stößt die Finanzierung der Gesundheitsversorgung an ihre Grenzen, sodass immer neue Anstrengungen zur Eindämmung der Kosten gefordert sind.

Eine Schlüsselstellung im Gesundheitssystem nimmt die **gesetzliche Krankenversicherung** ein (2013: 69,8 Mio Bundesbürger sind in der gesetzlichen KV versichert). Sie ist besonders vom Solidaritätsgedanken getragen, d. h., ihre Sachleistungen (Ausnahmen: best. Geldleistungen wie Krankengeld) bekommen alle im gleichen, jeweils erforderlichen Umfang ohne Rücksicht darauf, wie hoch die Beitragslast des Einzelnen ist.

Träger:	Ortskrankenkassen (AOK), Innungskrankenkassen (IKK), Betriebskrankenkassen (BK), Ersatzkassen (z. B. TK, Barmer GEK, DAK -Gesundheit), Knappschaft, Landwirtschaftliche Krankenkasse (LKK). Die Versicherten können ihre Krankenkasse selbst auswählen.
Pflichtversicherte:	Alle Arbeiter und Angestellten – solange ihr Lohn/Gehalt unter der Versicherungspflichtgrenze (2014: 53550,- EUR) liegt – Auszubildende, Studenten, Rentner, u. U. einige Selbstständige wie selbstständige Handwerksmeister. Private Weiterversicherung und Selbstversicherung sind möglich.
Beiträge:	2014: 15,5 % des Bruttoverdienstes, max. von mtl. 4 050,00 EUR (Beitragsbemessungsgrenze), Arbeitnehmer zahlen 8,2 %, Arbeitgeber zahlen 7,3 %, ggf. kassenspezifischer Zusatzbeitrag (nur Versicherte).
Aufgaben:	◆ Vorsorgemaßnahmen (z. B. Krebsfrüherkennung, Zahnvorsorge) ◆ Krankenpflege (z. B. Arztkosten, Arzneimittel), mit Eigenbeteiligung des Versicherten ◆ Krankenhausbehandlung, mit Eigenbeteiligung des Versicherten ◆ Mutterschaftshilfe (bei Schwangerschaft/Geburt), Mutterschaftsgeld ◆ Hauspflege, Haushaltshilfe ◆ Familienhilfe (d. h., die Familienmitglieder sind mitversichert) ◆ Krankengeld, ca. 70 % des Regelverdienstes (während der ersten sechs Wochen Lohnfortzahlung durch den Arbeitgeber) ◆ Maßnahmen der Rehabilitation (z. B. Kuren), mit Eigenbeteiligung des Versicherten
Eigenbeteiligungen	Der Versicherten (bis max. 2 % des Jahreseinkommens/bei chronisch Kranken 1 %): Arzneimittel (10 %, mind. 5,00 EUR, max. 10,00 EUR), Heilmittel, z. B. Massagen (10 % u. 10,00 EUR je Verordnung), Krankenhaus (10,00 EUR pro Tag, max. 28 Tage), Rehabilitation (10,00 EUR pro Tag, max. 28 Tage), Hilfsmittel, z. B. Hörgerät (mind. 5,00 EUR, max. 10,00 EUR), häusliche Krankenpflege (10 % der Kosten und 10,00 EUR je Verordnung, max. 28 Tage), Brillen müssen i. d. R. selbst bezahlt werden, Krankengeld wird seit 2006 von den Versicherten allein finanziert (Beitragssatz 0,5 %)

Informationen zur Krankenversicherung und Rechtsvorschriften: www.aok.de oder www.dak.de

A1 1996 betrugen die Ausgaben für Gesundheit in Deutschland noch 195,4 Mrd. EUR. Um wie viel EUR und Prozent sind die Ausgaben in nur 15 Jahren bis 2011 gestiegen?

______ Mrd. EUR = 100 % x = ______ %

______ Mrd. EUR = x % Steigerung um ______ % = ______ Mrd. EUR

A2 Nennen Sie mögliche Gründe für die Kostenexplosion im Gesundheitswesen.

____

____

____

____

A3 Vorbeugen und die Inanspruchnahme von Vorsorgemaßnahmen sind Beiträge zur Reduzierung der Kosten im Gesundheitswesen.
Führen Sie sinnvolle eigene Vorbeugemaßnahmen und angebotene Vorsorgemaßnahmen der Krankenversicherung an.

Eigene Vorbeugemaßnahmen: ______________________________

____

Angebotene Vorsorgemaßnahmen: ______________________________

____

A4 Wie hoch sind im Jahr 2014 die monatlichen KV-Beiträge eines Arbeitnehmers der a) 2 000,00 EUR, b) 3 500,00 EUR und c) 5 000,00 EUR monatlich brutto verdient?

a) ____________ b) ____________ c) ____________

A5 Wie hoch sind die Eigenbeteiligungen eines gesetzlich Versicherten, für den Folgendes gilt:
- Krankenhausaufenthalt vom 1.4. bis 15.4.
- häusliche Krankenpflege vom 16.4. bis 20.4., insgesamt 66,00 EUR
- Salbe im Wert von 7,00 EUR
- Verordnung von 6 Massagen (je 9,31 EUR)
- Medikamente im Wert von 130,00 EUR
- Medikament (einzeln) im Wert von 25,00 EUR

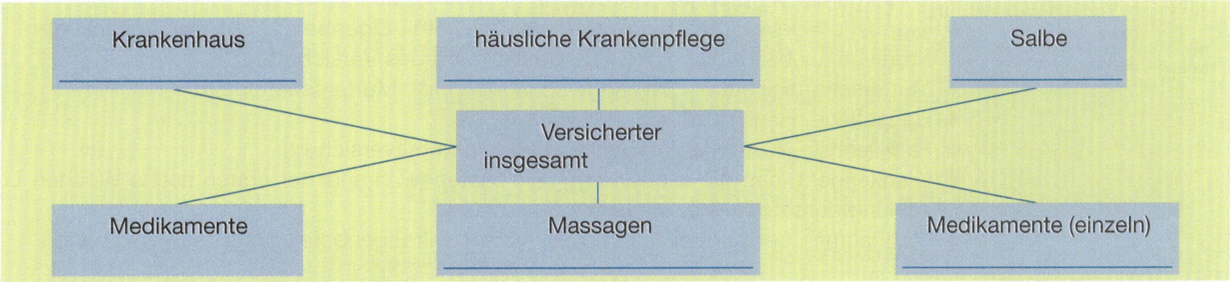

A6 Der Krankenstand betrug nach Angaben des Bundesministeriums für Gesundheit im Jahr 2013 nur 3,8 %. Nennen Sie mögliche Ursachen für diesen niedrigen Krankenstand.

____

____

A7 Jeder Versicherte kann sich seine Krankenkasse selbst aussuchen. Nennen Sie Auswahlkriterien.

____

Bei Arbeitsunfällen oder Berufskrankheiten sollen die Betroffenen nicht auch noch unter den materiellen Folgen leiden. Die **gesetzliche Unfallversicherung** übernimmt die medizinischen Kosten und hilft bei der beruflichen und sozialen Wiedereingliederung.

Träger:	9 gewerbliche Berufsgenossenschaften und eine regional gegliederte landwirtschaftliche Berufsgenossenschaft für gewerblich bzw. landwirtschaftlich Beschäftigte sowie 7 Unfallkassen für Beschäftigte des öffentlichen Dienstes
Pflichtversicherte:	alle Arbeitnehmer, Kinder in Kindergärten, Schüler, Studenten, z. T. auch Selbstständige
Beiträge:	zahlt ausschließlich der Arbeitgeber. Die Beitragshöhe ist abhängig von: ◆ dem jeweiligen betrieblichen Gefahrengrad und der Gesamtlohnsumme im Betrieb, ◆ der Anzahl, der Schwere und den Kosten der Unfälle und Berufskrankheiten im jeweiligen Betrieb (entsprechende Zuschläge oder Abschläge).
Aufgaben:	◆ Maßnahmen der Unfallverhütung (Beratung, Festsetzung und Kontrolle der Unfallverhütungsvorschriften) ◆ Maßnahmen der Rehabilitation (Kosten der Heilbehandlung, Kosten der beruflichen Wiedereingliederung) ◆ Zahlung von Verletztengeld für die Dauer der Arbeitsunfähigkeit (ca. 80 % des Nettolohns) ◆ Zahlung einer Erwerbsunfähigkeitsrente bei dauerhafter Erwerbsminderung (Erwerbsminderung mindestens 20 %) ◆ Bei Todesfall Zahlung von Hinterbliebenenrente und Sterbegeld

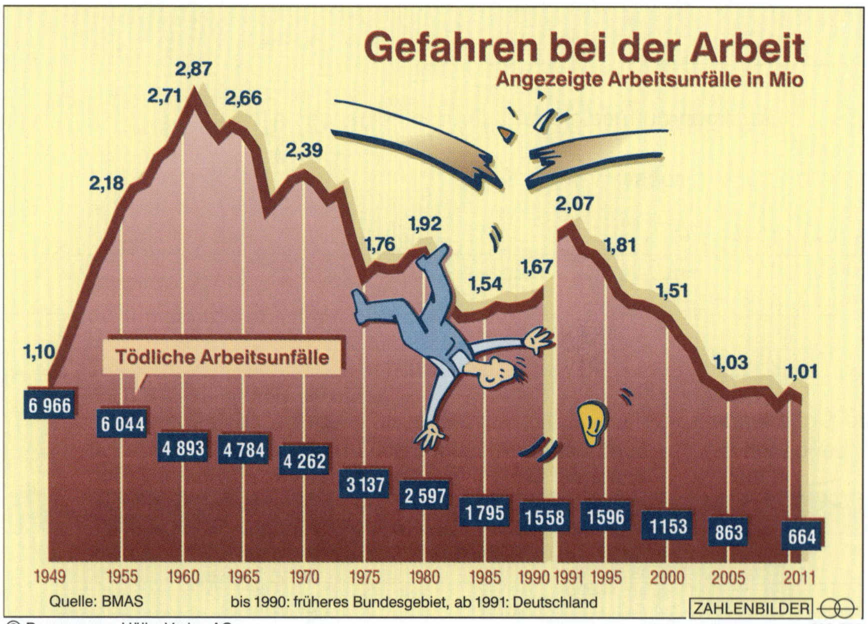

Quer durch alle Wirtschaftsbereiche ereigneten sich in Deutschland 2011 rund 1,01 Millionen meldepflichtige **Unfälle am Arbeitsplatz**. Im Durchschnitt kamen 26 von je 1 000 Beschäftigten bei einem Arbeitsunfall zu Schaden. Auf dem Weg zwischen Wohnung und Arbeitsstätte ereigneten sich 191 000 Unfälle, darunter 400 mit tödlichem Ausgang.

Was ist versichert?

- Arbeitsunfälle: Unfälle während der Arbeit/Schulzeit und auf Dienstwegen/Schulwegen (z. B. auch bei Betriebsausflügen, beim Betriebssport und bei Klassenfahrten)
- Wegeunfälle: Unfälle auf dem direkten Weg von und zur Arbeitsstelle/Schule (auch notwendige oder sinnvolle Umwege, z. B. zur Bildung von Fahrgemeinschaften)
- Berufskrankheiten (z. B. Staublunge bei Bergleuten, Mehlallergie bei Bäckern)

Hauptverband der Berufsgenossenschaften: www.dguv.de
Bundesanstalt für Arbeitsschutz und Arbeitsmedizin: www.baua.de

A1 Die gewerblichen Berufsgenossenschaften sind nach Branchen gegliedert. Welche Berufsgenossenschaft ist für Ihren Betrieb zuständig?

____

A2 Erkundigen Sie sich in Ihrem Betrieb,

a) welche Sicherheitsbestimmungen für Ihren Ausbildungs- und Arbeitsplatz gelten,

____

____

b) welche Personen in Ihrem Betrieb für die Arbeitssicherheit verantwortlich sind,

____

____

c) welche Pflichten der Arbeitgeber bei einem eingetretenen Arbeitsunfall hat.

____

____

____

____

A3 Berechnen Sie den prozentualen Rückgang der tödlichen Arbeitsunfälle von 1990 bis 2011. (s. Abb. „Gefahren bei der Arbeit"). Nennen Sie mögliche Gründe.

_____ Unfälle = 100 % x = _____ %

_____ Unfälle = x % Rückgang um ca. _____ %

Mögliche Gründe:

- ____
- ____
- ____

A4 Welche Bedeutung haben folgende Sicherheitszeichen?
Nennen Sie berufliche Tätigkeiten, bei denen sie beachtet werden müssen.

Zeichen	Bedeutung	berufliche Tätigkeiten (Beispiele)

A5 Projektarbeit (jeweils eine Gruppe mit drei bis fünf Schülern): „Unsere Schule soll sicherer werden!"
Suchen Sie im Klassenraum, im Schulgebäude, auf dem Schulgelände nach gefährlichen Gegenständen/Einrichtungen und unfallträchtigen Situationen. Erarbeiten Sie in Ihrer Gruppe Verbesserungsvorschläge und ggf. Unfallverhütungsvorschriften. Erarbeiten Sie aus den jeweiligen Gruppenergebnissen einen gemeinsamen Sicherheitsplan und tragen Sie diesen der Schulleitung vor.

Die Menschen werden immer älter und somit nimmt auch die Zahl der Rentner ständig zu. Gleichzeitig geht durch die weiterhin niedrige Geburtenrate die Zahl der Personen im erwerbsfähigen Alter und damit die Zahl der Beitragszahler zurück. 1960 kam auf fünf Beitragszahler ein Rentner, im Jahr 2060 kommen nach Hochrechnungen auf drei Beitragszahler zwei Rentner. Damit die Beiträge zur gesetzlichen Rentenversicherung nicht immer höher werden, muss die Altersvorsorge neben einer staatlichen Grundsicherung stärker in die Hand eines jeden Einzelnen gelegt werden.

1. Säule: Die gesetzliche Rentenversicherung

Die gesetzliche Rentenversicherung ist auf dem **Umlageverfahren** oder **Generationenvertrag** (nicht schriftlicher Vertrag) aufgebaut.

> Umlageverfahren: Die jetzige Rentengeneration verbraucht, was die heutigen Beitragszahler in die Rentenversicherung einzahlen.
> Generationenvertrag: Zukünftige Rentner können darauf hoffen, dass die nachfolgende Generation ihre Renten finanziert.

Träger:	Deutsche Rentenversicherung (Bund, Regionalträger, Knappschaft-Bahn-See)
Pflichtversicherte:	alle Arbeiter und Angestellten, Auszubildende, Eltern in Kindererziehungszeit, Personen im Bundesfreiwilligendienst, Landwirte, u. U. einige Selbstständige wie selbstständige Handwerksmeister
Beiträge:	2014: 18,9 % des Bruttoverdienstes bis zur Höhe der Beitragsbemessungsgrenze (monatlich im Westen 5 950,00 EUR, im Osten 5 000,00 EUR) Arbeitnehmer und Arbeitgeber zahlen jeweils die Hälfte (je 9,45 %)
Aufgaben:	◆ Maßnahmen der Rehabilitation: Wiederherstellung der Gesundheit zum Erhalt der Arbeitskraft (z. B. Kuren) ◆ Zahlung von Altersrente (beginnend je nach Geburtsjahr zwischen dem 65. und 67. Lebensjahr): max. 60 % vom Nettolohn bei mind. 45 Beitragsjahren (bei freiwilligem früheren Rentenbeginn: 0,3 % Abschlag pro Monat, frühester Rentenbeginn mit 63 Jahren) ◆ Zahlung von Hinterbliebenenrente: Witwen-, Witwer- u. Vollwaisenrente ◆ Zahlung von Erwerbsminderungsrente: Erwerbsminderungsrente erhält, wer nur noch weniger als drei Stunden am Tag arbeiten kann (wer zwischen drei und sechs Stunden arbeiten kann, erhält die halbe Erwerbsminderungsrente).

2. Säule: Die betriebliche Altersversorgung

Die betriebliche Altersversorgung hat eine lange Tradition. Schon Mitte des 19. Jahrhunderts belohnten Unternehmer wie Krupp, Zeiss und Siemens ihre Arbeiter für geleistete Arbeit und Betriebstreue mit einer Betriebsrente.

Zwar ist die Rente vom Betrieb immer noch ein freiwilliges Angebot des Unternehmers, der Arbeitnehmer hat jedoch ein Recht darauf, dass Teile seines Lohnes/Gehaltes in eine betriebliche Altersversorgung umgewandelt werden (**Direktversicherung**). Diese Direktversicherung hilft zusätzlich Steuern zu sparen und vom Staat Sparzulagen zu erhalten.

3. Säule: Die private Altersvorsorge

Die private Altersvorsorge hilft, entstehende Lücken zwischen dem letzten Arbeitseinkommen und der gesetzlichen Rente zu schließen, z. B. durch eine kapitalbildende Lebensversicherung. Der Beitrag in eine private Versicherung richtet sich nach Art und Größe des individuellen Risikos. Die private Altersvorsorge basiert auf einem Kapitaldeckungsverfahren: Der Versicherte zahlt während der Vertragslaufzeit Beiträge, die für ihn auf einem „persönlichen“ Beitragskonto angesammelt werden. Das angesammelte Kapital wird im Alter einmalig als Gesamtsumme oder als lebenslange Rente ausgezahlt.

Deutsche Rentenversicherung: www.deutsche-rentenversicherung.de
Bundesministerium für Arbeit und Soziales: www.bma.bund.de

A1 Nennen Sie, auch mithilfe der Abbildung, wesentliche Ursachen für die Probleme der heutigen und zukünftigen Altersversorgung.

z. B. höhere Lebenserwartung: Männer 79 Jahre/Frauen 84 Jahre (mit steigender Tendenz),

____

____

____

____

____

____

____

____

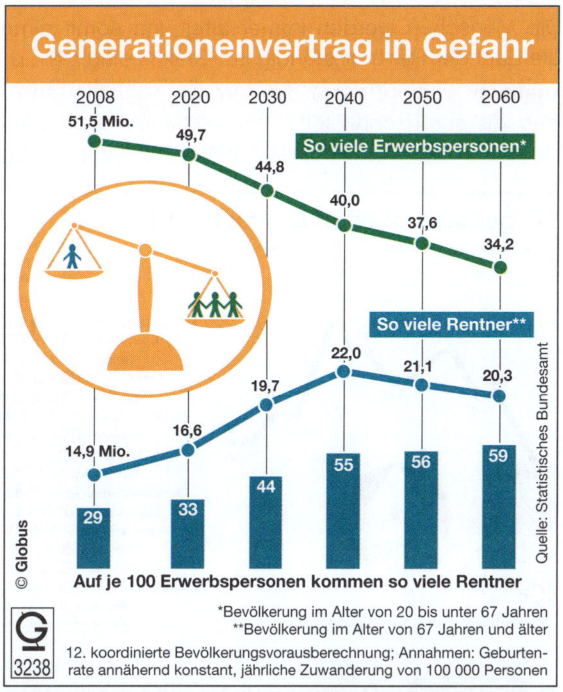

A2 Vervollständigen Sie den Text unter Verwendung folgender Wörter: pflichtversichert, Beitragsbemessungsgrenze, Nettolohn, Arbeitgeber, Deutsche Rentenversicherung, Umlageverfahren, private Altersvorsorge, betriebliche Altersversorgung, 60 %.

Träger der gesetzlichen Rentenversicherung ist die ________________. Alle Arbeiter und Angestellten sind ________________. Arbeitnehmer und ____________ zahlen als Beiträge insgesamt 18,9 % des Bruttoverdienstes, maximal bis zur ______________________ von 5 950,00 bzw. 5 000,00 EUR. Unter ________________ versteht man, dass mit den heutigen Beiträgen der Versicherten die Renten der älteren Generation bezahlt werden. Die maximale Rente beträgt zurzeit ca. _______ des ____________. Die ____________________________, z. B. eine Lebensversicherung, hilft die gesetzliche Rentenzahlung aufzubessern. Zudem hat der Arbeitnehmer das Recht, dass Teile seines Lohnes in eine ____________________________ umgewandelt werden.

A3 Berechnen Sie die Rente eines kinderlosen Beschäftigten mit einem durchschnittlichen monatlichen Nettoeinkommen von 2 000,00 EUR, der 45 Jahre beitragspflichtig gearbeitet hat und a) 2012 mit 65 Jahren in Rente ging, b) 2012 mit 62 Jahren in Rente ging.

a) ______ % von 2 000 EUR = ________________ mtl. Rente

b) ______ % von 2 000 EUR = ________________, abzüglich ______ Monate ______ % mtl. Rentenabzug

(= ______ % = ________ EUR) = ________________ mtl. Rente (lebenslang gekürzt)

A4 Der 1991 eingeführte Sozialversicherungsausweis begleitet die Beschäftigten während ihres gesamten Arbeitslebens. Erkundigen Sie sich (z. B. bei einer Versicherungsanstalt), wer den Ausweis ausstellt, wann Vorlagepflicht besteht, wer die Meldepflicht hat.

____

____

____

____

____

Die anhaltend hohe Arbeitslosigkeit lastet schwer auf dem Wirtschafts- und Sozialsystem der Bundesrepublik. Problematisch ist nicht allein die Zahl der registrierten Arbeitslosen, die durchschnittlich in den vergangenen 10 Jahren über der 3,5-Millionen-Grenze lag. Hinter der zahlenmäßigen Entwicklung verbirgt sich auch ein fortwährender Ausleseprozess, der die weniger Leistungsfähigen aus dem Arbeitsmarkt aussondert und in die sozialen Sicherungssysteme, oft auch in die Armut abschiebt.

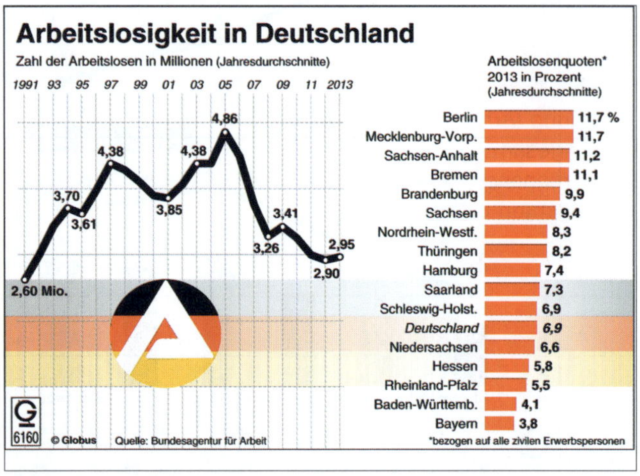

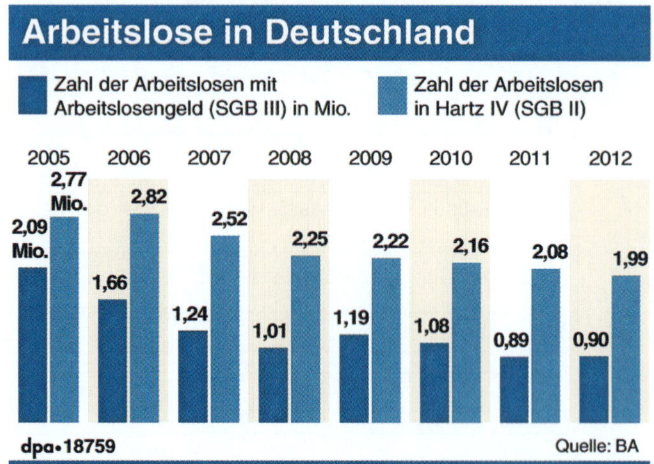

Die sich aus der Massenarbeitslosigkeit ergebenden Probleme sollen durch die gesetzliche Arbeitslosenversicherung gemindert werden.

Träger:	Bundesagentur für Arbeit (in Nürnberg), flächendeckend Agenturen für Arbeit (Job-Center)		
Pflichtversicherte:	alle Arbeiter und Angestellten, Auszubildende		
Beiträge:	2012: 3 % des Bruttoverdienstes, max. von der Beitragsbemessungsgrenze in der Rentenversicherung Arbeitnehmer und Arbeitgeber zahlen jeweils die Hälfte des Betrages (je 1,5 %).		
Aufgaben:	**Arbeitsplatzförderung** ◆ Berufsberatung ◆ Ausbildungs- und Arbeitsvermittlung (Hauptaufgabe) ◆ berufliche Wiedereingliederung (z. B. durch Umschulung) ◆ Förderung der Berufsausbildung	**Arbeitsplatzsicherung** ◆ Kurzarbeitergeld ◆ Weiterbildungsmaßnahmen ◆ Existenzgründungszuschüsse für Ich-AGs ◆ Entgeltsicherung für ältere Arbeitnehmer ◆ Infrastrukturförderung	**Arbeitslosenunterstützung** ◆ Arbeitslosengeld I zz. max. 67 % des Nettoverdienstes (Ledige 60 %), max. für 12 Monate (über 50-Jährige max. 15 Monate, über 55-Jährige max. 18 Monate, über 58-Jährige max. 24 Monate) ◆ Danach Arbeitslosengeld II für Langzeitarbeitslose, Regelleistung (zwischen 229,00 EUR und 391,00 EUR) zz. zusätzliche Leistungen: Übernahme der Kosten für Unterkunft/Heizung (soweit angemessen), evtl. Zuschüsse für Kleidung, Wohnungsausstattung, ◆ Insolvenzgeld

Als arbeitslos gilt, wer vorübergehend unbeschäftigt ist, eine versicherungspflichtige Beschäftigung sucht, für entsprechende Vermittlungsbemühungen zur Verfügung steht und sich bei der Bundesagentur für Arbeit persönlich arbeitslos gemeldet hat.

Arbeitlosenquote = Arbeitslose in Prozent der Erwerbspersonen (Erwerbstätige und Arbeitslose)

Bundesministerium für Wirtschaft und Technologie: www.bmwi.de
Bundesagentur für Arbeit: www.arbeitsagentur.de

A1 Nennen Sie wesentliche Ursachen für die anhaltende Massenarbeitslosigkeit.

Wegfall von Arbeitsplätzen durch ______________________________

____

____

A2 Experten schätzen das gesamte Ausmaß der Unterbeschäftigung (Arbeitslosigkeit) weit höher ein, als durch die offiziell registrierte Arbeitslosenzahl deutlich wird: geschätzte gesamte Unterbeschäftigung 2013 ca. 3,85 Mio., offiziell registrierte Arbeitslose 2013 ca. 2,95 Mio. Welche Personengruppen werden bei der offiziellen Arbeitslosenstatistik nicht erfasst, wohl aber bei der geschätzten gesamten Unterbeschäftigung?

In der Arbeitslosenstatistik nicht berücksichtigt: z. B. ______________________________

____

____

____

____

A3 Wie viel Prozent der Arbeitslosen waren 2005 und 2012 Langzeitarbeitslose (Hartz-IV-Empfänger, s. Abb. „Arbeitslose in Deutschland")?

2005: 2,77 Mio. von insgesamt 4,86 Mio. = ca. ______ %

2012: 1,99 Mio. von insgesamt 2,89 Mio. = ca. ______ %

In 7 Jahren hat sich also die Zahl der Langzeitarbeitslosen und Sozialhilfeempfänger um ca. ______ % erhöht.

A4 Ein 35-jähriger lediger Geselle mit einem monatlichen Nettoeinkommen von 1 400,00 EUR wird arbeitslos. Wie viel Arbeitslosengeld I erhält er monatlich im ersten Jahr der Arbeitslosigkeit?

______ % von 1 400,00 EUR = ____________

A5 Der folgende Text stammt in Auszügen aus dem Leserbrief eines Arbeitslosen. Wie empfindet dieser Arbeitslose seine Situation? Lassen sich seine Empfindungen auch heute noch verallgemeinern?

____

____

____

Aufgrund einer Erkrankung konnte ich meinen Job als Dachdecker nicht mehr ausüben. Ich war dann für neun Monate Krankengeld-Empfänger, bevor ich meine Umschulung zum Bautechniker, Fachrichtung Hochbau inkl. Fachabitur, getragen durch die LVA Rheinland, durchführte und erfolgreich beendete.
Nun sieht es so aus, dass ich seit dem 25. Januar arbeitslos bin, nicht nur die finanzielle Situation und das dauernde Zuhausesitzen sind nicht mehr zu ertragen, auch die Tatsache, dass man bei seinen Bewerbungen immer den gleichen Satz in den Absagen liest: „Aufgrund der Vielzahl der Bewerbungen konnten wir Ihre leider nicht berücksichtigen. Für Ihren weiteren beruflichen Werdegang wünschen wir Ihnen viel Erfolg!" Dazu kommt, dass durch die Krankheit eine körperlich schwere Arbeit für mich nicht in Frage kommt und ich dadurch zusätzlich eingeschränkt bin.

Die Situation ist unerträglich. Man isoliert sich, man kann nicht mehr an der Gesellschaft teilnehmen, da das Geld, das man noch zur Verfügung hat, in den Lebensunterhalt geht. Für Extravaganzen bleibt nichts übrig und damit meine ich noch nicht einmal Urlaub oder Ähnliches, sondern schon das Bier in der Kneipe spart man sich.

Ich hoffe und appelliere an die Politik, die Arbeitgeber und die Gewerkschaften, dass sie endlich die notwendigen Schritte tun und an die Menschen denken, die arbeiten wollen. Ich will wieder arbeiten.

Quelle: Auszug aus der WAZ, „Die finanzielle Situation, das dauernde Zuhausesitzen sind nicht zu ertragen" vom 11.03. 2003

Die Pflegeversicherung

In Deutschland leben zz. über zwei Mio. pflegebedürftige Menschen (mit steigender Tendenz). Damit Pflegebedürftigkeit nicht auch gleich Sozialhilfebedürftigkeit bedeutet, sieht die **gesetzliche Pflegeversicherung** Sach- und Dienstleistungen mit dem Ziel vor, den Vorrang der häuslichen Pflege in der Familie vor der sehr teuren Pflege in Heimen und Krankenhäusern sicherzustellen.

Träger:	Pflegekassen (in Verantwortung der jeweiligen Krankenkasse)
Pflichtversicherte:	alle in einer gesetzlichen Krankenkasse Versicherten
Beiträge:	2014: 2,05 % vom Bruttoverdienst, max. von der Beitragsbemessungsgrenze in der KV Arbeitnehmer und Arbeitgeber zahlen jeweils die Hälfte (je 1,025 %), Rentner den vollen Betrag (2,05 %), zusätzlich 0,25 % Zuschlag für Kinderlose (nur Versicherte).
Leistungen:	Die Leistungen (Sach- und Geldleistungen) richten sich nach der Pflegebedürftigkeit (Grundlage: ärztliches bzw. pflegerisches Gutachten): ◆ erheblich Pflegebedürftige (Stufe I) = mindestens einmal täglich Hilfe notwendig (mind. 1,5 Std.) ◆ Schwerpflegebedürftige (Stufe II) = mindestens dreimal täglich Hilfe notwendig (mind. 3 Std.) ◆ Schwerstpflegebedürftige (Stufe III) = Hilfe rund um die Uhr notwendig (mind. 5 Std.)

Vergütungspauschale (Pflegeleistungen)	bei häuslicher Pflege (Angehörige)	bei häuslicher Pflege (Pflegedienst)	für Heimbewohner
Stufe I	235,00 EUR	450,00 EUR	1 023,00 EUR
Stufe II	440,00 EUR	1 100,00 EUR	1 279,00 EUR
Stufe III	700,00 EUR	1 510,00 EUR	1 510,00 EUR

Die Sozialgerichtsbarkeit

Auf die Leistungen der Sozialversicherung hat jeder Versicherte einen Rechtsanspruch. Wer mit dem Bescheid einer Versicherung nicht einverstanden ist oder nach seiner Meinung zu geringe Leistungen erhält, kann die Versicherung verklagen (Frist: schriftlich, ein Monat nach Zustellung der Verwaltungsentscheidung).

Zuständig auf dem Gebiet des Sozialrechts sind die **Sozialgerichte**. In der ersten Instanz ist das Sozialgericht zuständig, in dessen Bezirk der Kläger seinen Wohnsitz hat. Die ehrenamtlichen Richter (Verteter der Versicherten und der Arbeitgeber) haben das gleiche Stimmrecht wie der Berufsrichter. Das Sozialgerichtsverfahren ist grundsätzlich für die Versicherten **kostenfrei** (bis zur letzten Instanz).

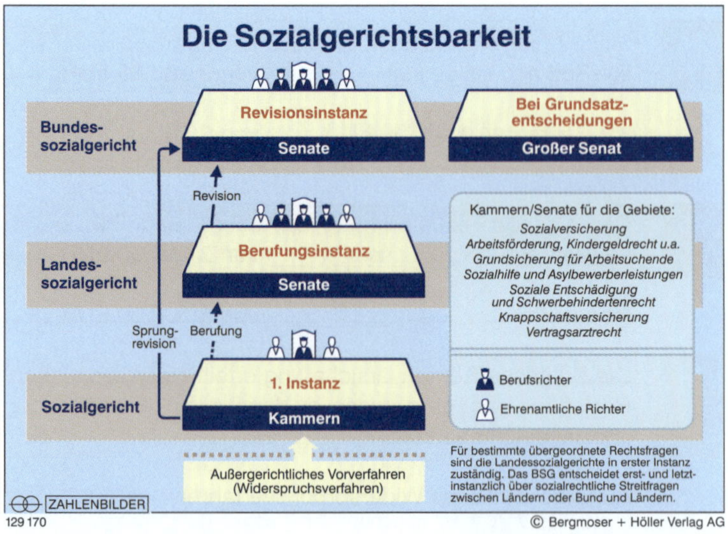

© Bergmoser + Höller Verlag AG

Außergerichtliche Kosten, wie Rechtsanwaltsgebühren, muss jeder Verfahrensbeteiligte grundsätzlich selbst tragen. Das Gericht entscheidet nach Beendigung des Prozesses, ob und in welcher Höhe der Gegner diese Kosten zu tragen hat.

Informationen zur Pflegeversicherung und Rechtsvorschriften: www.aok.de oder www.vdek.com
Pflegeversicherung: www.bmg.bund.de

A1 Kreuzen Sie die richtigen Aussagen an. Korrigieren Sie die falschen Aussagen.

- ☐ Die gesetzliche Pflegeversicherung wurde erst 1995 eingeführt.
- ☐ In der Pflegeversicherung werden vier Pflegestufen unterschieden.
- ☐ Alle Pflichtversicherten der gesetzlichen Krankenversicherung werden automatisch auch pflegeversichert.
- ☐ Der Beitragssatz eines kinderlosen Arbeitnehmers in die Pflegeversicherung beträgt 2,05 % vom Bruttolohn.
- ☐ Ein schwer Pflegebedürftiger erhält bei stationärer Pflege im Heim monatlich 1 510,00 EUR.
- ☐ Ein ärztliches oder pflegerisches Gutachten entscheidet über die Pflegebedürftigkeit.
- ☐ Die Leistungen der Pflegeversicherung können sowohl Sach- als auch Geldleistungen sein.
- ☐ Bei einem Schwerstpflegebedürftigen sind täglich mindestens fünf Stunden Pflege erforderlich.
- ☐ Rentner zahlen keine Beiträge in die gesetzliche Pflegeversicherung.

Korrigierte Aussagen:

____

____

____

____

A2 Die stationäre Pflege in Heimen ist sehr teuer (durchschnittliche Kosten 2013):
Kosten der Unterbringung: Stufe I, ca. 2 500,00 EUR Stufe II, ca. 2 900,00 EUR Stufe III, ca. 3 400,00 EUR
Erkundigen Sie sich (z. B. bei Krankenkassen oder Pflegediensten), wer gegebenenfalls die Kosten der Heimunterbringung mitfinanzieren muss.

____

____

____

A3 Wie hoch sind 2014 die monatlichen Beiträge eines kinderlosen Arbeitnehmers in die gesetzliche Sozialversicherung insgesamt in EUR und Prozent, wenn er monatlich 2 500,00 EUR brutto verdient?

RV-Beitrag: __________ von 2 500,00 EUR = __________

KV-Beitrag: __________ von 2 500,00 EUR = __________

AV-Beitrag: __________ von 2 500,00 EUR = __________

PV-Beitrag: __________ von 2 500,00 EUR = __________

Insgesamt: __________ von 2 500,00 EUR = __________

A4 Die Deutsche Rentenversicherung erteilt einem Versicherten einen ablehnenden Rentenbescheid. Wie muss der Betroffene reagieren, wenn er damit nicht einverstanden ist? Entstehen ihm Kosten im Rechtsstreit (s. Abb. „Sozialgerichtsbarkeit")?

Außergerichtliches Widerspruchsverfahren:

____

Gerichtliches Klageverfahren:

____

Das Sozialgerichtsverfahren ist grundsätzlich __________.

3.1 Arbeitsvertrag

Arbeitsvertrag
zwischen Meyer Metallbau AG, Düsseldorf
und Herrn Heinz Mustermann, Düsseldorf

§ 1 Tätigkeit
Der Arbeitnehmer wird als Elektroniker eingestellt. Er kann auch mit anderen Tätigkeiten befasst werden, soweit sie zumutbar sind. Damit ist keine Entgeltänderung verbunden.

§ 2 Beginn, Ende, Probezeit
Die Tätigkeit beginnt am 1. Juni 2014. Die ersten drei Monate gelten als Probezeit. Das Arbeitsverhältnis kann während dieser Zeit mit einer Frist von zwei Wochen gekündigt werden. Danach beträgt die Kündigungsfrist 4 Wochen.

§ 3 Vergütung
1. Der Arbeitnehmer erhält ein monatliches Bruttogehalt von EUR 3 150,00. Über- und Mehrarbeitsstunden werden wie folgt vergütet: ...
2. Der Arbeitnehmer erhält zusätzlich Urlaubsgeld in Höhe von 300,00 EUR und Weihnachtsgeld in Höhe von 1500,00 EUR.
3. Die Arbeitsvergütung ist jeweils am Monatsende auszuzahlen.
4. Eine Verpfändung oder Abtretung der Arbeitsvergütung ohne vorhergehende Zustimmung der Firma ist unzulässig.

§ 4 Arbeitszeit
1. Es wird eine regelmäßige Arbeitszeit von wöchentlich 38,5 Stunden vereinbart.
2. Beginn und Ende der Arbeitszeit richten sich nach den für den Betrieb geltenden tariflichen und betrieblichen Bestimmungen bzw. nach den Anordnungen der Betriebsleitung.
3. Im Rahmen des Gesetzes oder des Tarifvertrages ist der Arbeitnehmer verpflichtet, zulässige Über- oder Mehrarbeit zu leisten.

§ 5 Urlaub
Der Urlaub beträgt 28 Arbeitstage im Jahr.

§ 6 Tarifverträge und Betriebsvereinbarungen
Auf das Arbeitsverhältnis sind folgende Tarifverträge und Betriebsvereinbarungen anzuwenden: ...

Datum ____________Ort,____________________

Unterschrift (AG) _____ Unterschrift (AN) _____

Dem Grundsatz nach kann in Deutschland jeder Verträge abschließen, wie er will. Im Arbeitsrecht machen jedoch Gesetze, Tarifverträge und Betriebsvereinbarungen bei Vertragsabschlüssen bedeutsame Vorgaben. Sie verhindern, dass Arbeitgeber bei schlechter Arbeitsmarktlage beliebig schlechte Arbeitsbedingungen durchsetzen können. Vertragsklauseln, die z. B. hinter den gesetzlichen Mindeststandards zurückbleiben, sind nichtig — auch wenn beide Seiten sie unterschrieben haben. Für die verschiedenen Regelungsebenen gilt: Die jeweils höhere Ebene setzt die Mindeststandards für die nächsttiefere. Die Reihenfolge heißt: Grundgesetz — Gesetz — Tarifvertrag — Betriebsvereinbarung — individueller Vertrag. Wo ein und derselbe Sachverhalt auf verschiedenen Ebenen geregelt bzw. regelbar ist, gilt das Günstigkeitsprinzip: Maßgeblich ist immer die für den Arbeitnehmer günstigere Regelung.

Kann für einen Arbeitsvertrag der Bezug auf einen Tarifvertrag nicht vorgenommen werden, so sollten folgende Regelungen aufgenommen werden:

- vereinbarte Arbeitszeit (Dauer und Lage), gegebenenfalls Bezahlung bzw. Ausgleich von Mehrarbeit und Reisezeiten,
- Zusammensetzung und Höhe des Entgelts einschließlich aller Zuschläge, Zulagen, Prämien, Sonderzahlungen und anderer Bestandteile sowie deren Fälligkeit,
- Dauer des jährlichen Erholungsurlaubs, Urlaubsgeld,
- Kündigungsfristen.

In der Regel werden Arbeitsverträge schriftlich abgeschlossen. Aber auch mündliche Verträge sind möglich. In diesem Fall schreibt das Nachweisgesetz vor, dass der Arbeitgeber dem Arbeitnehmer spätestens einen Monat nach der Arbeitsaufnahme die Vertragsbedingungen schriftlich mitteilen muss (Mindestinhalte siehe oben).

Kriterien für das Vorliegen eines Arbeitsverhältnisses:

Arbeitnehmer ist, wer aufgrund eines privatrechtlichen Vertrages im Dienst eines anderen persönlich zur Arbeit verpflichtet ist. Die Dienstleistung wird im Rahmen einer vom Arbeitgeber bestimmten Arbeitsorganisation erbracht. Ort und Zeit der Arbeitsleistung sind fremdbestimmt. Die daraus folgende persönliche Abhängigkeit äußert sich in zweierlei:

- Der Arbeitnehmer unterliegt dem Weisungsrecht des Arbeitgebers.
- Der Arbeitnehmer kann seine Arbeitskraft nicht mehr unternehmerisch einsetzen.

Arbeitgeber im arbeitsrechtlichen Sinne ist jeder, der einen anderen als Arbeitnehmer beschäftigt. Dabei spielt es keine Rolle, ob der Arbeitgeber eine natürliche oder juristische Person, z. B. eine Aktiengesellschaft, ist, ob er Privatperson oder Person des öffentlichen Rechts, z. B. eine Gemeinde, ist. Jeder Haushaltsvorstand, der eine Haushaltshilfe beschäftigt, kann in dieser Eigenschaft Arbeitgeber sein.

A1 Zum Schutz der Arbeitnehmer bestehen zahlreiche Gesetze, die automatisch Bestandteil eines jeden Arbeitsvertrages sind. Nennen Sie zehn Bestimmungen.

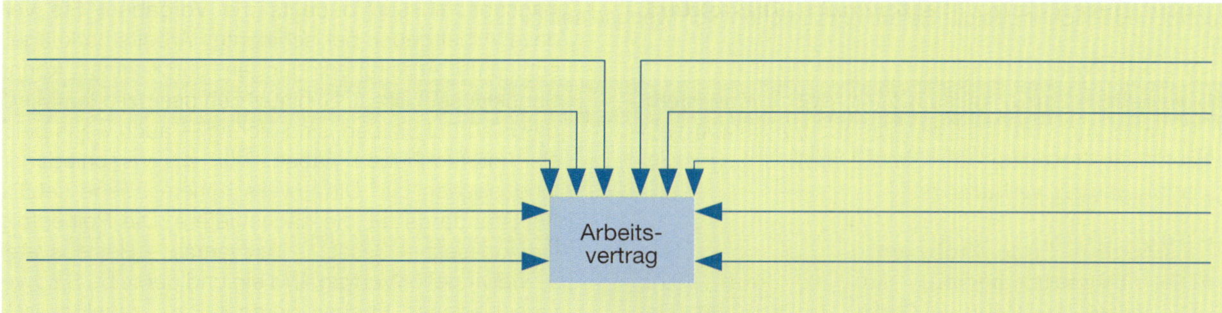

A2 Kreuzen Sie an, welche Aussagen über den Abschluss eines Arbeitsvertrages richtig oder falsch sind.

	richtig	falsch
Ein schriftlicher Vertrag ist von beiden Vertragspartnern zu unterzeichnen.	☐	☐
Der Arbeitsvertrag kann auch mündlich abgeschlossen werden.	☐	☐
Ein Arbeitsvertrag muss schriftlich abgeschlossen werden bei einer Dauer von mehr als einem Jahr.	☐	☐
Spätestens einen Monat nach Arbeitsbeginn muss der Arbeitgeber wesentliche Vertragsbedingungen schriftlich niedergelegt haben.	☐	☐
Das Arbeitsverhältnis beginnt erst nach einem schriftlichen Arbeitsvertrag.	☐	☐

A3 Kreuzen Sie an, welches das typische Kennzeichen eines Arbeitnehmers bzw. einer Arbeitnehmerin ist.

- ☐ Die Arbeit wird innerhalb eines Betriebes erbracht.
- ☐ Aufgrund eines Vertrages besteht eine Verpflichtung zur Arbeitsleistung gegenüber einem anderen.
- ☐ Die Arbeit wird als Beruf ausgeübt.
- ☐ Für die Tätigkeit wird eine Vergütung bezahlt.

A4 Nennen Sie mindestens sechs Punkte, die im Arbeitsvertrag enthalten sein sollten.

A5 Was versteht man unter dem „Günstigkeitsprinzip“? Erläutern Sie an einem Beispiel diesen Grundsatz.

Rechte und Pflichten der Arbeitnehmer

Kraft seines Direktionsrechts ist der Arbeitgeber befugt, dem Arbeitnehmer Weisungen für die Ausübung der Arbeit und das Verhalten im Betrieb zu erteilen. Dem Direktionsrecht des Arbeitgebers entspricht die Gehorsamspflicht des Arbeitnehmers. Rechte und Pflichten beider Seiten entsprechen sich wechselseitig.

Pflichten Arbeitgeber/-in	Pflichten Arbeitnehmer/-in
◆ Entgeltzahlungspflicht (§§ 611, 613 BGB)	◆ Arbeitspflicht (§§ 611, 613 BGB)
◆ Beschäftigungspflicht	◆ Treuepflicht
◆ Fürsorgepflicht	◆ Verschwiegenheitspflicht
◆ Gleichbehandlungspflicht	◆ Gebot der Schadensverhütung
◆ Urlaubsgewährung	◆ Wettbewerbsverbot
◆ Anhörungspflicht	◆ Wahrung des Betriebsfriedens
◆ Respektierung und Schutz der Persönlichkeitsrechte der Arbeitnehmer	◆ Rücksichtnahme auf Betriebsabläufe und Arbeitskollegen
◆ Schutz des eingebrachten Eigentums der Arbeitnehmer	◆ Annahmeverbot von Schmiergeldern

Rechte aus dem Betriebsverfassungs- und Mitbestimmungsrecht

Das Betriebsverfassungsrecht umfasst die Normen, die die Stellung des Arbeitnehmers im Betrieb und die vom Betriebsrat wahrgenommenen Rechte der im Betrieb verbundenen Arbeitnehmer gegenüber dem Arbeitgeber regeln (vgl. Kap. 10.5).

Bei Beendigung des Arbeitsverhältnisses hat der Arbeitnehmer einen Anspruch auf Erteilung eines Zeugnisses und auf Aushändigung der Arbeitspapiere.

Betriebsklima

Die Art und Weise, wie die Beschäftigten eines Betriebes miteinander umgehen, wird allgemein als „Betriebsklima" bezeichnet. Ein gutes Betriebsklima kann nachhaltig die Arbeitszufriedenheit beeinflussen und damit auch sehr positiv auf das Arbeitsergebnis wirken.

Entscheidend geprägt wird das Klima durch den Umgang der Vorgesetzten mit ihren Mitarbeitern. Die Art und Weise des Umgangs wird als **Führungsstil** bezeichnet.

Führungsstile
Autoritärer Führungsstil: Der Vorgesetzte entscheidet, was, wann und wie erledigt wird.
Konsultativer Führungsstil: Der Vorgesetzte erhebt zwar die Meinung der Mitarbeiter, entscheidet aber letztlich nach eigenem Gutdünken.
Partizipativer Führungsstil: Der Vorgesetzte erhebt die Meinung seiner Mitarbeiter und berücksichtigt deren Meinung bei seiner Entscheidung.
Kooperativer Führungsstil: Der Vorgesetzte gibt das Ziel vor und die notwendigen Informationen; die Mitarbeiter entscheiden selbstständig, wie die Aufgabe erledigt wird.

Neben der Behandlung durch Vorgesetzte wird das Betriebsklima u. a. beeinflusst durch die Sicherheit des Arbeitsplatzes, die Anerkennung der Arbeit, die Höhe der Entlohnung, Aufstiegsmöglichkeiten, die Arbeitsbedingungen und das Arbeitsumfeld.

A1 Nennen Sie jeweils die Hauptpflicht von Arbeitgeber bzw. Arbeitnehmer.

Arbeitnehmer: ______________________________

Arbeitgeber: ______________________________

A2 Ordnen Sie die aufgeführten Pflichten Arbeitgebern (AG) und Arbeitnehmern (AN) zu. Wenn es sich um keine verbindlichen Pflichten handelt, kreuzen Sie bitte „keine“ an.

	AG	AN	keine
◆ Bereitstellung eines Parkplatzes auf Verlangen der Arbeitnehmer	☐	☐	☐
◆ Gleichbehandlung von Männern und Frauen	☐	☐	☐
◆ Fürsorgepflicht	☐	☐	☐
◆ Wahrung von Geschäftsgeheimnissen	☐	☐	☐
◆ Urlaubsgewährung	☐	☐	☐
◆ keine gewerbliche Ausübung einer Nebentätigkeit ohne Genehmigung durch den AG	☐	☐	☐
◆ keine Ausübung gefährlicher Sportarten	☐	☐	☐
◆ Unterlassung parteipolitischer Propaganda	☐	☐	☐
◆ Verbot der Benachteiligung Behinderter	☐	☐	☐

A3 Nachfolgend werden einige Auffassungen von Vorgesetzten über Mitarbeiter geäußert. Welcher Führungsstil verbirgt sich dahinter?

	Führungsstil
Mitarbeiter suchen Verantwortung und wollen bei der Entscheidungsfindung beteiligt werden.	
Eine straffe Führung und häufige Kontrollen sind unerlässlich.	
Bessere Ergebnisse werden erreicht, wenn die Mitarbeiterpotenziale durch mehr Eigenständigkeit stärker ausgeschöpft werden.	
Da Arbeitnehmer wenig leistungsbereit sind, können nur durch Druck und Sanktionen die Unternehmensziele erreicht werden.	
Mitarbeiter akzeptieren Zielvorgaben. Sie besitzen Selbstdisziplin, um die Arbeit selbstständig zu erledigen.	

A4 Welche Faktoren beeinflussen aus Ihrer Sicht
a) besonders die Arbeitszufriedenheit bzw.
b) „vermiesen“ die Arbeit? Nennen Sie je vier Faktoren.

fördert Arbeitszufriedenheit	führt zu Arbeitsunzufriedenheit

Gesetzlicher Kündigungsschutz

Die Kündigung ist ein einseitiges Rechtsgeschäft. Nach § 623 BGB bedarf die Kündigung der Schriftform. Der Kündigungsschutz wird im Wesentlichen durch das Bürgerliche Gesetzbuch und das Kündigungsschutzgesetz geregelt. Das Kündigungsschutzgesetz schützt alle Arbeitnehmer, die das 18. Lebensjahr vollendet haben und länger als sechs Monate ohne Unterbrechung in demselben Unternehmen beschäftigt sind. Nach dem bis zum 31.12.03 geltenden Recht war das Kündigungsschutzgesetz anwendbar, wenn ein Betrieb mehr als fünf Arbeitnehmer hatte. Auszubildende zählten hierbei nicht. Nach der Neuregelung gilt nun ein neuer Schwellenwert von zehn Arbeitnehmern, allerdings nur für solche Arbeitnehmer, deren Arbeitsverhältnis mit oder nach dem 01.01.04 begonnen hat. Befristete Arbeitsverträge können ohne sachliche Begründung für maximal zwei Jahre abgeschlossen werden.

Ist das Kündigungsschutzgesetz anwendbar, darf dem Arbeitnehmer nur gekündigt werden, wenn die Kündigung sozial gerechtfertigt ist (§ 1 Abs. 2 KSchG), d. h.:

- ◆ Die Kündigungen müssen in der Person liegen (z. B. dauernde Abwesenheit wegen Krankheit).
- ◆ Die Kündigungen müssen verhaltensbedingt sein (beispielsweise Arbeitsverweigerung).
- ◆ Den Kündigungen müssen betriebsbedingte Gründe (z. B. Schließung einer Abteilung) zugrunde liegen.

Betriebsbedingte Kündigungen müssen soziale Gesichtspunkte berücksichtigen (§ 1 Abs. 3 KSchG).

§ 1 Kündigungsschutzgesetz

(3) Ist einem Arbeitnehmer aus dringenden betrieblichen Erfordernissen im Sinne des Absatzes 2 gekündigt worden, so ist die Kündigung trotzdem sozial ungerechtfertigt, wenn der Arbeitgeber bei der Auswahl des Arbeitnehmers die Dauer der Betriebszugehörigkeit, das Lebensalter, die Unterhaltspflichten und die Schwerbehinderung des Arbeitnehmers nicht oder nicht ausreichend berücksichtigt hat [...].

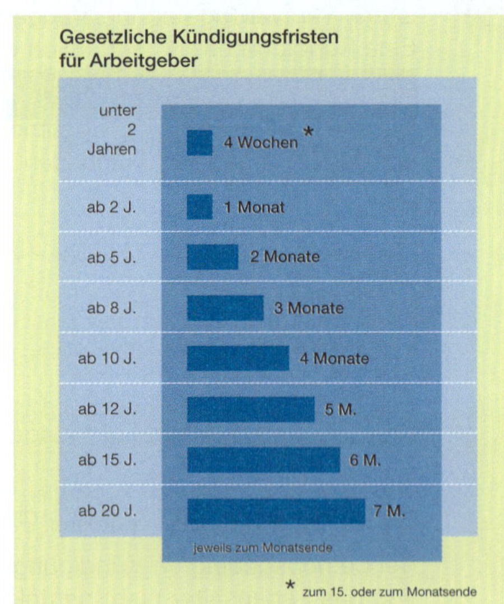

Bestimmte Arbeitnehmergruppen genießen Kündigungsschutz aufgrund besonderer Bestimmungen, z. B. Mitglieder des Betriebsrates, Frauen eine gewisse Zeit vor und nach der Niederkunft sowie Schwerbehinderte.

Fristlose Kündigung

Die gesetzlichen Kündigungsschutzbestimmungen gelten nicht, wenn aufseiten des Arbeitnehmers bzw. Arbeitgebers eine schwere Verfehlung vorliegt.

Der **Arbeitgeber** kann fristlos kündigen, wenn der Arbeitnehmer

- ◆ falsche Zeugnisse vorgelegt hat,
- ◆ Diebstahl, Unterschlagung, Betrug begangen hat,
- ◆ die Arbeit verlässt oder beharrlich verweigert,
- ◆ gegen den Arbeitgeber oder seine Vertreter tätlich vorgeht,
- ◆ sich einer groben Beleidigung schuldig macht.

Der **Arbeitnehmer** kann fristlos kündigen, wenn

- ◆ der Arbeitgeber das Arbeitsentgelt nicht in der vereinbarten Weise auszahlt,
- ◆ der Arbeitgeber oder sein Stellvertreter gegen den Arbeitnehmer tätlich vorgeht oder sich einer groben Beleidigung schuldig macht.

Grundsätzlich kann jeder gekündigte Arbeitnehmer seine Entlassung vor dem Arbeitsgericht anfechten. Hierfür muss eine Frist von drei Wochen eingehalten werden.

A1 Entscheiden Sie, für welche Fallgruppen das Gesetz zum Kündigungsschutz mit der Neuregelung ab dem 1.1.2004 zur Anwendung kommt.

	Antwort
Das Unternehmen A hat Ende Oktober 2004 insgesamt zehn Arbeitnehmer beschäftigt, davon waren fünf bereits am 31.12.2003 tätig. Fünf sind seit dem 1.2.2004 neu hinzugekommen.	
Im Unternehmen B gibt es Ende Oktober 2004 ebenfalls zehn Arbeitnehmerinnen, davon waren allerdings sechs schon am 31.12.2003 tätig.	
Das Unternehmen C hat Ende Oktober 2004 elf Arbeitnehmer, davon sechs, die bereits am 31.12.2003 beschäftigt waren.	
Variante zu C: Von den fünf neuen Arbeitnehmern wird einer entlassen.	

A2 Welche Aussage zu **Kündigungsfristen** ist nach dem Kündigungsschutzgesetz richtig? Kreuzen Sie an:

- Für Arbeiter und Angestellte gelten unterschiedliche Fristen. ☐
- Die gesetzlich vorgeschriebene Mindestkündigungsfrist beträgt vier Wochen. ☐
- Durch Tarifverträge können längere Fristen vereinbart werden. ☐
- Eine Kündigung muss schriftlich erfolgen. ☐

A3 Welche Frist müssen Arbeitnehmer für eine Klage vor dem Arbeitsgericht einhalten?

- ☐ 2 Wochen
- ☐ 3 Wochen
- ☐ 4 Wochen
- ☐ 6 Wochen

A4 Welche Personengruppen stehen unter einem besonderen Kündigungsschutz? Kreuzen Sie an.

- ☐ Betriebsratsmitglieder
- ☐ werdende Mütter
- ☐ über 50-jährige Arbeitnehmer/-innen
- ☐ Schwerbehinderte
- ☐ berufstätige Ehefrauen

A5 Kreuzen Sie an, welche der aufgeführten Aussagen zum Kündigungsschutz richtig oder falsch sind.

	richtig	falsch
Ohne eine vorherige Anhörung des Betriebsrats ist eine Kündigung nichtig.	☐	☐
Bei betriebsbedingten Kündigungen brauchen die Betriebszugehörigkeitsdauer und das Lebensalter nicht berücksichtigt werden.	☐	☐
Auch wenn ein Arbeitnehmer wegen Alkoholproblemen schon einige Abmahnungen erhalten hat, ist eine Kündigung sozial ungerechtfertigt.	☐	☐
Eine Einschränkung der Produktion ist ein betriebsbedingter Grund für eine sozial gerechtfertigte Kündigung.	☐	☐
Einer fristlosen Kündigung kann der Betriebsrat nicht widersprechen.	☐	☐

A6 Nennen Sie jeweils zwei Gründe für eine fristlose Kündigung durch den Arbeitgeber bzw. Arbeitnehmer.

Arbeitgeber	Arbeitnehmer/-in
Grund 1:	Grund 1:
Grund 2:	Grund 2:

Bei Ernst Kluge, einem Packer in einer Glasfabrik, war nichts zu machen. Der Arbeitgeber beharrte auf der Kündigung, weil er im Versand die Zahl der Arbeitsplätze einschränken wollte. So wie es das Betriebsverfassungsgesetz vorsieht, widersprach der Betriebsrat und riet Ernst Kluge, vor dem Arbeitsgericht eine Kündigungsschutzklage einzureichen. Denn eine Kündigung ist dann unwirksam, wenn sie sozial nicht gerechtfertigt ist. Ernst Kluge lässt sich von seiner Gewerkschaft beim Arbeitsgericht vertreten. Sie weist nach, dass zwar der Arbeitgeber ein Interesse daran hat, den Arbeitsplatz einzusparen, es ihm allerdings wegen der langen Betriebszugehörigkeit Ernst Kluges dennoch zuzumuten ist, ihn auf einem anderen Arbeitsplatz weiter zu beschäftigen. Das Gericht ist von diesen Argumenten überzeugt. Es gibt der Klage statt: Die Firma muss Ernst Kluge weiterbeschäftigen. Heute ist er in der Poststelle der Firma tätig.

Für Streitigkeiten aus dem Arbeitsrecht sind die Arbeitsgerichte zuständig.

Die Zuständigkeit der Arbeitsgerichte ist beschränkt auf Angelegenheiten
- zwischen Ausbildendem und Auszubildendem aus dem Arbeits- und Ausbildungsrecht,
- zwischen Arbeitgeber und Arbeitnehmer, die sich aus dem Arbeitsverhältnis ergeben,
- aus dem Betriebsverfassungsgesetz und dem Mitbestimmungsgesetz,
- zwischen den Tarifparteien, die sich aus dem Tarifvertragsrecht ergeben.

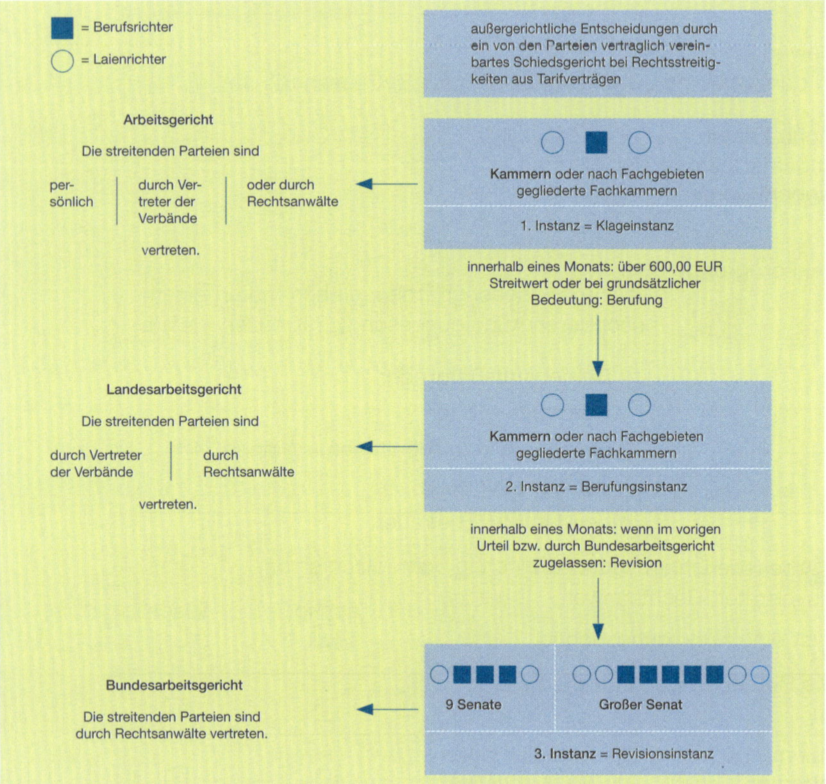

Die Arbeitsgerichte sind mit Berufsrichtern (■) und Laienrichtern (○) besetzt. Die Laienrichter sind immer zur Hälfte Arbeitnehmer, zur anderen Hälfte Arbeitgeber. Die Laienrichter heißen Arbeitsrichter.

Der **Instanzenweg** führt vom Arbeitsgericht zum Landesarbeitsgericht und endet beim Bundesarbeitsgericht, wo die höchstrichterlichen Urteile ergehen. Gegen das Urteil des Arbeitsgerichts kann Berufung eingelegt werden, wenn sie im Urteil zugelassen wird, der vermögensrechtliche Streitwert 600,00 EUR übersteigt, bei Kündigung des Arbeitsverhältnisses und bei Rechtssachen von grundsätzlicher Bedeutung.

Die Sache geht dann weiter an das Landesarbeitsgericht, gegen dessen Urteil Revision beim Bundesarbeitsgericht möglich ist, wenn dies vom zuständigen Gericht bzw. Bundesarbeitsgericht ausdrücklich zugelassen ist (z. B. in Fällen von grundsätzlicher Bedeutung). Beim Bundesarbeitsgericht (Sitz: Erfurt) besteht Anwaltszwang, beim Landesarbeitsgericht sind die Parteien durch Verbände oder Anwälte vertreten.

Vor der streitigen Verhandlung beim Arbeitsgericht findet immer eine Güteverhandlung statt.

Die Gerichtskosten (s. Tabelle) orientieren sich am Streitwert, der maximal drei Monatsentgelte betragen darf.

Streitwert EUR	Gebühr EUR
6 000,00 EUR	272,00 EUR
9 000,00 EUR	362,00 EUR
12 000,00 EUR	438,00 EUR

Beispiel Kündigungsschutzverfahren: Bruttomonatsgehalt: 3 000,00 EUR, Streitwert: 3 000,00 EUR x 3 Monate = 9 000,00 EUR, Gerichtskosten: 362,00 EUR. Im Berufungsverfahren liegen die Gerichtskosten ca. 60 % über den Kosten der 1. Instanz.

Wird der Streitfall durch einen Vergleich beendet, so werden keine Gerichtsgebühren erhoben. Sonst gilt der Grundsatz: Wer verliert, bezahlt.

Die Rechtsanwaltkosten tragen in der 1. Instanz die streitenden Parteien ohne Rücksicht auf das Urteil. Diese liegen wesentlich höher als die Gerichtsgebühren. Gewerkschaftsmitgliedern entstehen dann keine Kosten, wenn die Gewerkschaft Rechtsschutz zusagt. Ab der 2. Instanz entfallen auf den Unterlegenen alle Kosten.

A1 Wie verläuft der Instanzenweg beim **Arbeitsgerichtsverfahren?**

- ◆ ______________________
- ◆ ______________________
- ◆ ______________________

A2 Die ehrenamtlichen Richter bei den Arbeitsgerichten werden aus zwei gesellschaftlichen Gruppen ausgewählt. Nennen Sie diese Gruppen.

____

A3 In welchem der genannten Fälle ist das Arbeitsgericht für die Beilegung des Streitfalles zuständig bzw. nicht zuständig? Kreuzen Sie an.

	zuständig	nicht zuständig
Streitigkeit zwischen einem Beamten und seiner Behörde über die Höhe des Urlaubsanspruchs	☐	☐
Streitigkeit zwischen Arbeitgeberverband und Gewerkschaft über Einzelheiten des Tarifvertrags	☐	☐
Streitigkeit zwischen Arbeitgeber und Betriebsrat über die Pausenregelung im Betrieb	☐	☐
Streitigkeit zwischen einem Arbeitgeber und einem Arbeitnehmer über die Streichung von Leistungszulagen	☐	☐
Streitigkeit zwischen zwei Arbeitnehmern einer Akkordgruppe über die jeweiligen Anteile der Akkordvergütung	☐	☐

A4 Wie setzt sich das Arbeitsgericht zusammen?

a) ______________________

b) ______________________

A5 Wer kann Arbeitnehmer vor den verschiedenen Arbeitsgerichten vertreten? Ordnen Sie zu: persönliche Vertretung, Verbandsvertreter, Rechtsanwalt.

Arbeitsgericht ______________________

Landesarbeitsgericht ______________________

Bundesarbeitsgericht ______________________

A6 In welcher Stadt ist heute der Sitz des Bundesarbeitsgerichts?

______________ bis 1999: ______________

4.1 Technischer Arbeitsschutz

Warum ist Arbeitsschutz notwendig?

Zu Beginn der Industrialisierung am Anfang des 19. Jahrhunderts hatten Arbeitnehmer keinen Arbeitsschutz, obwohl sie permanent Gefahren an ihren Arbeitsplätzen ausgesetzt waren. Die Technik war in ihrer Entwicklung nicht ausgereift; die Unternehmer kümmerten sich nur unzureichend um die Sicherheit der Arbeitstätten. Arbeitszeiten über 16 Stunden waren keine Seltenheit, Entlassungen konnten sofort ausgesprochen werden; Urlaub war unbekannt und Kinderarbeit üblich.

Eine ganze Reihe von Gesetzen und Verordnungen schützen heute den arbeitenden Menschen. Dennoch können Arbeitsunfälle nie völlig verhindert werden. Die Kenntnis der Unfallgefahren und die damit verbundenen Konsequenzen schützen jedoch schon vor vorhersehbaren Unfällen und Berufskrankheiten.

Technischer Arbeitsschutz

Für die Sicherheit am Arbeitsplatz sorgen:

- Staat (Gesetze, Verordnungen),
- Berufsgenossenschaften (Unfallverhütungsvorschriften, Gesundheitsschutzbestimmungen).

Staatliche Vorschriften (Beispiele)

Gesetz/Verordnung	Inhalt
Gewerbeordnung	1869 erlassen. Arbeitsplätze sind so einzurichten, dass Arbeitnehmer gegen Gefahren für Gesundheit und Leben geschützt sind.
Arbeitsstättenverordnung	1975 erlassen. Die Arbeitsstätte muss nach geltenden Arbeitsschutz- und Unfallverhütungsvorschriften sowie nach sicherheitstechnischen und arbeitsmedizinischen Bestimmungen eingerichtet sein.
Arbeitssicherheitsgesetz	Gesetz über Betriebsärzte, Sicherheitsingenieure und andere Fachkräfte der Arbeitssicherheit (1973)
Gefahrstoffverordnung	Bezeichnung des Stoffes/Zubereitung; Angabe gefährlicher Bestandteile; Gefahrensymbole/Gefahrenbezeichnung; Gefahrenhinweis; Sicherheitsratschläge; Angaben über Hersteller oder Importeur (1993)
Produktsicherheitsgesetz	Das Produktsicherheitsgesetz (ProdSG) nimmt in Deutschland Regelungen zu den Sicherheitsanforderungen von technischen Arbeitsmitteln und Verbraucherprodukten vor (2011).
Bildschirmarbeitsverordnung	Regelt Einzelheiten zur Arbeit an Bildschirmgeräten (1996).
Arbeitsschutzgesetz	Ziele des Arbeitsschutzes: Rechte und Pflichten von Arbeitgeber und Arbeitnehmer (1996)

Berufsgenossenschaft

Unfallverhütungsvorschriften	Durch Berufsgenossenschaften (1885 gegründet) vorgeschrieben. Einrichtungen, Anordnungen und Maßnahmen zur Verhütung von Arbeitsunfällen, Verhaltensregeln für die Arbeitnehmer während der Arbeit.

Zuständige Stellen für den technischen Arbeitsschutz:

- Gewerbeaufsichtsamt
- Technischer Überwachungsverein (TÜV)
- Berufsgenossenschaft
- Fachverbände (z. B. Verein Deutscher Elektrotechniker — VDE)

A1 Das Bundesurlaubsgesetz (1963) sieht als Mindesturlaub mindestens 24 Werktage pro Kalenderjahr vor, wobei der Samstag auch als Werktag gilt. Der Manteltarifvertrag sieht für alle Arbeitnehmer 30 Werktage vor, wobei je Woche fünf Tage als Werktage gelten. Ein Unternehmer möchte über eine Betriebsvereinbarung zu einer Regelung kommen, die 22 Urlaubstage pro Kalenderjahr vorsieht und den Samstag als Werktag mit in die Urlaubsregelung einbezieht. Begründen Sie die Rechtslage.

____

____

____

A2 Beim Aufräumen der Werkstatt finden Sie einen Kunststoffbehälter. Mit einem Filzstift wurde der Schriftzug „Achtung gefährlich! Leicht entzündlich!“ angebracht. In welcher Vorschrift können Sie sich über den vorgeschriebenen Aufbewahrungsort des Behälters informieren?

____

A3 Welche Stellen sind zuständig für die Überwachung des „Technischen Arbeitsschutzes“?

- ______________________________
- ______________________________
- ______________________________
- ______________________________

A4 Welche Arbeitsschutzvorschriften wurden Ihnen zu Beginn Ihrer Ausbildung im Betrieb ausgehändigt oder genannt?

____

____

____

A5 Wie wirkt sich ein Arbeitsunfall u. U. aus?

Für den Betrieb: ______________________________

____

Für den Verletzten: ______________________________

Für die Gesellschaft: ______________________________

____

Arbeitszeit- und Personenschutzbestimmungen						
Schutzbestimmungen für **alle** Arbeitnehmer			Schutzbestimmungen für **bestimmte** Arbeitnehmer			
Kündigungs-schutzgesetz	Arbeitszeit-gesetz	Bundes-urlaubsgesetz	Jugendarbeits-schutzgesetz	Mutter-schutzgesetz	Bundeselterngeld und Elternzeit gesetz	Schwer-behinderten-gesetz

Gesetz	Inhalt
Kündigungsschutzgesetz	Siehe Kap. 3.3
Arbeitszeitgesetz	8 Stunden pro Tag; 48 Stunden pro Woche; Arbeitszeit kann auf 10 Stunden pro Tag ausgedehnt werden, wenn innerhalb von 6 Monaten oder 24 Wochen im Durchschnitt 8 Stunden werktäglich nicht überschritten werden; 30 Minuten Ruhepausen bei mehr als 6 bis 9 Stunden und 45 Minuten bei mehr als 9 Stunden pro Tag; 6 Stunden ohne Pause dürfen nicht überschritten werden; spezielle Regelungen für Sonn- und gesetzliche Feiertage; Ruhezeit zwischen Arbeitsende und -beginn mindestens 11 Stunden.
Bundesurlaubsgesetz	Mindestens 24 Werktage pro Kalenderjahr; Werktage sind alle Kalendertage, die nicht Sonn- und gesetzliche Feiertage sind; Urlaubsanspruch erst nach 6-monatigem Bestehen des Arbeitsverhältnisses; ärztlich nachgewiesene Krankheitstage im Urlaub werden nicht auf den Jahresurlaub angerechnet; Resturlaub ist auf die ersten 3 Monate des Folgejahres übertragbar; Urlaub dient der Erholung und nicht einem weiteren Erwerbszweck.
Jugendarbeitsschutzgesetz	Siehe Kap. 1.3
Mutterschutzgesetz	6 Wochen vor und 8 Wochen nach der Entbindung keine Beschäftigung; in der Zeit zahlt die Krankenkasse Mutterschaftsgeld; während der Schwangerschaft keine schwere körperliche Arbeit; regelmäßig über 5 kg oder gelegentlich mehr als 10 kg Lasten zu tragen ist verboten; nach dem fünften Monat ist langes Stehen von mehr als 4 Stunden nicht zulässig; Akkord- und Fließarbeit ist verboten; während der Schwangerschaft und bis zu 4 Monate nach der Entbindung besteht Kündigungsschutz; zwischen 20:00 Uhr und 6:00 Uhr dürfen werdende und stillende Mütter keine Nachtarbeit leisten; Überstunden und Sonntagsarbeit sind unzulässig.
Bundeselterngeld- und Elternzeitgesetz	Das Elterngeldgesetz ist am 29.9.2006 vom Bundestag beschlossen worden und gilt für Geburten ab dem 1.1.2007. Für Normal- und Gutverdiener beträgt die Höhe des Elterngeldes 67 % des vorherigen wegfallenden Nettoeinkommens abzüglich der Werbungskostenpauschale. Für Besserverdienende gilt eine Bemessungsgrenze von 2 700,00 EUR, d.h., es werden max. 1 800,00 EUR Elterngeld/Monat gezahlt. Für Geringverdiener ist eine oberhalb von 67 % liegende Elterngeld summe festgelegt: pro zwei Euro unterhalb von 1 000,00 EUR steigt der Prozentsatz jeweils um 0,1 Prozentpunkte auf max. 100 %. Das Elterngeld wird bis zu zwölf Monate ausbezahlt und um zwei sogenannte „Partnermonate" verlängert, sofern auch der zweite Elternteil mindestens für diese beiden Monate die Elternzeit in Anspruch nimmt. Die Elterngeldmonate können auch gleichzeitig in Anspruch genommen werden. Alleinerziehende mit alleinigem Sorgerecht können die beiden „Partnermonate" zusätzlich für sich beanspruchen. Für Mütter und Väter ohne Einkommen, Hausfrauen/Hausmänner, Studierende oder Teilzeitbeschäftigte oberhalb der Bemessungsgrenze gibt es ein zwölfmonatiges Mindestelterngeld von 300,00 EUR. Bei Kindern, die nach dem 1.1.2013 geboren sind, wird die Ermittlung des Erwerbseinkommens, das zur Bemessung des Elterngeldes herangezogen wird, erheblich vereinfacht.
Schwerbehindertenrecht (Teil des neunten Sozialgesetzbuches)	Schwerbehindert ist, wer mindestens 50 % erwerbsgemindert ist; Kündigung nur mit Genehmigung des Integrationsamtes; 6 Tage mehr Urlaub pro Jahr; bei mindestens 5 Schwerbehinderten ein Vertrauensmann, der an allen Betriebsratssitzungen teilnehmen kann; ein Unternehmen mit mindestens 20 Arbeitsplätzen muss 5 % Schwerbehinderte einstellen (pro 100 Beschäftigte 5); für jeden nicht besetzten Platz muss das Unternehmen eine Ausgleichsabgabe zwischen 115,00 EUR und 290,00 EUR zahlen.

A1 Welche Aussagen zum Arbeitszeitgesetz sind richtig?
Kreuzen Sie an.

- Die Arbeitszeit kann unter bestimmten Bedingungen auf neun Stunden pro Tag ausgedehnt werden. ☐
- Die Arbeitszeit kann für acht Monate täglich auf 8,5 Stunden pro Tag erhöht werden. ☐
- Sechs Arbeitsstunden dürfen ohne Pause nicht überschritten werden. ☐
- An Sonn- und gesetzlichen Feiertagen darf mit Einverständnis des Arbeitnehmers grundsätzlich gearbeitet werden. ☐
- Die Ruhezeit zwischen Arbeitsende und dem Arbeitsbeginn am nächsten Tag muss mindestens elf Stunden betragen. ☐

A2 Klara macht eine Ausbildung als Mechatronikerin. Während ihres dreiwöchigen Tarifurlaubs in den Berufsschulferien auf Mallorca wird sie plötzlich krank. Im Krankenhaus von Palma de Mallorca wird ihr von einem Arzt eine Infektionskrankheit attestiert, die mit hohem Fieber verbunden ist. Der Arzt schreibt sie für vier Tage krank. Das Attest schickt Klara ihrem Ausbildungsbetrieb. Nach dem Urlaub geht sie wie vereinbart wieder zur Arbeit. In einem Gespräch erfährt sie, dass der Chef ihre Krankheitstage auf die Urlaubstage anrechnen will. Klären Sie die Rechtslage.

____

____

____

____

A3 Welche Schutzvorschriften werden im Mutterschutzgesetz genannt?

- ◆ ____________________________
- ◆ ____________________________
- ◆ ____________________________
- ◆ ____________________________
- ◆ ____________________________
- ◆ ____________________________

A4 Warum hat der Gesetzgeber besondere Schutzvorschriften für Schwerbehinderte sowie werdende und entbundene Mütter erlassen?

Schwerbehinderte: ____________________________

____

Werdende und entbundene Mütter: ____________________________

____

____

Das Entgelt heißt:

- beim Arbeiter „Lohn“
- beim Angestellten „Gehalt“
- beim Beamten „Besoldung“

Nach der (alten) Reichsversicherungsordnung werden Arbeiter im Lohnverhältnis beschäftigt. Angestellte erhalten ein festes Monatgehalt.

Aus Sicht des **Arbeitnehmers** dient die Entlohnung der Existenzsicherung, der Befriedigung unterschiedlicher Bedürfnisse sowie der Belohnung und Anerkennung seiner Arbeit.

Aus Sicht des **Unternehmers** stellt die Entlohnung u. U. einen wesentlichen Kostenfaktor dar, der den Gewinn schmälert.

So ergibt sich die Höhe des Lohnes letztlich aus der jeweiligen Machtposition von Arbeitnehmern und Arbeitgebern. Bei der Bestimmung der Lohnhöhe müssen die geltenden **Tarifverträge** beachtet werden.

Die Frage, wann ein Lohn gerecht ist, kann nie allgemein gültig, sondern immer nur aus der Sicht des Einzelnen beantwortet werden.

Methoden zur Findung eines „gerechten Lohnes“:

Die **objektive Arbeitsschwierigkeit** versucht man mithilfe von Arbeitsbewertungsverfahren festzustellen. Jede Arbeit wird dabei auf folgende Kriterien hin untersucht:

- geistige Anforderungen,
- körperliche Anforderungen,
- Arbeitsbedingungen,
- Verantwortung.

Die **subjektive Arbeitsleistung** versucht man mithilfe von Arbeitsstudien festzustellen. Im gewerblich-technischen Bereich wird insbesondere das REFA-System (1924 als „Reichsausschuss für Arbeitszeitermittlung“ gegründet, seit 2000 „REFA Bundesverband e. V.“) zur Leistungsbewertung herangezogen. Hierbei werden folgende drei Arbeitsstudien durchgeführt:

- Arbeitsablaufstudie (z. B. rationelle Fertigung?),
- Arbeitszeitstudie (z. B. Zeitmessung),
- Arbeitswertstudie (z. B. Anforderungen, Schwierigkeitsgrad).

Arbeitsplatz XY

Anforderungsarten	Einreichung (%)	Gewicht	Gesamt
Kenntnisse (1)	30	0,5	15
Geschicklichkeit (2)	40	0,8	32
Verantwortung (3)	70	1,0	70
geistige Belastung (4)	50	1,0	50
muskelmäßige Belastung (5)	20	0,2	4
Umgebungseinflüsse (6)	10	0,5	5
Summe			176

Lohngruppe 8: Facharbeiter mit meisterlichem Können und Dispositionsvermögen (z. B. Vorarbeiter und Gruppenführer in Facharbeiterabteilungen mit hoher Verantwortung)
Lohngruppe 7: Bestqualifizierter Facharbeiter (für besonders schwierige Facharbeiten, die hohe Anforderungen an Können und Wissen stellen)
Lohngruppe 6: Qualifizierter Facharbeiter (für schwierige Facharbeiten mit langjähriger Erfahrung, auch in Anlernung erworben)
Lohngruppe 5: Facharbeiter (im Lehrberuf ausgebildet) oder Angelernter mit Fähigkeiten, die denen eines Facharbeiters gleichzusetzen sind
Lohngruppe 4: Qualifizierter Angelernter (für Spezialarbeiten durch Anlernen mit zusätzlicher Erfahrung erworben)
Lohngruppe 3: Angelernter (für Maschinenarbeiten mit Zweckausbildung oder Fähigkeiten durch Anlernen erworben)
Lohngruppe 2: Hilfsarbeiter (Anlernung einfacher Art)
Lohngruppe 1: Hilfsarbeiter (Anlernung einfachster Art)

Anforderungsabhängige Entgeltdifferenzierung:

Summarische Arbeitsbewertung		Analytische Arbeitsbewertung	
Methoden, bei denen die Anforderungen des Arbeitssystems an den Menschen als Ganzes erfasst werden. Die einzelnen Anforderungen werden summarisch berücksichtigt.		Methoden, bei denen die Anforderungen des Arbeitssystems an den Menschen mithilfe von einzelnen Anforderungen ermittelt werden. Jede Anforderungsart erhält eine Wertzahl.	
Rangfolgenverfahren	**Lohngruppenverfahren**	**Rangreihenverfahren**	**Stufenwertzahlverfahren**
Alle in einem Betrieb vorhandenen Arbeiten werden durch Gegenüberstellung und Vergleich nach Maßgabe der Arbeitsschwierigkeit in eine Rangfolge gebracht. Dieses Verfahren ist einfach und kostengünstig, aber für komplizierte Arbeitsstrukturen nicht geeignet.	Die zu bewertenden Arbeiten werden entsprechend ihrem Schwierigkeitsgrad in die zutreffende Lohngruppe eingeordnet. Hierbei werden auch besondere Anforderungen berücksichtigt. Dieses Verfahren der Arbeitsbewertung ist auch heute noch Grundlage vieler Tarifverträge.	Man vergleicht alle im Betrieb vorkommenden Tätigkeiten. Für jede Anforderungsart getrennt wird eine Einordnung von der einfachen bis zur schwierigsten Verrichtung vorgenommen. Die Stellung einer bestimmten Tätigkeit in der Rangfolge wird in Prozent ausgedrückt. Durch eine Gewichtungsziffer wird die unterschiedliche Bedeutung der einzelnen Beanspruchungsart berücksichtigt. Die Summe ist das Kriterium für die Einordnung in eine Lohngruppe.	Die Anforderungen jeder einzelnen Anforderungsart werden in eine bestimmte, vorher definierte Bewertungsstufe eingeordnet. Der Gesamtarbeitswert ergibt sich als Summe der erfassten Stufenwertzahlen und ist auch das Kriterium für die Einordnung in eine Lohngruppe.

A1 Stellen Sie die summarische Arbeitsbewertung der analytischen Arbeitsbewertung gegenüber.

Analytische Arbeitsbewertung: ______________________________

____

____

Summarische Arbeitsbewertung: ______________________________

____

A2 Von welchen Faktoren sollte Ihrer Meinung nach die Höhe des Lohnes abhängen?

____

____

A3 Wie beurteilen Sie die unterschiedlichen Formen des Entgelts, Lohn, Gehalt und Besoldung?

____

____

____

A4 Nennen Sie Beispiele für:

Geistige Anforderungen: ______________________________

____

Körperliche Anforderungen: ______________________________

____

Arbeitsbedingungen: ______________________________

____

Verantwortung: ______________________________

____

____

A5 Für den Arbeitnehmer können sich Vor- und Nachteile aus der Umsetzung von Arbeitsstudien zur Leistungsbewertung ergeben. Welche sind das?

Vorteile:

____

____

____

Nachteile:

____

____

____

A6 Durch welche Faktoren wird die Lohnhöhe bei Tarifabschlüssen beeinflusst?

- ______________________________
- ______________________________
- ______________________________
- ______________________________
- ______________________________
- ______________________________
- ______________________________

Lohnformen							
Zeitlohn		Leistungslohn		Beteiligungslohn		Sonstige Lohnbestandteile	
Monatslohn (Gehalt, Lohn, Besoldung)	Stundenlohn	Akkordlohn	Prämienlohn	Gewinnbeteiligung	Kapitalbeteiligung	Zuschläge	Zulagen

Der Zeitlohn

Die Höhe des Zeitlohnes wird durch die Dauer der Arbeitszeit und durch die Anforderungen des Arbeitsplatzes bestimmt. Es besteht kein direkter Zusammenhang zur Menge der geleisteten Arbeit. Zeitlohn wird beim Arbeiter als Stundenlohn und bei Angestellten als Monatslohn gezahlt. Diese Art der Entlohnung bietet sich an, wenn

- das Arbeitsergebnis nur schwer messbar ist,
- die Arbeit sehr komplex oder der Umfang unbestimmt ist,
- Präzisions- oder Kontrollarbeiten verlangt werden,
- die Mitarbeiter ihr Arbeitstempo nicht beeinflussen können.

Bruttolohn = Arbeitsstunden × Stundenlohn

Beispiel:

1 565,20 EUR = 172 Std. × 9,10 EUR/Std.

Der Prämienlohn

Die Höhe des Prämienlohnes ergibt sich aus einem Grundlohn, zu dem dann eine Prämie für besondere Leistungen gezahlt wird.

Dieses zusätzliche Entgelt kann gezahlt werden als
- Ersparnisprämie,
- Güteprämie,
- Nutzungsprämie,
- Mengen-Leistungs-Prämie,
- Sonderprämie,
- Provision.

Bruttolohn = Stundenlohn × Arbeitsstunden + Prämie

Beispiel:

1 890,00 EUR = 7,00 EUR/Std. × 170 Std. + 700,00 EUR

Zulagen

Sie sind Bestandteil des einzel- oder tarifvertraglich vereinbarten Arbeitsentgeltes. Sie werden z. B. gezahlt als Erschwerniszulage, Gefahrenzulage, Sparzulage.

Zuschläge

Sie sind gesetzlich vorgeschriebene und tarifliche Aufschläge in Prozent auf den Grundlohn, z. B. Überstundenzulagen, Zuschläge für Sonntagsarbeit oder Nachtarbeit.

Der Akkordlohn

Die Höhe des Akkordlohnes richtet sich nach der Leistungsmenge bzw. der geleisteten Arbeitszeit und nach dem Schwierigkeitsgrad der Arbeit.
Akkordlöhne können dann eingeführt werden, wenn

- die Arbeitsabläufe in sich immer wiederholende Tätigkeiten zerlegt werden können,
- Vorgabezeit und Leistung des Arbeitnehmers genau messbar sind,
- das Arbeitstempo vom Arbeitnehmer beeinflusst werden kann.

Ausgangspunkt der Berechnung ist der Akkordrichtsatz (Lohn pro Stunde für die Normalleistung).
Beim Stückzeitakkord erhält der Arbeitnehmer für eine bestimmte Tätigkeit eine Vorgabezeit. Der Lohn erhöht sich in dem Maße, in dem er die Vorgabezeit unterschreitet.
Beim Stückgeldakkord erhält der Arbeitnehmer für jede geleistete Mengenarbeit einen Geldbetrag, der sich aus der Division von Akkordstundenlohn und Normalleistung ergibt.

Stückzeitakkord

Bruttolohn = Stückzahl × Stückzeit × Minutenfaktor

Beispiel:

$$\text{Minutenfaktor} = \frac{\text{Grundlohn}}{60\text{ min}} = \frac{6{,}60\text{ EUR}}{60\text{ min}}$$

44,00 EUR = 200 Stck. × 2 min × 0,11 EUR/min

Stückgeldakkord

Bruttolohn = Stückzahl x Stückgeldakkordsatz

Beispiel:

Stückgeldakkordsatz = 0,50 EUR/Stck.
100,00 EUR = 200 Stck. × 0,50 EUR/Stck.

Gewinnbeteiligung

Ein Anteil des Unternehmensgewinns wird als Entgelt an den Arbeitnehmer ausgezahlt.

Kapitalbeteiligung

Der Arbeitnehmer erhält Anteile am Kapital des Unternehmens, z. B. Aktien.

A1 Tragen Sie die jeweiligen Vor- und Nachteile des Zeitlohns in die Tabelle ein.

	Vorteile des Zeitlohns	Nachteile des Zeitlohns
für den Arbeitnehmer	◆ ◆ ◆	◆ ◆ ◆
für den Arbeitgeber	◆ ◆ ◆	◆ ◆ ◆

A2 Nennen Sie je ein Beispiel für die folgenden Prämien:

Ersparnisprämie	
Güteprämie	
Nutzungsprämie	
Mengen-Leistungs-Prämie	
Sonderprämie	
Provision	

A3 Christians Lohn ist abhängig von der Anzahl der gestanzten Bleche. Er erhält einen tariflich garantierten Mindestlohn von 6,50 EUR und einen Akkordzuschlag von 20 %. Mithilfe von Arbeitszeitstudien wurde festgestellt, dass Christian und seine Kollegen im Normalfall 25 Bleche je Stunde stanzen können. Christian stanzt aber durchschnittlich 30 Bleche in der Stunde und arbeitete 165 Stunden im vergangenen Monat. Mit welchem Bruttolohn kann Christian für diesen Monat rechnen?

Bei Löhnen und Gehältern unterscheidet man:

- **Bruttolohn/Bruttogehalt:** Entgelt vor Abzug von Steuern und Sozialversicherungsbeiträgen
- **Nettolohn/Nettogehalt:** Entgelt nach Abzug von Steuern und Sozialversicherungsbeiträgen
- **Tariflohn/Tarifgehalt:** Entgelt, das im Tarifvertrag zwischen Arbeitgeberverbänden und Gewerkschaften für den jeweiligen Wirtschaftsbereich vereinbart wurde. Anspruch auf Tariflohn bzw. -gehalt besteht nur dann, wenn
  - der Tarifvertrag für allgemein gültig erklärt worden ist,
  - Arbeitgeber und Arbeitnehmer in den jeweiligen Verbänden bzw. Gewerkschaften Mitglied sind.

- **Effektivlohn/Effektivgehalt:** Tatsächlich gezahltes Entgelt, das dem Tariflohn/-gehalt entspricht.
- **Nominallohn/Nominalgehalt:** Entgelt ohne Berücksichtigung der Inflationsrate
- **Reallohn/Realgehalt:** Entgelt unter Berücksichtigung der Inflationsrate
- **Übertariflicher Lohn/übertarifliches Gehalt:** Entgelt ist höher als zwischen den Tarifvertragsparteien ausgehandelt wurde.
- **Außertariflicher Lohn/außertarifliches Gehalt:** Entgelt, das Mitarbeitern in besonders verantwortungsvollen Positionen gezahlt wird und frei ausgehandelt ist.

Die Entgeltrechnung erfolgt in drei Schritten:

1. Bruttorechnung

Für die Berechnung des Bruttoentgeltes benötigt man:
- Zeitdaten (Anwesenheitszeiten, Akkordzeiten, Überstunden usw.),
- Lohnsätze,
- Zulagen, Prämien, Zuschüsse usw.,
- die individuellen Stammdaten.

2. Nettorechnung

Das Nettogehalt wird errechnet, indem man folgende Abzüge ermittelt und vom Bruttoentgelt abzieht:
- Lohnsteuer,
- Kirchensteuer,
- Sozialversicherungsbeiträge (Renten-, Kranken-, Arbeitslosen- und Pflegeversicherung),
- Solidaritätszuschlag.

Zur Errechnung der Abzüge wird eine Vielzahl von Daten benötigt, wie z. B. Familienstand, Konfession, Steuerklasse und Steuerfreibetrag, Rentenversicherungsträger, Krankenkassenversicherungsträger.

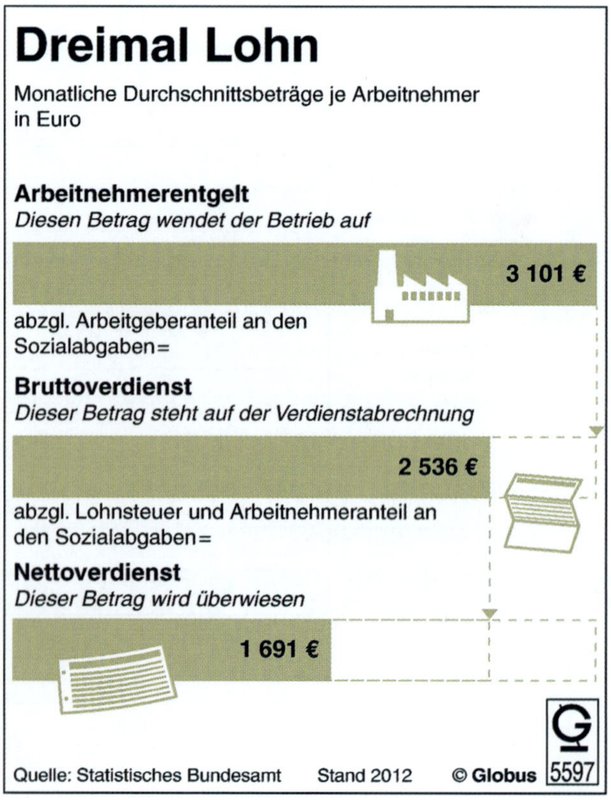

3. Zahlungsrechnung

Nicht immer ist das ermittelte Nettogehalt für den Arbeitnehmer auch der Auszahlungsbetrag. Unter Umständen müssen noch folgende Leistungen abgezogen werden:
- Vermögenswirksame Leistungen,
- Lohn- und Gehaltspfändungen,
- Darlehensrückzahlungen.

Letztlich müssen für jeden Arbeitnehmer zum Jahresende folgende Abrechnungen bzw. Nachweise erstellt werden:
- Lohnsteuerbescheinigung,
- Beitragsnachweis für jede Krankenkasse,
- Entgeltnachweis für die Sozialversicherung.

Steuerklassen

Durch sie sollen persönliche Verhältnisse, wie z. B. Familienstand, Verdiensthöhe und Kinderzahl, beim Abzug der Lohnsteuer berücksichtigt werden.
Die Steuerklassen werden eingeteilt in Steuerklasse I bis VI. (s. auch S. 130)

A1 Tobias Cramer ist unverheiratet und hat keine Kinder. Sein Grundlohn beträgt monatlich 1 507,00 EUR. Der Arbeitgeber trägt die Hälfte der vermögenswirksamen Leistungen von 35,00 EUR. Nach der Monatslohnsteuertabelle ergibt sich daraus eine Lohnsteuer von 111,50 EUR, Kirchensteuer 8 %, KV-Beitrag (Arbeitnehmeranteil) 8,2 %.

Vom Bruttolohn zum Nettolohn 2014:
(s. auch S. 130)

Bruttolohn
- Lohnsteuer (je nach Steuerklasse I bis VI)
- Solidaritätszuschlag (5,5 % der Lohnsteuer)
- evtl. Kirchensteuer (8 % oder 9 % der Lohnsteuer, je nach Bundesland)
- Rentenversicherung (9,45 % vom Bruttolohn = Arbeitnehmeranteil)
- Krankenversicherung (8,2 % vom Bruttolohn = Arbeitnehmeranteil)
- Arbeitslosenversicherung (1,5 % vom Bruttolohn = Arbeitnehmeranteil)
- Pflegeversicherung (1,025 % vom Bruttolohn = Arbeitnehmeranteil)

____

= **Nettolohn**

a) Wie hoch ist der auszuzahlende Lohn?

Lohn-/Gehaltsberechnung

Grundlohn		________
+ Vermögenswirksame Leistungen		________
Gesamtbrutto		________
steuerpfl. Brutto		________
– Lohnsteuer (Kl. I)		________
– Solidaritätszuschlag		________
– Kirchensteuer		________
– Krankenversicherung	________	________
– Pflegeversicherung	________	________
– Rentenversicherung	________	________
– Arbeitslosenvers.	________	________
Netto		________
– VWL (Gesamt)		________
Auszahlung		________

b) Wie viel Prozent Abzüge insgesamt zahlt Tobias Cramer nach der Nettorechnung?

Lösung: 1 524,50 EUR ≙ 100 %

1 054,29 EUR ≙ x %

x = 69,16 %

Abzüge = ca. 30 %

A2 Ergänzen Sie den Text mithilfe des nebenstehenden Schaubildes.

Der durchschnittliche Bruttoverdienst je Arbeitnehmer erhöhte sich von 1 675,00 EUR im Jahr 1991 auf 2 536,00 EUR im Jahr 2012; das ist ein Plus von ______. Netto waren es für die gleichen Jahre von 1 174,00 EUR auf 1 692,00 EUR = ______. Berücksichtigt man jedoch die Geldentwertung, so ist die Kaufkraft im Jahr 2012 um __________ niedriger als im Jahr 1991. Das Realeinkommen der Arbeitnehmer ist demnach von 1991 bis 2012 um gut ________________.

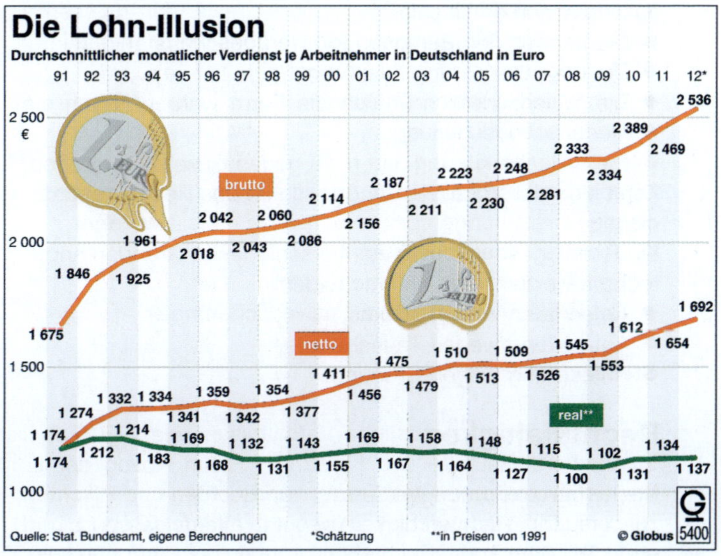

5.1 Rechtliche Grundlagen

Rechtsgeschäfte

Im täglichen Leben gibt es eine Vielzahl von Rechtsgeschäften wie Kauf, Miete, Kündigung, Testament, Verlöbnis oder Eheschließung und anderes mehr. All diese Rechtsgeschäfte kommen durch Willenserklärungen zustande. Dabei ist es wichtig, ob zur Gültigkeit des Geschäftes eine Willenserklärung ausreicht oder ob beide Geschäftspartner Willenserklärungen abgeben müssen
Man unterscheidet deshalb:

zweiseitige oder auch mehrseitige
Rechtsgeschäfte z. B.
- Ausbildungsvertrag,
- Kaufvertrag.

Diese kommen dadurch zustande, dass zwei oder mehrere Personen dieselbe Willenserklärung abgeben. Solche Rechtsgeschäfte nennt man **Verträge**.

einseitige
Rechtsgeschäfte z. B.
- Kündigung,
- Testament.

Diese führen den gewünschten Erfolg herbei, ohne dass ein Partner mitwirken muss, denn seine Mitwirkung ist nicht verlangt.

Form der Rechtsgeschäfte
Die Form der Rechtsgeschäfte ist von Ausnahmen abgesehen nicht vorgeschrieben.
Mögliche Formen sind
- die mündliche oder fernmündliche Willenserklärung,
- die schriftliche oder fernschriftliche Willenserklärung,
- die stillschweigende Willenserklärung, z. B. Kauf am Automaten.

Einige Rechtsgeschäfte unterliegen jedoch einem Formzwang. Sie sind also von Anfang an unwirksam, wenn eine bestimmte Form nicht eingehalten wird.
Es ist vorgeschrieben die
- schriftliche Form, z. B. für Mietvertrag, Kreditvertrag,
- öffentliche Beurkundung für Grundstücks- und Immobilienkauf, Erbverträge und Verträge von Eheleuten bezüglich ihrer vermögensrechtlichen Verhältnisse durch einen Notar.

Nichtigkeit und Anfechtbarkeit von Rechtsgeschäften
Damit ein Rechtsgeschäft gültig ist, müssen bestimmte Voraussetzungen erfüllt sein.
- Die handelnden Personen müssen geschäftsfähig sein.
- Die Willenserklärung muss ernst gemeint sein.
- Die Willenserklärung muss die Form wahren, wenn sie hierfür vorgesehen ist.
- Die Willenserklärung darf nicht gegen Gesetze verstoßen.

Fehlt eine der Voraussetzungen, so ist das Rechtsgeschäft nichtig.
Ein Rechtsgeschäft kann aus verschiedenen Gründen angefochten werden. Man unterscheidet:
- Anfechtung wegen Irrtums,
- Anfechtung wegen Täuschung,
- Anfechtung wegen Drohung.

Rechtsfähigkeit

Rechtsfähigkeit bedeutet, Träger von Rechten und Pflichten zu sein. Die Rechtsfähigkeit beginnt mit der Geburt und endet mit dem Tode. Rechtsfähig können nur Personen sein. Tiere sind nicht rechtsfähig.

Geschäftsfähigkeit

Es wäre folgenschwer, wenn Kinder und Jugendliche Handlungen vornehmen könnten, deren Rechtswirkungen sie nicht übersehen.
Das Gleiche gilt auch für Personen, die nicht (mehr) im Vollbesitz ihrer geistigen Kräfte sind.
Daher gibt es unterschiedliche Geschäftsfähigkeiten.
Im Bürgerlichen Gesetzbuch wird unterschieden:

Nicht geschäftsfähig (§ 104 BGB)
Personenkreis
- Personen bis zur Vollendung des 7. Lebensjahres,
- dauernd Geisteskranke.

Auswirkungen: Willenserklärungen von Nichtgeschäftsfähigen haben keine rechtliche Bedeutung. Für Nichtgeschäftsfähige handeln die gesetzlichen Vertreter (Eltern, Vormund).

Beschränkt geschäftsfähig (§ 106 ff. BGB)
Minderjährige ab dem vollendeten 7. bis zum 18. Lebensjahr können ohne Zustimmung ihres gesetzlichen Vertreters nur in den folgenden Fällen rechtlich wirksam Rechtsgeschäfte vornehmen:
- Die Willenserklärung eines Minderjährigen ist sofort voll wirksam, wenn ihm das Rechtsgeschäft nur einen rechtlichen Vorteil bringt. Zum Beispiel die Annahme eines Geschenkes ohne weitere Rechtsverpflichtungen.
- Das Rechtsgeschäft ist gültig, wenn es mit Mitteln des Taschengeldes bewirkt wird.
- Wenn der gesetzliche Vertreter mit Genehmigung des Vormundschaftsgerichtes einem Minderjährigen die Führung eines Betriebes gestattet hat, ist dieser voll geschäftsfähig für alle Rechtshandlungen, die der Betrieb mit sich bringt.
- Wenn der gesetzliche Vertreter den Minderjährigen ermächtigt hat, ein Dienst- oder Arbeitsverhältnis einzugehen, ist dieser für alle Rechtsgeschäfte voll geschäftsfähig, die mit der Eingehung, Aufhebung und Erfüllung des Vertrages zusammenhängen (§ 113 BGB).

Die Entmündigung, die früher zur Geschäftsunfähigkeit oder beschränkten Geschäftsfähigkeit führte, wurde mit Wirkung vom 1.1.1992 durch das Betreuungsgesetz abgeschafft. Die Betreuung hat keine Auswirkungen auf die Geschäftsfähigkeit. Hat das Vormundschaftsgericht jedoch angeordnet, dass der Betreute zu einer Willenserklärung, die den Aufgabenbereich des Betreuers betrifft, dessen Zustimmung bedarf, finden die Vorschriften über beschränkte Geschäftsfähigkeit Anwendung (§ 1903 BGB).

Voll geschäftsfähig
Personenkreis:
- alle Personen ab 18 Jahren, die nicht einer Beschränkung nach § 1903 BGB unterliegen,
- alle juristischen Personen.

Das Gesetz unterscheidet zwischen natürlichen und juristischen Personen.
Juristische Personen wie Vereine, Kapitalgesellschaften, Industrie- und Handelskammern, aber auch Bund, Länder und Gemeinden sind wie natürliche Personen rechts- und geschäftsfähig. Sie können klagen und verklagt werden. Die Rechte werden von ihren zuständigen Organen (z. B. Vereinsvorstand) wahrgenommen.

A1 Kreuzen Sie die richtigen Antworten an.
Einseitige Rechtsgeschäfte sind

☐ Kaufvertrag	☐ Erbvertrag	☐ Kreditvertrag
☐ Dienstvertrag	☐ Vollmachtserklärung	☐ Steuerbescheid
☐ Kündigung	☐ Testament	☐ Rücktritt

A2 Ordnen Sie den folgenden Formen von Rechtsgeschäften je zwei Verträge zu.

a) formlos

____

b) Schriftform

____

c) Schriftform unter Mitwirkung eines Notars

____

A3 Was versteht man unter einem anfechtbaren und was unter einem nichtigen Vertrag?

____

____

____

____

____

____

A4 Welche Verträge sind nichtig, welche anfechtbar? Kreuzen Sie an.

Erklärungen:	nichtig	anfechtbar
Willenserklärung eines Geschäftsunfähigen	☐	☐
Eine Erklärung wird zum Scherz abgegeben. Der andere fasst sie auch als Scherz auf.	☐	☐
Abgabe einer Willenserklärung aufgrund einer Drohung	☐	☐
Willenserklärungen, bei denen eine vorgeschriebene Form nicht beachtet wird	☐	☐
Willenserklärungen, die gegen die guten Sitten verstoßen.	☐	☐
Willenserklärungen, die ohne volles Bewusstsein abgegeben wurden.	☐	☐
Irrtum bei Abgabe einer Erklärung	☐	☐
Eine Erklärung wird zum Schein abgegeben; der andere weiß dies.	☐	☐
Willenserklärungen, die gegen ein gesetzliches Verbot verstoßen.	☐	☐
Abgabe einer Willenserklärung aufgrund arglistiger Täuschung	☐	☐

A5 Beurteilen Sie die folgenden Fälle und formulieren Sie eine Lösung.

Fall 1
Stefan, 16 Jahre alt, hat von seiner Großtante 2 100,00 EUR geerbt. Daraufhin unterschreibt er einen Kaufvertrag für ein Leichtmotorrad, das 2 050,00 EUR kostet. Der Vater ist gegen diesen Kauf und fordert vom Händler die Rücknahme. Der Händler weigert sich. Wer ist im Recht?

____

____

Fall 2
Daniela, 16 Jahre, bekommt von ihrem Onkel ein Reitpferd geschenkt. Für die Pflege dieses Pferdes müsste sie allerdings jeden Monat 50,00 EUR aufbringen. Darf sie dieses Geschenk annehmen?

____

____

Fall 3
Nachdem Arndt, 17 Jahre, einige Zeit das Geschäft seines Vater erfolgreich geführt hat, ist er der Meinung, dass er nun auch etwas für sein Hobby tun müsse. Seinen Führerschein hat er bereits vorzeitig machen dürfen. Nun möchte er sich einen Sportwagen zulegen. Kann seine Mutter als gesetzliche Vertreterin dies verhindern?

____

____

Abschluss und Erfüllung des Kaufvertrages

Der Kaufvertrag ist das häufigste Rechtsgeschäft im täglichen Leben. Bei jedem Kauf, auch wenn es sich um Kleinigkeiten handelt, kommt ein Kaufvertrag zustande, selbst dann, wenn die abstrakten rechtlichen Bestandteile dieses Vertrages nicht immer deutlich zutage treten.
Beim Kaufvertrag müssen – wie bei jedem anderen Vertrag auch – zwei oder mehrere Willenserklärungen übereinstimmen. Die eine Willenserklärung ist ein Antrag, die andere die Annahme.
Der Antrag kann sowohl vom Verkäufer als auch vom Käufer ausgehen.
Beim einfachen Kauf im Ladengeschäft folgen Antrag und Annahme unmittelbar aufeinander. Wenn dies nicht der Fall ist, ist es sinnvoll, einen mündlich abgeschlossenen Kaufvertrag schriftlich zu bestätigen.

Inhalt des Kaufvertrages

Um Missverständnisse auszuschließen und den Kauf reibungslos durchzuführen, sollten im Vertrag sämtliche Bedingungen für den Kauf genannt werden. Dazu gehören u. a.:
- Art, Beschaffenheit, Qualität der Ware,
- Preis,
- Lieferungs- und Zahlungsbedingungen,
- Erfüllungsort und Gerichtsstand.

Pflichten von Käufer und Verkäufer

Der Käufer hat die Pflicht, die ordnungsgemäß bestellte Ware abzunehmen und den Kaufpreis termingerecht zu bezahlen. Die Pflichten des Verkäufers sind, die bestellte Ware rechtzeitig zu liefern und dem Käufer das Eigentum am Kaufgegenstand durch die Übergabe zu verschaffen.

Allgemeine Geschäftsbedingungen (AGB)

Bei der Vielzahl von Vertragsabschlüssen, die heute getätigt werden, wäre es unzweckmäßig, wollte man jeden einzelnen Vertrag einzeln aushandeln und niederschreiben.
Im Interesse eines schnellen und reibungslosen Geschäftsablaufes sind die Vertragsinhalte als „Allgemeine Geschäftsbedingungen“ auf Vertragsformularen bereits vorgedruckt.
Durch das Schuldrechtsänderungsgesetz von 2002 wurden die Vorschriften in das BGB eingearbeitet. Nach der Generalklausel für die Anwendung der AGB in Verträgen sind alle Klauseln unwirksam, wenn sie den Vertragspartner entgegen den Geboten von Treu und Glauben unangemessen benachteiligen (§ 307 BGB).
Voraussetzung für die Gültigkeit der AGB:
- Der Käufer muss auf die AGB ausdrücklich hingewiesen werden.
- Die Texte müssen verständlich und nicht nur mit der Lupe lesbar sein.
- Der Käufer muss mit den AGB einverstanden sein.

Der Käufer wird darüber hinaus durch weitere Regeln geschützt:
- Vorrang der persönlichen Absprachen vor AGB-Klauseln,
- unwirksame Klauseln: Das sind solche Klauseln, die nicht oder nur bedingt Bestandteil des Vertrages werden dürfen.

Dazu gehören:
- strikte Klauselverbote, z. B. Preiserhöhungen für Waren oder Leistungen, die innerhalb von vier Monaten erbracht werden,
- Ausschluss der Gewährleistungsansprüche,
- Ausschluss oder Beschränkung der Haftung.

Schuldverhältnisse und Leistungsstörungen beim Kaufvertrag

Durch den Abschluss von rechtsgültigen Verträgen entstehen Schuldverhältnisse. Ein Schuldverhältnis führt dazu, dass ein Gläubiger von einem Schuldner eine bestimmte Leistung fordern kann. Soweit die geschuldete Leistung nicht erbracht wird, kann der Gläubiger Schadenersatz statt der Leistung verlangen, wenn der Schuldner eine angemessene Frist zur Leistung oder Nacherfüllung verstreichen lässt.

Folgende Störungen können beim Kaufvertrag eintreten:
- Schlechtleistung – Leistung mit Sachmängeln,
- Nicht-Rechtzeitig-Leistung,
- Annahmeverzug,
- Nicht-Rechtzeitig-Zahlung.

Nach § 434 BGB muss eine Leistung frei von **Sachmängeln** sein. Zu den Sachmängeln zählen auch unsachgemäße Montage durch den Verkäufer oder fehlerhafte Montageanleitungen.
Bei fehlerhafter Lieferung muss dem Verkäufer Gelegenheit zur Nacherfüllung gegeben werden. Scheitert eine Reparatur (zweimal) oder die Ersatzlieferung kann der Käufer zwischen Rücktritt vom Vertrag und Preisminderung wählen. Außerdem hat er einen Anspruch auf Schadenersatz.

Sachmangelhaftung	
Privater Kunde	**Unternehmer als Kunde**
Der Verkäufer haftet bei neuen Produkten zwei Jahre. Bei gebrauchten Sachen (z. B. Auto) darf die Frist zumindest auf ein Jahr herabgesetzt werden.	Per Vertrag darf der Verkäufer seine Haftung beliebig verkürzen oder sogar ganz ausschließen. Per AGB kann die Haftung bei neuen Sachen auf ein Jahr, bei gebrauchten Sachen auf weniger als ein Jahr befristet werden.

Zeigt sich innerhalb von sechs Monaten seit Lieferung ein Sachmangel, so wird vermutet, dass die Sache bereits zum Zeitpunkt der Lieferung mangelhaft war (§ 476 BGB).
Neue Verzugsregeln:
Zahlt der Kunde die Rechnung des Unternehmens nicht (ohne berechtigten Grund wegen mangelhafter Leistung), so kommt er mit dem Zugang der Mahnung in Verzug. Der Verzug beginnt spätestens 30 Tage nach Zugang der Rechnung (auch ohne Mahnung).
Ab dem Eintritt des Verzugs muss der Kunde die offen stehende Forderung verzinsen.

Ausschluss der Haftung bei Privatleuten
Beim Verkauf eines gebrauchten Autos – beispielsweise von Privatperson zu Privatperson – kann eine Sachmangelhaftung grundsätzlich ausgeschlossen werden. Das gilt nicht, wenn vorhandene Mängel arglistig verschwiegen worden sind.

A1 Übereinstimmende Willenserklärungen (**Antrag** und **Annahme**) sind wesentliche Voraussetzungen für das Zustandekommen eines Kaufvertrages.

Tragen Sie in die Tabelle ein:
- eine 1 für den Vertragspartner, der den Antrag macht,
- eine 2 für den Vertragspartner, der den Antrag annimmt,
- eine 3 dort, wo der Lieferer zusätzlich zustimmen muss.

Kennzeichnen Sie ferner durch Ankreuzen, ob ein Kaufvertrag zustande gekommen ist oder nicht.
Berücksichtigen Sie den folgenden Sachverhalt:
Bei einem freibleibenden Angebot kommt der Vertrag erst zustande, wenn der Lieferer nicht ablehnt.
Dasselbe gilt für ein bindendes Angebot, wenn der Käufer zu spät oder zu geänderten Bedingungen bestellt.

	Käufer		Verkäufer		Kaufvertrag	
	Antrag	Annahme	Antrag	Annahme	ja	nein
1. Der Käufer bestellt, der Verkäufer lehnt die Lieferung ab.						
2. Der Verkäufer sendet unbestellte Ware zu. Der Käufer nimmt sie in Gebrauch.						
3. Der Verkäufer unterbreitet sein Angebot, der Käufer bestellt.						
4. Der Verkäufer macht ein freibleibendes Angebot, der Käufer bestellt.						
5. Der Verkäufer macht ein bindendes Angebot, der Käufer bestellt daraufhin zu spät oder zu geänderten Bedingungen.						

A2 Prüfen Sie, ob in den aufgeführten Fällen die Klauseln der AGB zulässig sind oder nicht.

a) Ein Reiseveranstalter legt in seinen AGB fest, dass er sich vorbehält, eine geplante Reise abzusagen.

____

____

____

b) Ein Autohändler verpflichtet seine Kunden durch die AGB auf ein anderes Modell auszuweichen, falls das bestellte Automodell nicht mehr lieferbar ist.

____

____

3 Setzen Sie die nachfolgenden Begriffe an der richtigen Stelle in das Schema ein:

Versteigerung der Ware — Fristsetzung — Neulieferung — Rücktritt vom Vertrag — oder — Einlagerung — Nacherfüllung — Mahnverfahren — Preisminderung — Zahlung — Frist.

Überblick über die **Störungen** bei Erfüllung des Kaufvertrages:

a) durch den Verkäufer.

Störung	Schlechtleistung (mangelhafte Lieferung)	Nicht-rechtzeitig-Lieferung
Rechte des Vertragspartners nach BGB	______ durch Nachbesserung ______ , Rücktritt vom Vertrag, ______ , Schadenersatz	nach erfolgloser ______ Schadenersatz wegen Nichterfüllung, ______ nach angemessener Frist

b) durch den Käufer.

Störung	Nicht-rechtzeitig-Zahlung	Annahmeverzug
Rechte des Vertragspartners nach BGB	ggf. ______ setzen und ______ verlangen, nach Zahlungs- weigerung gerichtliches ______ einleiten	______ der Ware, nach Androhung Verkauf oder ______ ______ , Schadenersatz

Ein Vertrag ist ein Rechtsgeschäft, das durch zwei oder mehrere übereinstimmende Willenserklärungen zustande kommt. Im privaten wie im öffentlichen und geschäftlichen Leben gibt es viele Arten von Verträgen.

Beispiele für privatrechtliche Verträge

Vertragsart	Wesentliche Merkmale des Vertrages	Vertragschließende und ihre Rechte und Pflichten	Wichtige Unregelmäßigkeiten bei Vertragserfüllung	BGB
Werkvertrag	Herstellung oder Reparatur von Sachen, Besteller stellt das Material	Unternehmer: Herstellen oder Reparieren der Sache, Besteller: Sache abnehmen und bezahlen	mangelhafte Ausführung, Herstellungsverzug, Nicht-Rechtzeitig-Zahlung	§ 631 ff.
Werklieferungsvertrag	wie Werkvertrag, aber der Unternehmer liefert das Material	wie Werkvertrag	wie Werkvertrag	§ 651 Anwendung des Kaufrechts
Mietvertrag	zeitweise Überlassung einer Sache zum Gebrauch gegen Entgelt, Mietzins	Vermieter: Gewährt dem Mieter den Gebrauch der Sache, Mieter darf die Sache gebrauchen und muss Mietzins zahlen.	vertragswidriger Gebrauch oder Beschädigung der Mietsache, Nicht-Rechtzeitig-Zahlung	§ 535 ff.
Pachtvertrag	zeitweise Überlassung einer Sache zum Gebrauch und zum Genuss der Früchte, gegen Entgelt, Pachtzins	Verpächter und Pächter, Rechte und Pflichten wie Mietvertrag	entsprechend Mietvertrag	§ 581 ff.
Leihvertrag	zeitweise Überlassung einer Sache zum unentgeltlichen Gebrauch	Verleiher: Gewährt dem Pächter unentgeltlich Gebrauch der Sache, Entleiher: Darf die Sache vertragsgemäß gebrauchen.	vertragswidriger Gebrauch, Verlust der Sache	§ 598 ff.
Darlehensvertrag	Eine bestimmte Summe Geld (oder auch eine Sache) wird für eine bestimmte Zeit zum Gebrauch überlassen; Darlehen werden in der Regel nur gegen Sicherheiten gewährt.	Bei Gelddarlehen gibt der Gläubiger, meist die Bank oder Sparkasse, den Kredit, der Schuldner zahlt Zinsen und erstattet den Betrag zurück.	Nicht-Rechtzeitig-Zahlung	§ 232 ff. § 488 ff. § 607
Verbraucherdarlehensvertrag (Ratenkredit)	Der Kaufpreis einer Ware wird in Raten zurückgezahlt. Der Ratenkredit ist eine Finanzierungshilfe für den Verbraucher.	Der Unternehmer gewährt Zahlung in Raten. Der Verbraucher verpflichtet sich, den Kreditbetrag und die Finanzierungskosten in Raten zurückzuzahlen.	Nicht-Rechtzeitig-Zahlung	§ 491 ff.

A1 Beantworten Sie die folgenden Fragen und begründen Sie Ihre Antworten.

Fall 1
Karin und Erçan leihen sich für einen Nachmittag im Bootsverleih ein Paddelboot. Liegt hier ein Leihvertrag vor?

____

____

Fall 2
Ein Schreiner fertigt auf Bestellung einen Einbauschrank. Das Material liefert er dazu. Welcher Vertrag wird abgeschlossen?

____

Fall 3
Wird ein Verkaufsraum vermietet oder verpachtet?

____

Fall 4
Ein Autofahrer borgt sich 10 l Benzin, die er am nächsten Tag zurückbringt. Welche Vertragsart liegt vor?

____

____

A2 Beschreiben Sie die Unterschiede zwischen Mietvertrag, Pachtvertrag und Leihvertrag und unterstreichen Sie die Unterscheidungsmerkmale.

____

____

____

____

A3 Bei Abzahlungs-/Teilzahlungsgeschäften müssen Bar- und Teilzahlungspreis, Betrag, Zahl und Fälligkeit der Raten, der effektive Jahreszins, die Kosten einer Versicherung, Eigentumsvorbehalte und Sicherheiten genannt werden.
Berechnen Sie für das folgende Beispiel – Finanzierung eines gebrauchten PKW als Ratenkauf – die Monatsraten.

Barzahlungspreis	5 000,00 EUR
Teilzahlungskredit	5 000,00 EUR
Gebühren (Bearbeitung Auskünfte)	130,00 EUR
Finanzierungsbetrag	________
0,55 % Zinsen pro Monat	________
Restschuldversicherung	140,00 EUR
Einziehungsgebühr	36,00 EUR
Teilzahlungspreis	________
36 Monatsraten zu je	________

Sicherheiten: Restschuldversicherung und Hinterlegung des Kfz-Briefes
Der effektive Jahreszins muss angegeben werden. Im obigen Beispiel beträgt er 16,81 %. In diesen Prozentsatz sind alle Nebenkosten eingerechnet.

Rechnen Sie nach und füllen Sie die Lücken im anschließenden Text:
$6\,321{,}74 = 5\,000{,}00\, q^3$

q = ______ ⇒ P = ______ %

Dieser Prozentsatz würde gelten, wenn Zinsen und Gebühren nach drei Jahren zurückgezahlt würden.
Da aber durch die Ratenzahlung laufend ____________ wird, die Zinsen andererseits nicht vom jeweiligen Restwert, sondern vom ____________ berechnet werden, muss der effektive Jahreszins höher angesetzt werden.
Er wird ungefähr ausgeglichen, indem man den oben ausgerechneten Wert ____________ ansetzt.

5.4 Mahn- und Klageverfahren

Heizungsfirma Müller hat dem Kunden Meier einen neuen Heizkessel für 3 800,00 EUR geliefert. Da die Lieferung frei von Mängeln ist, ist der Betrag sofort fällig, denn auf Handwerkerrechnungen steht meistens der Vermerk: „Handwerkerrechnung, daher sofort ohne Abzug zahlbar". Aber sechs Wochen später ist die Rechnung immer noch nicht bezahlt.

Werden fällige Rechnungen nach Ablauf einer Frist bzw. nach einem erfolglosen außergerichtlichen Mahnverfahren nicht bezahlt, kann der Gläubiger ein gerichtliches Mahnverfahren einleiten.
Für die Durchführung des Mahnverfahrens sind die Amtsgerichte zuständig.
Der Gläubiger muss dazu ein entsprechendes zweiseitiges Formular ausfüllen und dem Amtsgericht einreichen. Dabei müssen die Parteien, Antragsteller und Antragsgegner, genau bezeichnet sein. Ferner muss der Anspruch exakt angegeben sein, z. B. „Forderung aus einem Werklieferungsvertrag".
Das Amtsgericht wird nun ohne Prüfung der Rechtmäßigkeit der Forderung und des Sachverhaltes dem Schuldner einen Mahnbescheid (früher Zahlungsbefehl) zustellen. Das ist der Beginn des gerichtlichen Mahnverfahrens.

Ablauf des gerichtlichen Mahnverfahrens
Der Schuldner kann nach Zustellung des Mahnbescheides folgendermaßen reagieren:
- Der Schuldner zahlt die Rechnung. Damit ist das Mahnverfahren beendet.
- Der Schuldner erhebt innerhalb von 14 Tagen schriftlichen Widerspruch. Er muss den Widerspruch nicht begründen. Der Mahnbescheid verliert dadurch seine Wirkung. Der Antragsteller wird darüber informiert und kann dann einen Antrag auf mündliche Verhandlung stellen. Aus dem Mahnverfahren wird dadurch ein Klageverfahren vor Gericht.
- Legt der Schuldner keinen Widerspruch ein, so kann der Gläubiger nach Ablauf von zwei Wochen, aber spätestens innerhalb eines halben Jahres, einen Vollstreckungsbescheid beantragen. Versäumt er diesen Antrag, fällt die Wirkung des Mahnbescheids weg. Auch der Vollstreckungsbescheid wird dem Schuldner zugestellt.

Auf die Zustellung des Vollstreckungsbescheides kann der Schuldner wieder auf dreifache Weise reagieren:
- Der Schuldner zahlt die Rechnung. Damit ist das Mahnverfahren beendet.
- Der Schuldner legt innerhalb von zwei Wochen Einspruch ein. Dies führt dann wieder zu einer mündlichen Verhandlung vor Gericht. Zu beachten ist aber, dass der Gläubiger, auch wenn der Schuldner gegen den Vollstreckungsbescheid Einspruch eingelegt hat, nicht gehindert ist, die Zwangsvollstreckung zu betreiben. Will der Schuldner die drohende Zwangsvollstreckung abwenden, so muss er zusätzlich zum Einspruch einen Antrag auf Einstellung der Zwangsvollstreckung aus dem Vollstreckungsbescheid stellen.
- Der Schuldner unternimmt nichts. Die Forderung wird dann über eine Zwangsversteigerung eingetrieben.

Erläuterungen:
Seit dem 1.1.2002 wird im neuen Schuldrecht nicht mehr von „Zahlungsverzug", sondern von „Nicht-Rechtzeitig-Zahlung" gesprochen (vgl. Kap. 5.2).
Zahlt der Kunde die Rechnung des Unternehmens nicht (ohne berechtigten Grund wegen mangelhafter Leistung), so kommt er mit dem Zugang der Mahnung in Verzug. Der Verzug beginnt spätestens 30 Tage nach Zugang der Rechnung (auch ohne Mahnung).

Mahnverfahren
Man unterscheidet zwischen dem außergerichtlichen und dem gerichtlichen Mahnverfahren.

In der kaufmännischen Praxis ist es üblich, den säumigen Schuldner in mehreren Mahnstufen anzusprechen. In der Regel sind drei Mahnbriefe üblich, die in unterschiedlich scharfem Ton abgefasst sind.

Führen die Mahnungen nicht zum Erfolg, kommt das gerichtliche Mahnverfahren zum Zuge.

Zwangsvollstreckung
Die Zwangsvollstreckung ist ein gesetzlich geregeltes Verfahren zur zwangsweisen Eintreibung von Geldforderungen mithilfe des Gerichtsvollziehers oder des Gerichts. Voraussetzung der Zwangsvollstreckung ist ein vollstreckbarer Titel.

Der Gerichtsvollzieher nimmt bei der Pfändung Geld, Wertpapiere und Wertgegenstände in seinen unmittelbaren Besitz, sperrige, aber verwertbare Gegenstände, z. B. Möbel, werden mit dem Pfand-Siegel (im Volksmund „Kuckuck") als gepfändet kenntlich gemacht.

Ferner können Löhne und Gehälter gepfändet werden (aus sozialen Gründen gibt es hier allerdings starke Einschränkungen).

Die Verwertung des Pfandes erfolgt in der Regel durch öffentliche Versteigerung.

Aus Gründen des Schuldnerschutzes ist eine Überpfändung verboten, d.h., die Pfändung darf nicht weiter ausgedehnt werden, als es zur Befriedigung des Gläubigers notwendig ist.

Bestimmte Dinge sind unpfändbar, z. B.:
- Sachen, die dem persönlichen Gebrauch oder dem Haushalt dienen,
- die für den Haushalt erforderlichen Nahrungsmittel,
- Sachen, die zur weiteren Berufsausbildung notwendig sind.

Führt die Pfändung nicht oder nur teilweise zur Befriedigung des Gläubigers, so kann der Gläubiger eine eidesstattliche Versicherung über den Vermögensbestand des Schuldners verlangen. Diese wird beim Amtsgericht dokumentiert (Schuldnerliste).

A1 Nennen Sie drei Gründe für Zahlungsverzögerungen bzw. Nichtzahlung einer Forderung.

- ______________________________
- ______________________________
- ______________________________

A2 Welchen Zweck verfolgt das außergerichtliche Mahnverfahren?

____

____

A3 Wie verläuft das außergerichtliche Mahnverfahren?

____

____

A4 Was versteht man unter „Zwangsvollstreckung“?

____

____

A5 Ergänzen Sie das folgende Schaubild für den Ablauf des gerichtlichen Mahnverfahrens.

Ablauf des gerichtlichen Mahnverfahrens

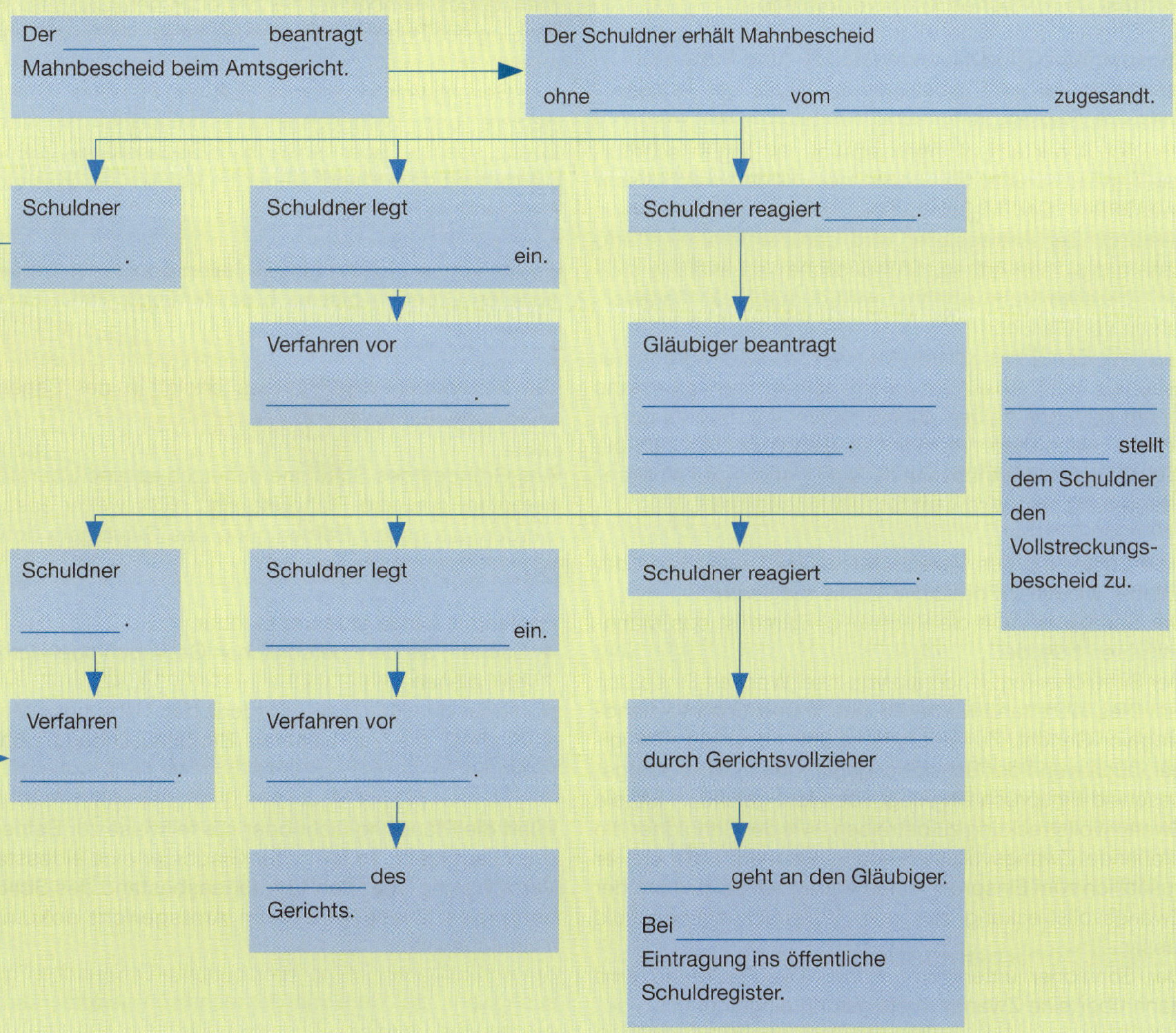

Die zahlreichen Berichte in den Medien über Lebensmittelskandale machen deutlich, wie schutzlos der Verbraucher unredlichen Geschäftspraktiken der Produzenten und Händler ausgeliefert sein kann. Bei den meisten Skandalen ist sehr viel kriminelle Energie im Spiel. Besonders deutlich machte dies der Fleischskandal 2013 in Niedersachsen, bei dem tonnenweise verdorbenes Fleisch in der Wurst verarbeitet wurde. Die Schutzlosigkeit hat vor allem ihren Grund darin, dass die Durchführung und Überwachung der bestehenden Gesetze mangelhaft ist oder dass es noch keine Gesetze gibt, die derartige Handlungsweisen verbieten.

Beim Verbraucherschutz geht es grundsätzlich darum, den Verbraucher vor Schönfärberei, Täuschung und Gesundheitsgefährdungen zu schützen.

Durch den Verbraucherschutz (Konsumentenschutz) soll die Stellung des Verbrauchers gegenüber dem Anbieter durch staatliche Reglementierung gestärkt und somit die asymmetrische Machtverteilung zwischen Verbraucher und Anbieter ausgeglichen werden. Um dies zu erreichen, sind eine Fülle von Ge- und Verboten in zivil- und öffentlich-rechtlichen Regelungen fixiert.

Gesetze schützen Verbraucher

- **Lebensmittel-, Bedarfsgegenstände- und Futtermittelgesetz:** Da viele Lebensmittelskandale der letzten Zeit ihren Ursprung im Futtermittelbereich hatten, wurde im Jahr 2005 mit diesem Gesetz ein einheitlicher Rechtsrahmen geschaffen, der für Futtermittel und Lebensmittel gleichermaßen gilt. Oberstes Gebot ist die Lebensmittelsicherheit. Auf allen Verarbeitungsstufen müssen die Produkte zurückverfolgt werden können.
- **Fernabsatzgesetz:** Dieses Gesetz regelte Verträge, die unter ausschließlicher Verwendung von Fernkommunikationsmitteln —Telefon, E-Mail, Internet — zustande kommen. Seine Inhalte wurden 2002 in das BGB eingearbeitet (§ 312b ff.).
- **Gesetz über Widerruf von Haustürgeschäften und ähnlichen Geschäften:** Durch dieses Gesetz sollte der Verbraucher vor vorschnellen Abschlüssen von Kaufverträgen geschützt werden. Es wurde 2002 durch die neuen Regelungen in den §§ 312 und 312a BGB ersetzt.
- **Gesetz gegen Wettbewerbsbeschränkungen:** Dieses Gesetz hat das Ziel, möglichst gleiche Wettbewerbsbedingungen für die anbietenden Unternehmungen zu schaffen.
- **Gesetz gegen den unlauteren Wettbewerb:** Dieses Gesetz zielt darauf ab, Täuschungen im geschäftlichen Verkehr zu verhindern.
- **Verbraucherkreditgesetz:** Dieses Gesetz regelte bis 2002 die rechtlichen Beziehungen bei Abschluss eines Verbraucherkredits. Seine Regelungen wurden ebenfalls in das BGB eingearbeitet (§ 491 ff. BGB, vgl. Kap. 5.3).

Verbraucherorganisationen

Die gesetzlichen Regelungen des Verbraucherschutzes werden begleitet von Maßnahmen der Verbraucherinformation sowie der Verbrauchererziehung. Dieser Aufgabe widmen sich die Verbraucherorganisationen.

Die Verbraucherorganisationen nehmen folgende Aufgaben wahr:

- **Individuelle Beratung** der Verbraucher durch Verbraucherberatungsstellen
- **Bereitstellung von Informationsmaterial**, insbesondere durch Warentests der Zeitschriften „Test" und „Finanztest"
- **Individuelle Vertretung** der Verbraucher, z. B. durch direkten Kontakt mit den Produzenten mithilfe von Schlichtungsstellen oder durch Anzeige der Missstände bei staatlichen Stellen, um für den Verbraucher eine befriedigende Lösung zu erreichen. Diese Aufgabe nehmen insbesondere die Verbraucherberatungsstellen wahr.
- **Kollektive Vertretung** der Verbraucherinteressen in der Öffentlichkeit, vor allem gegenüber Unternehmensverbänden und z. B. bei Initiativen für Verbraucherschutzgesetze. Darstellung der Arbeit der Verbraucherorganisationen in den Medien. Als Dachorganisation nimmt vor allem die Verbraucherzentrale Bundesverband e. V. diese Aufgabe wahr.

Kennzeichnungspflicht

Seit dem 18.4.2004 gilt in der EU die Kennzeichnungsverordnung für gentechnisch veränderte Organismen (**GVO**).

Jede Zutat in Lebensmitteln, die einen größeren Anteil als 0,9 % gentechnisch veränderter Substanz aufweist, muss auf der Zutatenliste als solche gekennzeichnet werden (z. B. Glukose aus gentechnisch verändertem Mais).

Die Kennzeichnungspflicht gilt auch für Restaurant- und Kantinenverpflegung.

Keine Kennzeichnungspflicht besteht für tierische Produkte, auch wenn die Tiere mit gentechnisch verändertem Futter aufgezogen wurden.

A1 Beschreiben Sie die Ziele des Verbraucherschutzes.

______

______

______

______

A2 Mit welchen Mitteln werden diese Ziele angestrebt?

- ◆ ______
- ◆ ______
- ◆ ______
- ◆ ______

A3 a) Werden Sie in Zukunft bei einem Restaurantbesuch die Zutatenliste überprüfen? Begründen Sie Ihre Meinung.

______

______

b) Welche Bedeutung hat für Sie die Tatsache, dass Milch, Eier und Fleischprodukte von der Kennzeichnungspflicht bisher ausgenommen sind? Begründen Sie Ihre Meinung.

______

______

A4 Welche Aufgaben haben Ihrer Meinung nach **Verbraucherverbände** und **Warentestzeitschriften**?

______

Kreuzen Sie an.

☐ Umsatz steigern.
☐ Preisvergleich durchführen.
☐ günstige Einkaufsmöglichkeiten aufzeigen.

A5 Im folgenden Text finden Sie sechs Regeln, die Sie beachten sollten, wenn Sie **preisbewusst** einkaufen wollen.
Formulieren Sie für jede dieser Regeln eine geeignete Überschrift.

______

Überlegen Sie vor dem Kauf, was Sie wann wirklich brauchen. Damit Sie nicht hinterher ins Grübeln kommen, wo das Geld geblieben ist. Also: Einkaufszettel für den täglichen Bedarf, Haushaltsplan für größere Anschaffungen. So können Sie unüberlegte Spontankäufe vermeiden.

______

Warten Sie mit dem Kaufen, bis Sie genügend Geld dafür haben. Wer auf Kredit oder Raten kauft, lebt teurer.

Sie zahlen hohe Kreditzinsen oder lassen sich Preisnachlässe entgehen. Die billigste Art, sich etwas anzuschaffen, ist immer noch, auf diese Anschaffung zu sparen.

______

Bevor Sie sich zu einem Kauf entscheiden, sehen Sie sich auf dem Markt um. Bedenken Sie: Was teuer ist, muss noch lange nicht gut sein. Die Stiftung Warentest vergleicht ständig Qualitäten und Preise. Diese Tests helfen Ihnen, sich richtig zu entscheiden.

______

Wenn Sie genau wissen, was Sie kaufen wollen, dann vergleichen Sie die Preise dieser Ware. Schauen Sie sich in verschiedenen Geschäften um, bevor Sie kaufen. Fragen Sie auch die Verbraucherzentralen mit ihren Beratungsstellen. Sie führen in vielen Städten Preisvergleiche durch.

______

Das Geschäft mit Mogelpackungen wird von der Bundesregierung unterbunden, damit Sie nicht mehr getäuscht werden können. Aber seien Sie wachsam beim Kauf; auch aufwendige Verpackungen müssen Sie bezahlen. Prüfen Sie, ob das den höheren Preis wert ist.

______

Verzichten Sie auch einmal auf einen Kauf, wenn Ihnen die Ware zu teuer erscheint. Verlassen Sie dann ruhig wieder das Geschäft, denn Sie sind nicht verpflichtet, etwas zu kaufen.

A6 Stimmt es mit Ihrer Erfahrung überein, dass beim Einkauf in Kaufhäusern mehr Dinge gekauft werden als ursprünglich beabsichtigt? Belegen Sie Ihre Antwort mit einem Beispiel.

______

______

______

Der Euro in der Europäischen Währungsunion

Am 1.1.1999 wurde der Euro (EUR) zunächst als Buchgeld (Recheneinheit) in elf der 15 damaligen EU-Staaten als gemeinsame Währung eingeführt. An diesem Tag wurden alle nationalen Währungen unwiderruflich zu einem festen Kurs in Euro umgewandelt (für die DM galt: 1,95583 DM = 1,00 EUR). Damit sich die Bürger in den Euro-Ländern an den jeweiligen nationalen Umtauschkurs gewöhnen konnten, galt der Euro drei Jahre lang nur als Recheneinheit. Seit der **Bargeldeinführung am 1.1.2002** ist der Euro inzwischen alleiniges Zahlungsmittel für ca. 334 Mio. Menschen in 18 Staaten der Europäischen Wirtschafts- und Währungsunion (s. Abb.).

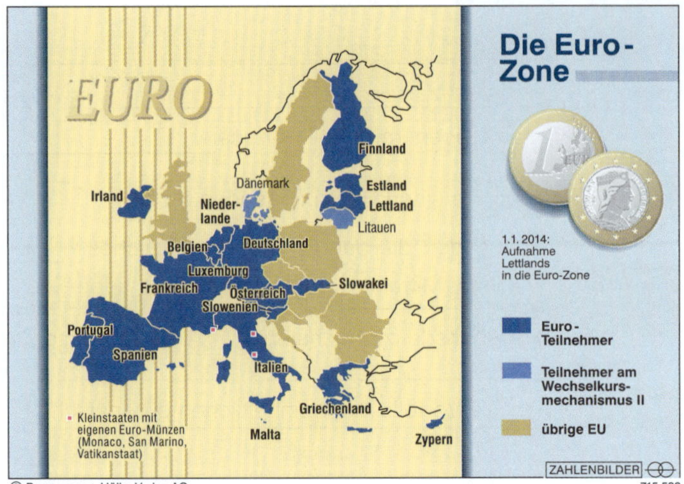

© Bergmoser + Höller Verlag AG

Obwohl nur 4,7 % der Weltbevölkerung aus der Währungsunion stammen, erstellen sie 13,5 % der weltweiten Wirtschaftsleistung (Wert: 9,5 Billion Euro) und 15 % der weltweiten Exporte (Wert: 1,9 Billionen Euro).
Alle Länder, die neu in die EU eintraten und noch eintreten, verpflichten sich ihre Aufnahme in die Eurozone anzustreben und bestimmte Leistungsanforderungen (Konvergenzkriterien) zu erfüllen.

Die **Konvergenzkriterien**, die alle Euro-Länder im Interesse einer stabilen Währung erfüllen müssen, sind:

- **stabile Preise:** höchstens 1,5 % über dem Preisanstieg der drei stabilsten Länder,
- **solider Staatshaushalt:** Haushaltsdefizit des Staates höchstens 3 % des Bruttoinlandsprodukts (BIP)/Staatsverschuldung höchstens 60 % des BIP,
- **niedrige Zinsen:** höchstens 2 % über den Zinsen der drei stabilsten Länder,
- **stabile Wechselkurse:** in den vergangenen zwei Jahren stabil gegenüber den anderen EU-Währungen.

Die Europäische Zentralbank (EZB)

Seit dem 1.1.1999 ist die EZB mit Sitz in Frankfurt für eine einheitliche Geld- und Währungspolitik in den Euro-Ländern zuständig. Wichtigstes Ziel der EZB ist die Geldwertstabilität des Euro. Die 18 nationalen Notenbanken der Euro-Länder – in Deutschland die Deutsche Bundesbank – sind verpflichtet, die Aufgaben und Vorgaben der EZB zu erfüllen und bei den Maßnahmen zur Geldwertstabilität (Preisstabilität) mitzuwirken.

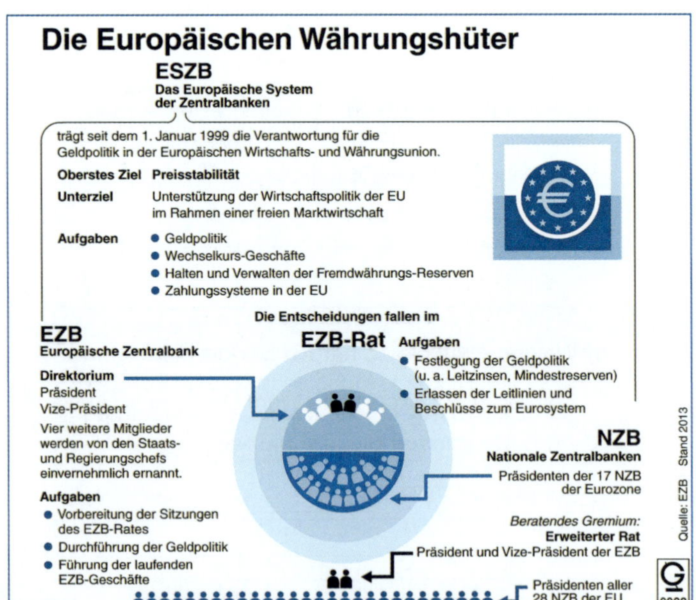

Die EZB kann u. a. durch folgende geldpolitische Maßnahmen die umlaufende Geldmenge der Gütermenge anpassen und so zur Preisstabilität beitragen (steigt die umlaufende Geldmenge schneller als die Gütermenge, steigen die Preise und umgekehrt):

- **Offenmarktpolitik:** Die EZB kauft oder verkauft Wertpapiere, sodass der Wirtschaft Geld zufließt (Geldmenge erhöht sich) oder entzogen wird.
- **Mindestreservepolitik:** Die EZB schreibt den Banken und Sparkassen vor, einen Teil ihrer Gelder als Mindestreserve (Sicherheit) bei ihr zu hinterlegen. Erhöht z. B. die EZB die Mindestreserven, sind die Banken und Sparkassen weniger „flüssig", die Kreditgewährung wird erschwert, die umlaufende Geldmenge sinkt.
- **Zinspolitik:** Banken und Sparkassen können sich – gegen Zahlung von Zinsen – bei der EZB Geld besorgen (Refinanzierung). Erhöht oder senkt die EZB den zu zahlenden Zinssatz (Leitzins), so geben die Kreditinstitute den gestiegenen oder gefallenen Zinssatz an ihre Kunden weiter, d. h., die umlaufende Geldmenge sinkt oder steigt (Leitzins der EZB seit November 2013: 0,25 %).

Deutsche Bundesbank: www.bundesbank.de
Europäische Zentralbank: www.ecb.europa.eu

A1 In welchen 18 EU-Ländern ist 2014 der Euro alleiniges Zahlungsmittel? Wie viele Menschen leben insgesamt in diesem Euro-Raum?

Deutschland, ____

____

Insgesamt leben im Euro-Raum ca. ______________________________

A2 Ergänzen Sie sinnvoll den folgenden Satz:

Alle EU-Länder, die den Euro als gesetzliches ____________ haben oder haben wollen, müssen folgende ______________ erfüllen: Stabiles ________niveau, stabile ________kurse und gesunde Staatsfinanzen (Haushaltsdefizit höchstens _____, Gesamtschuld höchstens _____ des Sozialprodukts).

A3 Nennen Sie Vorteile einer einheitlichen europäischen Währung:

Preise ____

Kosten ____

Verluste ____

Grenzüberschreitende ______________________________________

A4 Der Wechselkurs des Euro in US-Dollar (USD) entwickelte sich von Juni 2013 bis Januar 2014 wie folgt:
Jun. 2013: 1,28 USD = 1 Euro
Jan. 2014: 1,36 USD = 1 Euro

a) Wie viel EUR erhielt man jeweils für 1,00 USD?

Jun. 2013 : ______________________________

Jan. 2014 : ______________________________

b) Ist der Wert des EUR – im Vergleich zum USD – gestiegen oder gefallen?

____

c) Wie viel Dollar kostete ein Personenwagen in den USA, wenn der deutsche Automobilhersteller nach wie vor 30 000,00 EUR für den PKW verlangt?

Jun. 2013: ______________________________

Jan. 2014: ______________________________

d) Welche Auswirkung hat ein starker bzw. schwacher EUR auf die Produktion in den Euro-Ländern?

Starker EUR: Exportierte Waren werden im Ausland ______ ⇒ ______ Absatz ⇒ ______ der Produktion im Inland.

Schwacher EUR: ______________ ⇒ ______________ ⇒ ______________

____

A5 Die Sätze, die in der linken Spalte beginnen, werden in der rechten Spalte fortgesetzt. Verbinden Sie die richtigen Satzteile.

a. Die Europäische Zentralbank und die Deutsche Bundesbank ...
b. Das Eurosystem besteht aus ...
c. Unabhängige Notenbanken, wie die Deutsche Bundesbank, sind besser in der Lage, den Geldwert zu sichern, ...
d. Die Deutsche Bundesbank führt im Rahmen von Leitlinien und Weisungen ...

___ der Europäischen Zentralbank die Geldpolitik in Deutschland durch.
___ weil sie nicht den wahltaktischen Überlegungen der nationalen Regierungen unterliegen.
___ der Europäischen Zentralbank und den 18 Notenbanken der Teilnehmerländer.
___ haben ihren Sitz in Frankfurt.

Täglich werden Millionen von Waren und erbrachten Leistungen mit Geld bezahlt. Allerdings gibt es eine Fülle unterschiedlicher Zahlungsmöglichkeiten:

Zahlungsarten		
Barzahlung - persönliche Geldübergabe	**halbbare Zahlung** (Konto → bar oder bar → Konto) z. B.: - Zahlschein - Barscheck - Reisescheck ...	**bargeldlose Zahlung** (Konto → Konto) z. B.: - Überweisung - Dauerauftrag und Lastschrift - Verrechnungsscheck - Bankkundenkarte und Kreditkarte - Online-Banking ...

Barzahlung

Der Zahler (z. B. Kunde) gibt dem Zahlungsempfänger (z. B. Händler) für eine Ware oder erbrachte Leistung Bargeld, d. h. Münzen oder Banknoten. Als Beleg für den Zahlungsvorgang sollte sich der Zahler einen Kassenbon oder eine Quittung ausstellen lassen.

Wertmäßig stellt in Deutschland das **Bargeld** allerdings nur noch knapp 5 % der umlaufenden Geldmenge dar, mehr als 95 % hingegen das sogenannte **Buchgeld** (das Geld wird auf Konten der Geldinstitute nur noch verbucht, siehe halbbare und bargeldlose Zahlung).

Halbbare Zahlung

Girokonto: Wertmäßig werden heutzutage die meisten Zahlungen mithilfe des Buch- oder Giralgeldes (z. B. Schecks, Überweisung) halbbar oder bargeldlos getätigt (schnellere, bequemere und sicherere Zahlung). Dazu benötigt man bei einem Geldinstitut ein Girokonto, über das die entsprechenden Ein- und Auszahlungen getätigt werden. Zur Eröffnung eines Girokontos muss man:

- volljährig und voll geschäftsfähig sein (Ausnahme: Jugendliche mit einem Ausbildungsvertrag oder Eltern stimmen schriftlich zu),
- sich durch einen Personalausweis oder Reisepass ausweisen,
- seine Unterschrift zu Prüfungszwecken hinterlegen (gleichzeitig auch Anerkennung der Allgemeinen Geschäftsbedingungen der Bank).

Zahlschein: Verfügt der Zahlungsempfänger (z. B. Händler) über ein Girokonto, so kann der Zahler (z. B. Kunde) den zu zahlenden Betrag bei einem Geldinstitut bar einzahlen. Der eingezahlte Betrag wird auf dem Girokonto des Empfängers gutgeschrieben. Als Quittung erhält der Einzahler die vom Kreditinstitut abgestempelte Durchschrift des ausgefüllten Zahlscheins.

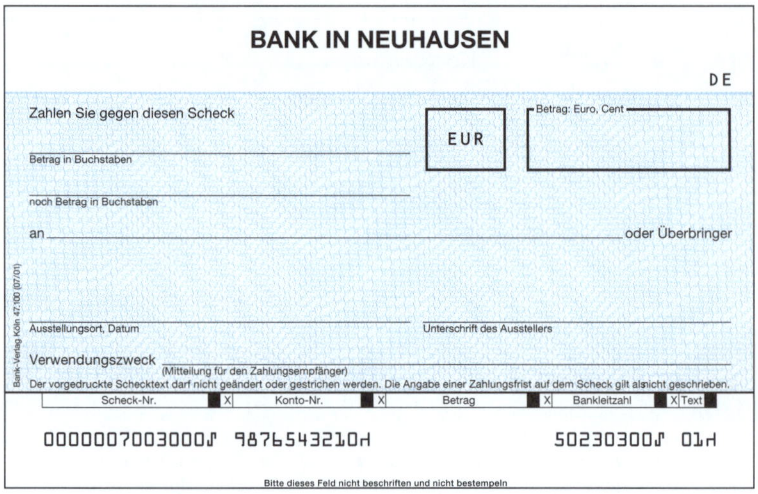

BANK IN NEUHAUSEN

DE

Zahlen Sie gegen diesen Scheck

EUR

Betrag: Euro, Cent

Betrag in Buchstaben

noch Betrag in Buchstaben

an ... oder Überbringer

Ausstellungsort, Datum

Unterschrift des Ausstellers

Verwendungszweck (Mitteilung für den Zahlungsempfänger)

Bank-Verlag Köln 47.100 (07/01)

Der vorgedruckte Schecktext darf nicht geändert oder gestrichen werden. Die Angabe einer Zahlungsfrist auf dem Scheck gilt als nicht geschrieben.

Scheck-Nr. X Konto-Nr. X Betrag X Bankleitzahl X Text

0000007003000 9876543210 50230300 01

Bitte dieses Feld nicht beschriften und nicht bestempeln

Barscheck: Mit diesem Scheck weist der Kontoinhaber sein Geldinstitut an, von seinem Konto Geld an denjenigen, der den Scheck vorlegt, auszuzahlen. Das Geldinstitut überprüft allerdings nicht, ob der Überbringer zum Erhalt des Geldbetrages berechtigt ist (Risiko, dass der Barscheck in falsche Hände gerät!). Ein Scheck darf nur ausgefüllt werden, wenn das Girokonto ein Guthaben mindestens in Höhe des Scheckbetrages ausweist oder der eingeräumte Kredit (Dispositionskredit) durch die Einlösung nicht überschritten wird.

Reisescheck: Wer in andere Länder verreisen will, kann bei den Geldinstituten Reiseschecks über bestimmte feste Beträge kaufen, z. B. Reiseschecks über 50,00 EUR, 100,00 EUR oder 200,00 EUR oder über bestimmte US-Dollar-Beträge. Im Ausland kann man diese Schecks dann zur Auszahlung bei einem ansässigen Geldinstitut vorlegen oder z. B. in Geschäften direkt bezahlen. Die beim Kauf anfallenden Gebühren (ca. 1 % der Kaufsumme) enthalten eine Versicherung, dass verlorene oder gestohlenen Reiseschecks ersetzt werden.

A1 Ordnen Sie folgende Begriffe so, dass sie die Entwicklungsstufen des Geldes wiedergeben.

Papiergeld, Warengeld (z. B. Muscheln, Salz), elektronischer Zahlungsverkehr, Naturaltausch (z. B. Fleisch gegen Kartoffeln), Münzgeld, Buchgeld (z. B. Überweisung), Edelmetalle (z. B. Gold, Bronze)

____

____

A2 Die Barzahlung ist zwar nach wie vor eine häufige Form der Zahlung, doch gerade hier sind bestimmte Probleme, Risiken und Kosten nicht ausgeschlossen. Führen Sie solche an.

Probleme: ◆ ______________________________

◆ ______________________________

Rwisiken: ◆ ______________________________

◆ ______________________________

Kosten: ◆ ______________________________

A3 Bevor man ein Girokonto eröffnet, sollte man die Angebote der Geldinstitute sorgfältig vergleichen. Nennen Sie wesentliche Vergleichsdaten.

- Höhe ______________________________
- Höhe ______________________________
- Höhe und Umfang ______________________________
- Kosten ______________________________

A4 Über welche Änderungen auf dem Girokonto informiert ein Kontoauszug den entsprechenden Kunden?

- ____________ Kontostand,
- an welchem ____________ das Konto welche ______________________________ (Buchungen) wertmäßig (in EUR) erfahren hat,
- ______________________________ nach Verbuchung der aufgelisteten Umsätze.

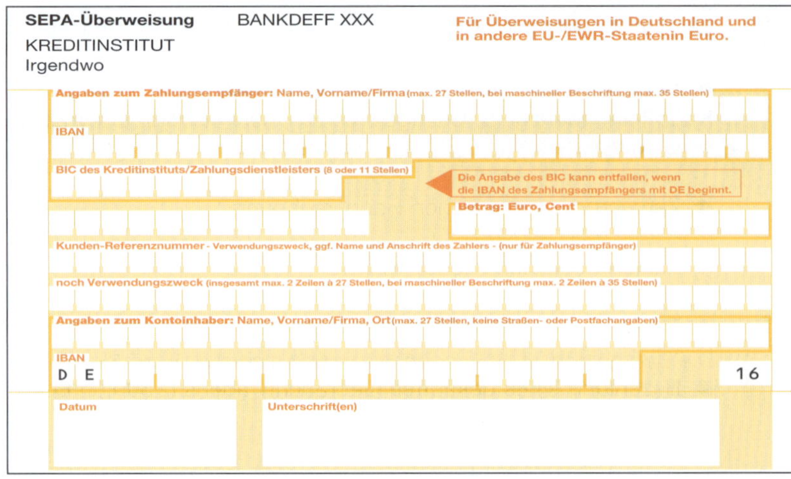
SEPA-Überweisung BANKDEFF XXX
KREDITINSTITUT
Irgendwo
Für Überweisungen in Deutschland und in andere EU-/EWR-Staatenin Euro.
Angaben zum Zahlungsempfänger: Name, Vorname/Firma (max. 27 Stellen, bei maschineller Beschriftung max. 35 Stellen)
IBAN
BIC des Kreditinstituts/Zahlungsdienstleisters (8 oder 11 Stellen)
Die Angabe des BIC kann entfallen, wenn die IBAN des Zahlungsempfängers mit DE beginnt.
Betrag: Euro, Cent
Kunden-Referenznummer - Verwendungszweck, ggf. Name und Anschrift des Zahlers - (nur für Zahlungsempfänger)
noch Verwendungszweck (insgesamt max. 2 Zeilen à 27 Stellen, bei maschineller Beschriftung max. 2 Zeilen à 35 Stellen)
Angaben zum Kontoinhaber: Name, Vorname/Firma, Ort (max. 27 Stellen, keine Straßen- oder Postfachangaben)
IBAN
D E 16
Datum
Unterschrift(en)

Überweisung: Mit dem ausgestellten Überweisungsformular gibt der Zahler dem Geldinstitut den Auftrag, einen bestimmten Betrag von seinem Girokonto auf das Girokonto des Empfängers zu übertragen. Als Zahlungsbeleg erhält er die quittierte Durchschrift des Überweisungsformulars.

Dauerauftrag: Fallen regelmäßig wiederkehrende gleiche Zahlungen an, z. B. für Miete oder Versicherungen, so kann der Zahlungspflichtige (z. B. Mieter) seinem Geldinstitut den Dauerauftrag erteilen, regelmäßig die anfallenden Zahlungen von seinem Konto auf das Konto des Empfängers (z. B. des Vermieters) zu überweisen.

Lastschrift: Fallen Zahlungen zeitlich oder in der Höhe unregelmäßig an (z. B. Telefonrechnungen), so kann man dem Zahlungsempfänger eine schriftliche Einzugsermächtigung erteilen, vom Konto des Zahlers bestimmte Beträge für einen vereinbarten Verwendungszweck abzubuchen. Die Einzugsermächtigung (wie auch der Dauerauftrag) kann jederzeit vom Zahler widerrufen werden.

Verrechnungsscheck: Beim Verrechnungsscheck wird der Scheckbetrag dem Überbringer nicht bar ausgezahlt (wie beim Barscheck), sondern auf dessen Konto gutgeschrieben. Dazu muss der Scheck den Vermerk „Nur zur Verrechnung“ enthalten. Aus jedem Barscheck kann durch diesen Vermerk ein Verrechnungsscheck gemacht werden (umgekehrt nicht möglich).

Bankkundenkarte (Debit Karte): Immer häufiger zahlen Kunden mit der Bankkundenkarte. Dabei kann der Händler die benötigten Daten über ein elektronisches Kassenterminal aus der Karte ablesen und eine Lastschrift zum Einzug des Betrages auslösen. Der Kunde identifiziert sich und genehmigt die Zahlung durch eine 4-stellige persönliche Identifikationsnummer (PIN) oder durch seine Unterschrift. Zusätzlich kann man mithilfe der Karte und der PIN jederzeit an Geldautomaten Bargeld vom eigenen Konto abheben.

Kreditkarte: Bei zahlreichen Kreditkartengesellschaften kann man gegen Zahlung einer Jahresgebühr (20,00–50,00 EUR) eine Kreditkarte beantragen. In Deutschland sind ca. 25 Mio. Kreditkarten im Umlauf. Der Inhaber einer solchen Karte kann in all jenen Geschäften, die dem Kreditkartensystem angeschlossen sind, bargeldlos einkaufen. Wie bei der Bankkundenkarte werden die benötigten Daten von der Kreditkarte elektronisch gelesen und die Zahlung mit der Unterschrift des Kunden oder Eingabe der PIN bestätigt. Allerdings wird der Betrag erst zu einem späteren Zeitpunkt belastet, sodass sich für den Kunden ein Zinsvorteil ergibt. Für ihre Vermittlertätigkeit nehmen die Kreditinstitute neben der Jahresgebühr des Kunden auch eine Provision von den Händlern (ca. 2 % der Kaufsumme).

Wertkarte (Geldkarte): Zur Zahlung von kleineren Beträgen eignen sich Wertkarten wie die Geldkarte. Sie werden z. B. an einem Bankterminal mit vorausbezahlten Werteinheiten aufgeladen („Zahle im Voraus“) und geben an entsprechend eingerichteten Kassen oder Verkaufsautomaten den passenden Betrag wieder ab.

Onlinebanking: Internet-Nutzer können rund um die Uhr Überweisungen von ihrem und Zahlungen auf ihr Konto veranlassen, z. B. Überweisungen ausführen, Daueraufträge erteilen, den aktuellen Kontostand abfragen oder Wertpapiere kaufen. Die Sicherheit des Kontos wird zum einen gewährleistet durch eine persönliche Identifikationsnummer (PIN) und zum anderen durch eine nur einmal nutzbare Transaktionsnummer (TAN) für jede einzelne Geldtransaktion. Da die Geldinstitute durch Onlinebanking Personalkosten sparen, bieten sie häufig eine verbilligte oder sogar kostenlose Kontoführung an.

A1 Nennen Sie vorteilhafte Zahlungsformen für folgende Zahlungen (der Zahler besitzt ein Girokonto):

- Bezahlung der Rechnung eines Lieferanten ____________________
- Geldabhebung (200,00 EUR) vom eigenen Konto ____________________
- Zahlung der monatlichen Handyrechnung ____________________
- Zahlung der monatlichen Miete ____________________
- Bezahlung von zehn Brötchen in der Bäckerei ____________________
- Bezahlung eines gekauften Gebrauchtwagens (2 500,00 EUR) von einem guten Bekannten ____________________
- Kauf von Wertpapieren spätabends ____________________

A2 Unterscheiden Sie Bar- und Verrechnungsscheck hinsichtlich ihrer Verwendung und Vorteile.

	Barscheck	Verrechnungsscheck
Verwendung (Auszahlung oder Gutschrift)		
Vorteile		

A3 Unterscheiden Sie Dauerauftrag und Lastschriftverfahren hinsichtlich ihrer Voraussetzungen und Vorteile.

Dauerauftrag:

	Voraussetzungen	Vorteile
Zahlungen:		
Beträge:		
Zahlungsempfänger:		
Auftrag:		

Lastschriftverfahren:

	Voraussetzungen	Vorteile
Zahlungen:		
Beträge:		
Zahlungsempfänger:		
Auftrag:		

A4 Die Sicherheit beim Onlinebanking wird u. a. garantiert durch PIN und TAN. Erklären Sie diese beiden Abkürzungen.

PIN: ____________________

TAN: ____________________

Es gibt viele sinnvolle **Sparziele**. Welche Sparform allerdings gewählt wird, hängt neben dem Sparziel auch von der Spardauer, der individuellen Sparfähigkeit und der Risikofreudigkeit ab. Für alle Geldanlagen gilt jedoch ein **Zielkonflikt:** Je höher das Risiko und/oder je eingeschränkter die Verfügbarkeit (Liquidität) des angelegten Geldes, desto höher der Ertrag (Zinsen, Rendite).

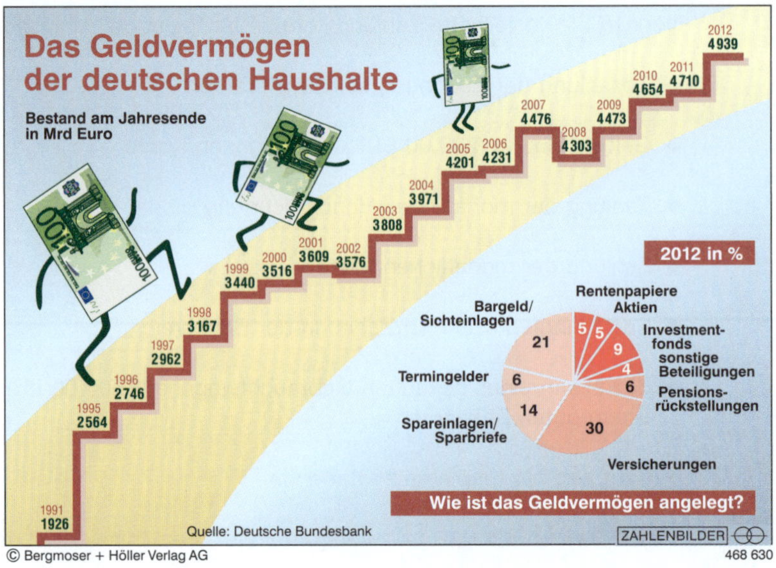

Für den bundesdeutschen Durchschnittsverdiener kommen häufig folgende **Sparformen** in Betracht:

Sparbuch

Das Sparen auf einem Sparbuch (Urkunde) ist die beliebteste Geldanlageform der Bundesbürger. Mit dem auf dem Sparbuch eingezahlten Geld kann die Bank „arbeiten", wofür sie dem Sparer Zinsen zahlt. Diese Sparform ist nahezu risikolos (abgesehen vom Inflationsrisiko) und bietet eine relative hohe Verfügbarkeit, denn pro Kalendermonat kann man – je nach Bank – zwischen 1 500,00 und 2 000,00 EUR abheben. Höhere Abhebungsbeträge muss man i. d. R. drei Monate vorher ankündigen oder sogenannte „Vorschusszinsen" zahlen (ca. 1/4 des Guthabenzinses). Da der Sparer wenig Zinsen erhält (2014 ca. 0,5 %/etwas höhere Zinsen bei längeren Kündigungsfristen), ist diese Anlageform nur für kleinere Sparbeträge empfehlenswert.

Versicherungssparen

Da die Leistungen der gesetzlichen Rentenversicherung die Arbeitnehmer häufig nicht mehr genügend im Alter absichern, schließen viele Menschen zusätzliche Lebensversicherungen ab, z. B. eine kapitalbildende Lebensversicherung über eine vereinbarte Versicherungssumme (z. B. 50 000,00 EUR). Der Versicherte zahlt monatlich über viele Jahre hinweg (z. B. 30 Jahre lang) einen bestimmten Betrag in die Lebensversicherung ein, bis die vereinbarte Versicherungssumme inkl. Ertrags- und Überschussanteilen erreicht ist. Diese Lebensversicherung sichert nicht nur die Hinterbliebenen bei Tod des Versicherten finanziell ab, sondern zahlt dem Versicherten die vereinbarte Vertragssumme aus, wenn er das Vertragsende (z. B. mit 60 Jahren) erreicht hat.

Vermögenswirksame Leistungen

Um die Vermögensbildung breiter Bevölkerungsteile zu fördern, wird das Sparen von Arbeitnehmern ggf. durch Zuschüsse der Arbeitgeber (tarifvertraglich geregelt) und/oder des Staates (wenn bestimmte Einkommensgrenzen nicht überschritten werden) gefördert. Vermögenswirksame Sparverträge (Beteiligungssparen und Bausparen) haben meist eine Laufzeit von sieben Jahren, erst dann kann man über den gesparten Geldbetrag frei verfügen.

Bausparen

Mit dem Abschluss eines Bausparvertrages verpflichtet sich der Sparer, entsprechend der abgeschlossenen Bausparsumme regelmäßig über mehrere Jahre Beiträge an eine Bausparkasse zu zahlen. Die angesparte Geldsumme wird zwar niedrig verzinst, allerdings hat der Sparer einen Anspruch auf eine zinsgünstige Bausparsumme. Zusätzlich unterstützt der Staat diese Sparform mit Prämien, um das Wohneigentum zu fördern. Ein Bausparer kann sich das Sparguthaben einschließlich Zinsen auch auszahlen lassen und frei darüber verfügen, wenn er mindestens 40 % der Vertragssumme eingezahlt und eine Mindestlaufzeit von meistens sieben Jahren eingehalten hat. Wird hingegen ein Baudarlehen beantragt, muss es für Wohnungseigentum verwendet werden.

Bausparen in zwei Phasen - ein Beispiel

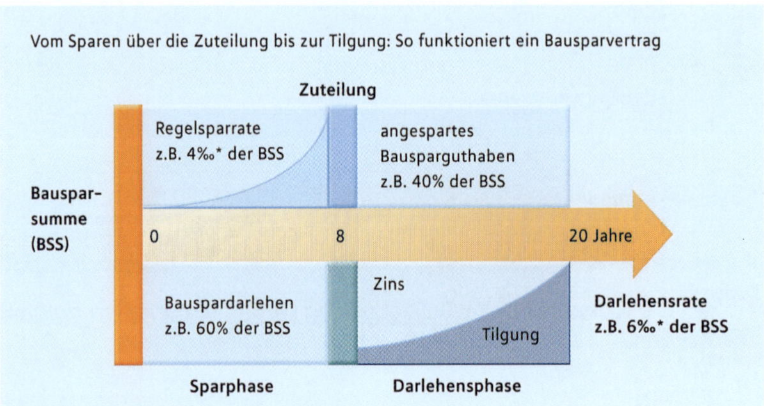

*Angaben in Promille, entspricht 0,4 bzw. 0,6 Prozent

Quelle: MLP

A1 Nennen Sie fünf mögliche Sparziele (mit jeweils einem Beispiel).

- ______________________________
- ______________________________
- ______________________________
- ______________________________
- ______________________________

A2 a) Von welchen drei wesentlichen Anlagekriterien hängt die Wahl der Sparform ab?

Anlagekriterien

______________	______________	______________
______________	______________	______________

b) Warum unterliegt dabei jede Sparform einem Zielkonflikt?

____

A3 Welche Sparform ist geeignet?

Beispiel	sinnvolle Sparform	Begründung
Saskia spart mtl. 20,00 EUR bis 40,00 EUR.		
Klaus spart, um in ca. zehn Jahren eine Eigentumswohnung zu kaufen.		
Evelin möchte für ca. sechs bis sieben Jahre mtl. 50,00 EUR sparen.		
Bastian hat 10 000,00 EUR geerbt. 2 000,00 EUR möchte er mit hohen Gewinnerwartungen anlegen.		
Sabine möchte über viele Jahre mtl. 50,00 EUR sparen, um im Alter zusätzlich abgesichert zu sein.		

A4 a) Ein Sparer legt 4 000,00 EUR für 1/2 Jahr (= 180 Tage) zu einem Zinssatz von 1,5 % (Jahreszinssatz) an. Wie viel Zinsen erhält er?

$$\text{Z (Zinsen)} = \frac{\text{K (Kapital)} \times \text{p (Zinssatz)} \times \text{t (Tage)}}{100\ \% \times 360\ \text{Tage}} =$$

b) Welchen Geldbetrag hat ein Sparer angelegt, wenn er nach 270 Tagen bei einem Zinssatz von 2 % 120,00 EUR Zinsen erhält?

K =

Häufig fällt es schwer, bestimmte Ausgaben mit dem zur Verfügung stehenden Einkommen oder dem Ersparten zu bezahlen. Deshalb bieten die Geldinstitute den Verbrauchern Kredite an. Die für Privatpersonen wichtigsten alltäglichen Kredite sind der Dispositionskredit und das Anschaffungsdarlehen.

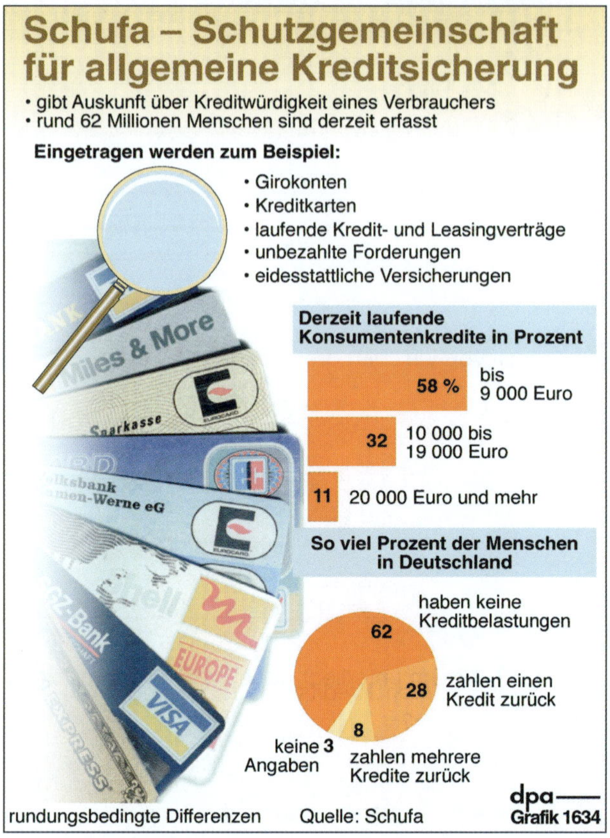

Dispositionskredit

Mit der Einrichtung eines Girokontos gewähren die Geldinstitute oft einen Dispositionskredit (disponieren = verfügen). Dem Kunden wird die Möglichkeit eingeräumt, sein Girokonto formlos, ohne Rückfrage und Rückzahlungsfrist bis zu einem bestimmten Betrag (meistens 2–3 Nettomonatsgehälter) zu überziehen. Für diesen Kredit fallen relativ hohe Dispositionszinsen an (2013: 12–13 %, bei Überziehung der Dispositionsgrenze sogar 17–18 %), die täglich auf den jeweiligen Kontostand berechnet werden. Da dieser Kredit aus Sicht des Kunden einfach und bequem in Anspruch genommen werden kann, aber teuer ist, sollte das Girokonto nur wenn nötig und kurzfristig überzogen werden!

Ratenkredit (Anschaffungsdarlehen)

Diese Kreditform wird häufig in Anspruch genommen für größere Anschaffungen wie Auto- und Möbelkauf. Der geschuldete Betrag und die damit anfallenden Kosten werden meistens in regelmäßigen monatlichen Raten (12–72 Raten) zurückgezahlt.
Die Gesamtkosten sind abhängig von:
- dem verlangten Zins (Nominalzins),
- der Bearbeitungsgebühr (einmalig ca. 1–2 % vom Darlehensbetrag),
- Nebenkosten (z. B. Vermittlungsgebühr, Auskunftskosten).

Damit die Kunden einen Kostenvergleich vornehmen können, hat der Gesetzgeber die Geldinstitute verpflichtet, bei Krediten an Privatkunden den effektiven Jahreszins anzugeben, d. h. den tatsächlich zu zahlenden Zins einschließlich aller Gebühren und sonstigen Kosten (effektiver Jahreszins 2013 häufig ca. 7 %)

Kreditprüfung

Bevor die Geldinstitute die oben angeführten Kredite vergeben, wird überprüft, ob der Kreditnehmer **kreditfähig** und **kreditwürdig** ist, und ob die eventuell notwendigen **Sicherheiten** ausreichen.

Kreditfähigkeit:
Der Kreditnehmer muss 18 Jahre alt und unbeschränkt geschäftsfähig sein.

Kreditwürdigkeit:
Wichtigste Entscheidungsgrundlage für die Kreditvergabe ist die Auskunft der **Schufa** (Schutzgemeinschaft für allgemeine Kreditsicherung e. V.). Die Geldinstitute erfahren von der Schufa, ob z. B. in der Vergangenheit Kreditschulden immer ordnungsgemäß getilgt wurden oder ob schon Mahnbescheide oder Klageverfahren anhängig waren.

Sicherheiten:	Insbesondere bei höheren Kreditsummen
Sicherungsübereignung:	Der mit einem Kredit finanzierte Gegenstand bleibt so lange Eigentum des Geldinstituts, bis der Kunde den Kredit vollständig abbezahlt hat. Zwischenzeitlich kann jedoch der Kunde den Gegenstand nutzen.
Verpfändung:	Das Geldinstitut erhält solange einen Gegenstand als Pfandobjekt (z. B. Schmuck oder Wertpapiere), bis der Kredit vollständig zurückgezahlt ist.
Bürgschaft:	Ein Bürge verpflichtet sich in einem schriftlichen Vertrag, letztendlich die Schulden eines eventuell zahlungsunfähigen Kreditnehmers zu übernehmen.
Lohn-/Gehaltsabtretung:	Einem in Rückzahlungsschwierigkeiten geratenen Kreditnehmer wird ein zumutbarer Teil des Nettoeinkommens gepfändet und sofort vom Arbeitgeber dem Kreditgeber überwiesen (so lange, bis die Gesamtschuld getilgt ist).

A1 Unterscheiden Sie den Dispositionskredit und das Anschaffungsdarlehen hinsichtlich Kreditzweck, Laufzeit, Tilgung, Zinssatz und Kredithöhe.

	Dispositionskredit	Anschaffungsdarlehen
Zweck (Anlass)		
Laufzeit		
Tilgung (Rückzahlung)		
Zinssatz		
Kredithöhe		

A2 Banken müssen bei Kreditvergabe immer den **effektiven Jahreszins** angeben. Was ist das?

A3 Bei höheren Kreditsummen verlangen die Banken Sicherheiten. Welche Art der Sicherheit liegt in folgenden Fällen vor?

Ein Dritter verpflichtet sich, letztendlich die Schulden eines Zahlungsunfähigen zu übernehmen.

Die Kreditbank erhält nach einem Autokauf den KFZ-Brief.

Das Kreditinstitut erhält so lange eine wertvolle Münzsammlung, bis der Kredit zurückgezahlt ist.

A4 Herr Schubert hat zwar kein Geld gespart, möchte aber ein neues Auto kaufen (Kaufpreis 15 000,00 EUR). Wie sollte Herr Schubert den Autokauf finanzieren?

- Der Autohändler macht Herrn Schubert folgendes Angebot:
  Bei Barzahlung 10 % Rabatt oder die Inanspruchnahme eines Kredits (dann allerdings ohne Rabatt) mit folgenden Konditionen:
  Kreditsumme 15 000,00 EUR, 0,3 % Zinsen pro Monat, Tilgung in 36 Monaten, Bearbeitungsgebühr 1 %.
- Herr Schubert könnte andererseits auch seinen Dispositionskredit drei Jahre in Anspruch nehmen (in Höhe des Kaufpreises) und dann das Auto bar bezahlen. Seine Hausbank verlangt einen Dispositionszins von 12 % im Jahr.

Barpreis: Barpreis

Kreditkosten (Autohändler): Zinsen

Bearbeitung

Kreditkosten

Kaufpreis insgesamt (Autohändler): Kaufpreis

Kreditkosten (Dispo): Kreditkosten

Kaufpreis insgesamt (Dispo): Kaufpreis

Herr Schubert spart beim Angebot

6.6 Überschuldung

In der Bundesrepublik waren im Herbst 2013 mehr als 6,6 Mio. Privatpersonen überschuldet (ca. 10 % aller Volljährigen!). Weitere fünf Mio. Haushalte dürften durch Kreditprobleme von Überschuldung bedroht sein. Die durchschnittliche Schuldenhöhe lag bei 34 000,00 Euro.

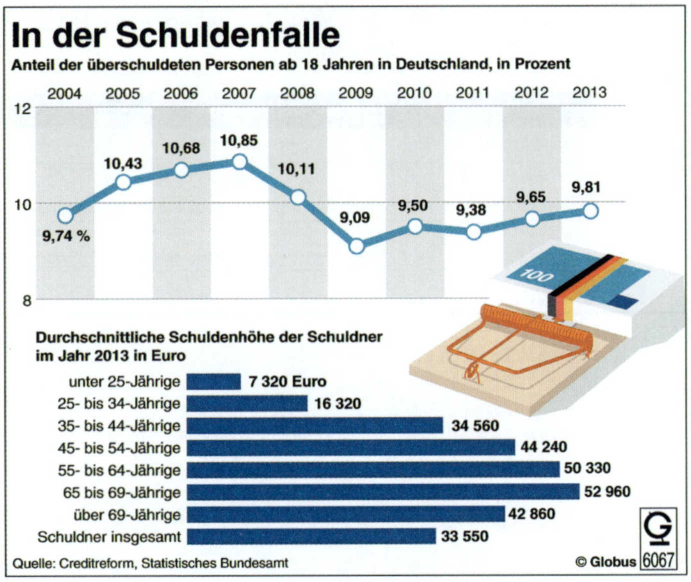

Als überschuldet gilt ein Haushalt, wenn die Rückzahlungsraten von Krediten oder rechtlichen Verpflichtungen höher sind als der zur Existenzsicherung notwendige Einkommensrest (Nettoeinkommen abzüglich Miete, Haushaltsgeld, Versicherungen, u. Ä.).

Mögliche **Ursachen der Überschuldung** sind z. B.:
- aggressive Werbung für eine Kreditaufnahme, falsche Beratung bei der Kreditaufnahme,
- Konsumverhalten/Konsumzwang (Kaufsucht), Teuerungsraten,
- mangelnde Erfahrung im Umgang mit Geld (bei Jugendlichen), moderne Zahlungsmöglichkeiten mit Kunden- und Kreditkarten,
- Arbeitslosigkeit,
- Trennung/Scheidung, Familienzuwachs.

Ist eine Überschuldung eingetreten, sind folgende **Vorkehrungsmaßnahmen** ratsam:
- sich an Freunde und Bekannte wenden mit der Bitte um Unterstützung,
- frühzeitig ein Gespräch mit dem Kreditinstitut führen, z. B. mit der Bitte um Verlängerung des Rückzahlungszeitraums,
- auf keinen Fall die Hilfe von unseriösen Kreditvermittlern und „Kredithaien“ in Anspruch nehmen,
- eine der 1 300 Schuldnerberatungsstellen (kostenlos) in der Bundesrepublik aufsuchen,
- Beantragung eines Verbraucherinsolvenzverfahrens (privates Insolvenzverfahren).

Das Verbraucherinsolvenzverfahren:
Am 1.1.1999 trat die neue Insolvenzordnung in Kraft, die auch Verbrauchern (nicht nur Unternehmen) erstmalig die Chance eröffnete, bei Überschuldung von ihren Schulden befreit zu werden (letzter Ausweg aus der „Schuldenfalle“).

Das Verbraucherinsolvenzverfahren läuft in **vier Stufen** ab:	
1. Stufe:	**Außergerichtlicher Einigungsversuch** Zunächst muss der Schuldner mithilfe einer anerkannten Schuldnerberatungsstelle versuchen, sich mit seinen Gläubigern auf der Grundlage eines Plans zu einigen, z. B. durch Ratenzahlungen, Stundung oder Teilerlass.
2. Stufe:	**Gerichtliches Verfahren über den Schuldenbereinigungsplan** Das Amtsgericht versucht, Gläubiger und Schuldner zu einem Vergleich (Kompromiss) zu bewegen.
3. Stufe:	**Gerichtliches Insolvenzverfahren** Ein vom Gericht beauftragter Treuhänder (häufig ein Rechtsanwalt) teilt den pfändbaren Teil des Vermögens auf die Gläubiger auf.
4. Stufe:	**Wohlverhaltensperiode mit anschließender Restschuldbefreiung** Der Schuldner muss sechs Jahre lang (Wohlverhaltensperiode) den pfändbaren Teil seines Einkommens (Einkommen über dem Existenzminimum) an den Treuhänder abführen. Ist der Schuldner arbeitslos, muss er z. B. jede Arbeit annehmen sowie Arbeits- und Wohnungswechsel anzeigen. Hat der Schuldner alle Auflagen erfüllt, erfolgt die Restschuldbefreiung. Ein wirtschaftlicher Neuanfang ist möglich.

Anmerkung: Wenn aber ohnehin nichts zu holen ist, entfällt das gerichtliche Verfahren. Zahlt der Schuldner sechs Jahre so viel Geld wie möglich an seine Gläubiger, wird ihm die Restschuld erlassen. Ab dem 1.7.2014 gelten teilweise neue Regeln für Insolvenzverfahren: Wer etwa schon nach drei Jahren schuldenfrei sein möchte, muss anfangs mindestens 35 % der Forderungen seiner Gläubiger sowie die Kosten des Verfahrens begleichen.

Online-Insolvenz-Check: www.schuldnerhilfe.de

A1 Wann spricht man von Überschuldung?

____

____

A2 Nennen Sie vier mögliche Ursachen für die Verschuldung junger Menschen.

- ____
- ____
- ____
  ____
- ____

A3 Welche grundsätzlichen Überlegungen sollten **vor jedem Kauf mit Kreditaufnahme** angestellt werden?

- ____
- ____
- ____
- ____
  ____
- ____
  ____

A4 Erstellen Sie einen persönlichen **Haushaltsplan (Gegenüberstellung der monatlichen Einnahmen und Ausgaben)**.

____

A5 Nennen Sie drei sinnvolle Maßnahmen, die bei drohender Überschuldung ergriffen werden könnten.

- ____
  ____
- ____
- ____

A6 Ergänzen Sie sinnvoll den folgenden Text:

Durch das 1999 in Kraft getretene ____________________ können auch Privatpersonen (Verbraucher) bei ____________________ von ihren Schulden befreit werden. Das gesamte Verfahren läuft in __________ Stufen ab: Zunächst muss sich der ____________________ mithilfe einer ____________________ mit den Gläubigern einigen. Gelingt dies nicht, versucht das ____________________, Gläubiger und Schuldner zu einem ____________________ zu bewegen. In einem ggf. sich anschließenden ____________________ Insolvenzverfahren wird der ____________________ des Vermögens auf die Gläubiger aufgeteilt. In der ____________________ muss der Schuldner sieben Jahre lang den pfändbaren Teil seines Einkommens an einen ____________________ abführen. Hat der Schuldner alle Auflagen erfüllt, erfolgt die ____________________.

Gründungsgeschehen

Institut für Mittelstandsforschung IfM BONN

Gewerbliche Existenzgründungen und Liquidationen (Aufgaben)

Gewerbliche Existenzgründungen, Liquidationen und deren Saldo 2004 bis 2012 in Deutschland

Jahr	Existenzgründungen[1]	Liquidationen[1]	Existenzgründungssaldo[2]
		Anzahl	
2004	572.538	428.741	143.797
2005	495.500	441.825	53.676
2006	471.249	430.735	40.514
2007	425.792	415.022	10.770
2008	399.434	411.885	-12.451
2009	412.600	393.424	19.176
2010	417.644	384.220	33.425
2011	401.459	383.308	18.151
2012	346.412	370.547	-24.135
		Veränderung zum Vorjahr absolut	
2004	63.987	-9.069	73.056
2005	-77.038	13.084	-90.121
2006	-24.252	-11.090	-13.162
2007	-45.457	-15.713	-29.744
2008	-26.358	-3.137	-23.221
2009	13.166	-18.461	31.627
2010	5.044	-9.205	14.249
2011	-16.185	-912	-15.274
2012	-55.047	-12.761	-42.286

© IfM Bonn

1) Ohne Automatenaufsteller und Reisegewerbe. Ohne Freie Berufe.
2) Existenzgründungen minus Liquidationen (Aufgaben).

Quelle: IfM Bonn (Basis: Gewerbeanzeigenstatistik des Statistischen Bundesamtes)

Unternehmensnachfolgen in Deutschland 2010 bis 2014

Das IfM Bonn schätzt seit Beginn der 1990er-Jahre in regelmäßigen Abständen die Anzahl der anstehenden Unternehmensübertragungen in Deutschland. Nach aktuellen Schätzungen steht im Zeitraum von 2010 bis 2014 in knapp 110 000 Familienunternehmen die Übergabe an (ca. 3 % aller Familienunternehmen). Dies entspricht 22 000 Übergaben pro Jahr.

Von den Übertragungen werden im Fünf-Jahres-Zeitraum 1,4 Mio. Beschäftigte oder 787 000 Beschäftigte pro Jahr betroffen sein. Das Erreichen des Ruhestandsalters stellt mit einem Anteil von 86 % den häufigsten Übergabegrund dar, gefolgt von Übergabe aufgrund von Tod (10 %) und Krankheit des Eigentümers (4 %).

Die meisten Unternehmensübertragungen sind in Nordrhein-Westfalen zu erwarten, dem Bundesland mit dem größten Unternehmensstand, die wenigsten im Stadtstaat Bremen. Auf Westdeutschland entfallen insgesamt 83,9 % und auf Ostdeutschland (einschließlich Berlin) 16,1 % der anstehenden Übergaben.

Gut die Hälfte (54 %) der Eigentümer übergeben das Unternehmen an die eigenen Kinder bzw. andere Familienmitglieder (familieninterne Lösung). Weitere 29 % der Übertragungen erfolgen an externe Führungskräfte, andere Unternehmen oder andere Interessenten von außerhalb (unternehmensexterne Lösung). Etwa 17 % der Familienunternehmen übertragen das Unternehmen an Mitarbeiter (unternehmensintern).

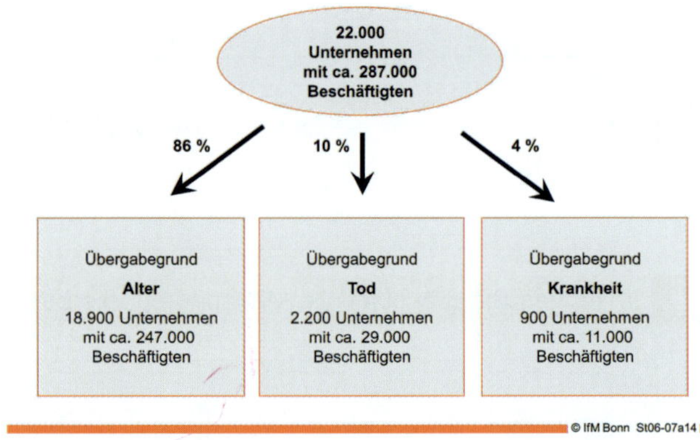

Quelle: Institut für Mittelstandsforschung Bonn

Gründe für die Aufgabe unternehmerischer Tätigkeit

- überhöhte Selbsteinschätzung
- bürokratischer Aufwand
- zu hohe Gewinnerwartung
- falsche Wahl der Rechtsform
- mangelnde Eigenkapitalausstattung
- unzureichende kaufmännische Kenntnisse
- Managementfehler
- ungenügende Marktkenntnisse
- schlechtes Zahlungsverhalten der Kunden
- hohe Außenstände
- Konkurs der Kunden
- Konjunkturschwäche der Wirtschaft
- Rezession
- saisonale Schwankungen
- Folgen der Globalisierung
- alters- oder krankheitsbedingt
- Todesfall

Gründe für die Existenzgründung (Befragung)

Eigenverantwortung	58 %
drohende Arbeitslosigkeit	38 %
höheres Einkommen	25 %
günstige Gelegenheit	9 %
höherer gesellschaftlicher Status	6 %

A1 Welche Gründe führen Ihrer Meinung nach zu der nach wie vor großen Zahl von Existenzgründungen in Deutschland?

____

____

____

____

A2 Errechnen Sie die Veränderungen der Existenzgründungen und Liquidationen in Prozent im Vergleich zum Vorjahr (siehe Tabelle S. 70).

	Veränderungen zum Vorjahr in %	
	Existenzgründungen	**Liquidationen**
2005	______	______
2006	______	______
2007	______	______
2008	______	______
2009	______	______
2010	______	______
2011	______	______
2012	______	______

A3 Welche Gründe führen in die Insolvenz? Tragen Sie je drei Kriterien für innerbetriebliche, zwischenbetriebliche und gesamtwirtschaftliche Gründe in das Schema ein.

Pleitegründe		
innerbetrieblich	**zwischenbetrieblich**	**überbetrieblich**
______	______	______
______	______	______
______	______	______

A4 a) Von der jährlichen Unternehmensübertragung (22 000) sind ca. 287 000 Beschäftigte pro Jahr betroffen. Bei wie viel Prozent der Beschäftigten ist der Übergabegrund

Alter	Tod	Krankheit
______	______	______

b) Führen Sie mögliche Ursachen an für den Rückgang der Existenzgründungen von 2008 bis 2009.

____

____

Bei der Neugründung eines Unternehmens müssen Überlegungen wirtschaftlicher Art angestellt werden und eine Reihe rechtlicher sowie persönlicher Voraussetzungen erfüllt sein.

Persönliche Voraussetzungen

- fachliche Qualifikation: Schulabschlüsse, Ausbildung, Erfahrung im Beruf
- kaufmännische Qualifikation: Buchhaltung, Rechnungswesen, Zusatzqualifikation
- Qualifikation für Führungsaufgaben: theoretische Vorbildung, praktische Erfahrung, Eignung im Umgang mit Mitarbeitern
- physische und psychische Belastbarkeit: Stressbewältigung, ausgedehnte Arbeitszeit, Entscheidungs- und Initiativfreudigkeit, schnelle Auffassung, Delegationsfähigkeit
- Überzeugungs- und Durchsetzungsfähigkeit: Argumentationsvermögen, rhetorische Fähigkeit, Glaubwürdigkeit, Autorität, Vorbildfunktion
- Kontaktfreude gegenüber Kunden, Mitarbeitern, Geldgebern, Lieferanten

Anmeldung des Gewerbes

Die Anmeldung erfolgt u. a. bei

- dem zuständigen Ordnungsamt,
- dem Finanzamt,
- der Berufsgenossenschaft,
- dem Gewerbeamt,
- der Industrie- und Handelskammer bzw. Handwerkskammer,
- der Agentur für Arbeit,
- dem Handelsregister.

Die Aufsichtsbehörde ist das Gewerbeaufsichtsamt.

Fremdkapitalbeschaffung

Darlehen von Kreditinstituten:
Kredite werden von der Hausbank zu aktuellen Zinssätzen vergeben.

Finanzierungsarten:
Kredite werden nach ihrer Laufzeit unterschieden:

- kurzfristige Finanzierung bis zwölf Monate: Kontokorrentkredit ist für das Geschäftskonto
  Faustregel: ein Monatsumsatz.
  Ein Lieferantenkredit entsteht dadurch, dass Waren oder Dienstleistungen erst später bezahlt werden (30 Tage).
- langfristige Finanzierung ab zwölf Monaten:
  Investitionskredit, dient zur Finanzierung des Anlagevermögens (Grundstück, Gebäude, Geräte, Fuhrpark usw.).

Rechtliche Voraussetzungen

In der Bundesrepublik Deutschland besteht grundsätzlich Gewerbefreiheit. Ausnahmen von diesem Grundsatz ergeben sich aus

- der Erlaubnis für das Betreiben von gefährlichen Anlagen,
- der Nachweispflicht für Sachkunde und Zuverlässigkeit bei der Gründung eines Lebensmittelgeschäftes oder Gaststättenbetriebes,
- der Handwerksordnung.

Wirtschaftliche Überlegungen

Die wirtschaftlichen Überlegungen sollen bewirken, dass die investierten Mittel richtig angelegt sind und für das Unternehmen eine sichere Basis geschaffen wird.
Die Wahl des Geschäftszweiges wird durch folgende Faktoren beeinflusst:

Marktchancen

Ein Unternehmen sollte nur in einem Markt gegründet werden, in dem die Ertragsaussichten gut sind. Geschäftszweige, in denen ein hoher Sättigungsgrad an Gütern und Dienstleistungen besteht, dürften wenig profitabel sein. Es müssen Märkte aufgespürt werden, die durch hohe zukünftige Wachstumsraten gekennzeichnet sind.

Wettbewerbsfähigkeit

Ein Markt, in dem die Konkurrenz bereits sehr groß ist, oder den wenige Anbieter bereits unter sich aufgeteilt haben, lohnt sich zumeist nicht. Wettbewerbsfähigkeit hat aber nicht nur mit der realen Marktsituation, sondern u. a. auch mit der fachlichen Eignung, der Kreativität des Unternehmensgründers zu tun.

Kapitalbedarf

Zum Kapitalbedarf gehören Gründungskosten, der Investitionsbedarf für die Anlagen und Einrichtungen sowie ein gewisser Bedarf an sogenannten „flüssigen Mitteln“.

Wahl des Standortes

Bei der Wahl des Standortes müssen folgende Standortfaktoren berücksichtigt werden:

a) inputbezogene Faktoren:
   z. B. Gewerbefläche, Arbeitsmarktbedingungen, Beschaffungsmöglichkeiten für Rohstoffe, Versorgung mit Energie, fremde Dienstleistungen, Verkehrsanbindungen, Produktionsbedingungen (z. B. klimatische Bedingungen)
b) outputbezogene Faktoren:
   z. B. Absatzbereiche, Absatznähe, Absatzhelfer, Konkurrenz, staatliche Absatzhilfen

Wer informiert über Existenzgründungen?

- Industrie- und Handelskammer
- Handwerkskammer
- Wirtschaftsförderungsamt
- Fachverbände
- Unternehmens- und Steuerberatung

A1 Sind Sie ein Unternehmertyp? Kreuzen Sie bitte pro Frage jeweils nur eine Antwort an.

Haben Sie schon einmal selbst etwas verkauft bzw. angeboten (Kleidung, CDs auf dem Flohmarkt, Nachhilfeunterricht etc.)?
- ☐ a) Ja, weil es mir Spaß macht und ich das Geld gebrauchen kann.
- ☐ b) Ideen hatte ich schon, aber dabei blieb es dann auch.
- ☐ c) Nein

Übernehmen Sie gerne Verantwortung für andere, z. B. für jüngere Geschwister oder für andere Kinder/Jugendliche, z. B. in einem Sportverein, Jugendtreff o. Ä. oder als Klassensprecher/-in?
- ☐ a) Ja, mir macht es Spaß für andere Verantwortung zu übernehmen.
- ☐ b) Ich würde gerne, hatte aber bisher noch keine Gelegenheit dazu.
- ☐ c) Nein, daran habe ich kein Interesse.

Nehmen Sie gerne an Diskussionen teil?
- ☐ a) Ja, ich diskutiere gerne über verschiedene Themen.
- ☐ b) Eigentlich ja, es kostet mich aber vor allem am Anfang sehr viel Überwindung.
- ☐ c) Nein, ich diskutiere nicht gerne, dabei kommt eh nichts raus.

Können Sie andere von Ihren Argumenten überzeugen?
- ☐ a) Das gelingt mir öfter, weil ich meistens ganz gute Argumente habe.
- ☐ b) Mir fallen leider meistens erst hinterher die besten Argumente ein.
- ☐ c) Nein, ich kann andere nicht überzeugen, ist mir auch nicht so wichtig.

Können Sie sich für bestimmte Aktivitäten (also nicht einfach Fernsehen oder Videos ansehen) so richtig begeistern (Sportart, Computer, Musik, Kleidung selbst machen, Fahrrad und/oder Moped reparieren etc.), sodass Sie einen großen Teil Ihrer Freizeit damit verbringen?
- ☐ a) Ja
- ☐ b) Nein, mir gefallen viele Sachen, ich kann mich nicht für eine Sache entscheiden.
- ☐ c) Nein, das ändert sich bei mir nach Lust und Laune.

Wie reagieren Sie, wenn Ihnen bestimmte Dinge nicht auf Anhieb gelingen (z. B. ein Spiel oder eine Sprache lernen, Fahrrad oder Moped reparieren, ein Sportübung)?
- ☐ a) Ich probiere so lange, bis es klappt, und hole mir notfalls Hilfe.
- ☐ b) Ich probiere weiter, gehe aber eigentlich davon aus, dass ich es nicht schaffe.
- ☐ c) Ich lasse es sein und mache lieber etwas anderes.

Wenn Ihnen z. B. auf einer Party jemand, mit dem Sie nicht eng befreundet sind, erzählt, was er/sie in seiner/ihrer Freizeit, in der Schule oder zu Hause so macht, interessieren Sie sich dafür?
- ☐ a) Ja, es macht mir Spaß Leute kennenzulernen.
- ☐ b) Eigentlich interessiert mich das nur bei meinen Freunden.
- ☐ c) Nein, es interessiert mich nicht, was jemand macht, den ich kaum kenne.

Wenn Sie Fragen haben oder in Schwierigkeiten sind, sprechen Sie Personen an, von denen Sie glauben, dass sie Ihnen helfen können?
- ☐ a) Ja, das fällt mir leicht.
- ☐ b) Ich würde schon, aber ich kenne niemanden, den ich fragen könnte.
- ☐ c) Nein, meine Probleme kann ich selbst lösen.

Kommen Sie mit Ihrem Taschengeld bzw. Lehrgeld aus, ohne sich zu verschulden?
- ☐ a) Ja
- ☐ b) Eigentlich schon, aber meistens wird es am Monatsende ganz schön knapp.
- ☐ c) Nein, ich habe eigentlich immer zu wenig Geld.

Wenn Sie sich etwas kaufen, z. B. Jeans oder einen MP3-Player, worauf achten Sie?
- ☐ a) Ich vergleiche zuerst die Preise und die Qualität und entscheide mich dann.
- ☐ b) Ich frage meine Freunde.
- ☐ c) Ich kaufe einen bewährten Markenartikel.

Wer selbstbewusst ist, fühlt sich sicher: Sie wissen, was Sie können bzw. was Sie noch lernen wollen. Sie haben Ihre eigene Meinung und können diese auch vertreten. Sie wissen auch, dass sich viele Probleme lösen lassen, indem man sie „anpackt". Was glauben Sie: Treffen diese Aussagen auf Sie zu?
- ☐ a) Ja, für mich treffen die o. g. Aussagen zu.
- ☐ b) Es geht so, ich bin mir oft nicht sicher.
- ☐ c) Das können andere besser beurteilen als ich.

Was wünschen Sie sich vor allem für Ihre Zukunft?
- ☐ a) Interessante Aufgaben bewältigen und selbst gesteckte Ziele erreichen.
- ☐ b) Einen interessanten Beruf und ein harmonisches Arbeitsklima.
- ☐ c) Finanzielle Absicherung und viel Freizeit.

a) Zählen Sie, wie oft Sie jeweils die Antwort a, b oder c angekreuzt haben.

a) ________________ b) ________________ c) ________________

b) Auswertung

Sie haben überwiegend a) angekreuzt:
Sie bringen schon viele Voraussetzungen für eine „Unternehmerpersönlichkeit" mit.
Sie haben überwiegend b) angekreuzt:
Sie sind sich zwar in vielen Situationen noch unsicher, der Wille etwas zu verändern, ist aber da. Aufgrund Ihrer selbstkritischen Einstellung können Sie gut feststellen, wo noch Trainingsbedarf besteht.
Sie haben überwiegend c) angekreuzt:
Eigenschaften, die für eine unternehmerische Laufbahn günstig sind, sind bei Ihnen noch nicht so ausgeprägt. Natürlich können Sie diese Eigenschaften trainieren.

A2 Wen müssen Sie über Ihre Unternehmensgründung in Kenntnis setzen? Nennen Sie vier Stellen und erläutern Sie, warum Sie diese Stellen informieren müssen.

a) ____________________ Begründung: ____

b) ____________________ Begründung: ____

____

c) ____________________ Begründung: ____

____

d) ____________________ Begründung: ____

____

7.3 Rechtsformen der Personengesellschaften

Im Zusammenhang mit der Gründung eines Unternehmens ist die jeweilige Rechtsform zu bestimmen. Dazu müssen einige Fragen im Vorfeld beantwortet werden, so z. B.:

- Wer haftet für die Verbindlichkeiten des Unternehmens?
- Wer ist Kapitalgeber?
- Wer soll „das Sagen" im Unternehmen haben?
- Wie soll der Gewinn verteilt werden?

Rechtsformen der privatwirtschaftlichen Unternehmen			
Erwerbswirtschaftliche Unternehmen			Genossenschaften
	Personengesellschaften	Kapitalgesellschaften	Alle Genossen sind gleichberechtigt. Sie können ihr Guthaben mitnehmen, wenn sie die Genossenschaft verlassen.
– Einzelunternehmung	– offene Handelsgesellschaft – Kommanditgesellschaft	– Aktiengesellschaft – Gesellschaft mit beschränkter Haftung	

Die Einzelunternehmung

Die Einzelunternehmung ist das Unternehmen einer einzelnen Person. Sie ist dadurch gekennzeichnet, dass die Geschicke des Betriebes unlösbar mit dem persönlichen Schicksal des Unternehmers verbunden sind. Dieser trifft alle Entscheidungen, trägt aber auch allein deren Folgen. Er bringt das Kapital auf und haftet unbeschränkt für die Schulden.

Die Offene Handelsgesellschaft

Die OHG stellt eine erweiterte Einzelunternehmung dar. Die Gesellschafter einer OHG haften mit ihrem Privat- und Betriebsvermögen. Zur Gründung ist kein Mindestkapital vorgeschrieben. Mittlere und kleine Betriebe bevorzugen deshalb diese Rechtsform, zu deren vertraglicher Gründung mindestens zwei Gesellschafter vorhanden sein müssen.

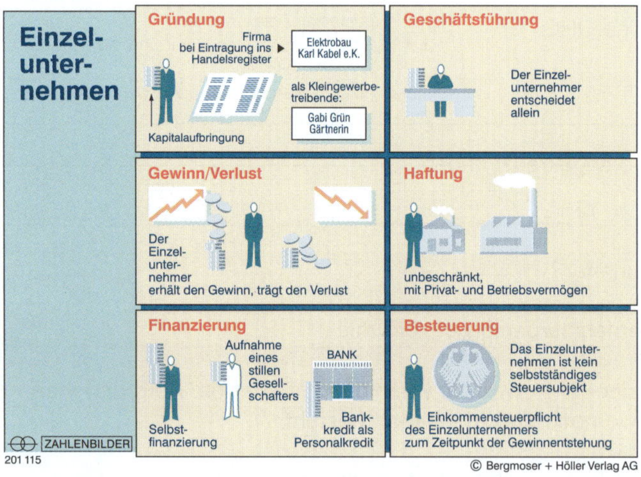

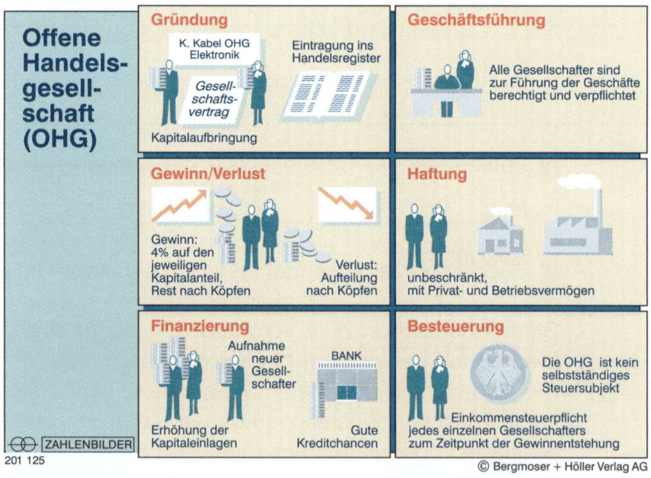

Die Kommanditgesellschaft

Der Grundsatz der OHG – gleiche Rechte und gleiche Pflichten für jeden Gesellschafter – gilt für die KG jedoch nicht mehr. Sie ist vielmehr dadurch gekennzeichnet, dass zu dem Vollhafter (Komplementär) sich mindestens ein Teilhaber (Kommanditist) gesellt, der nur in der Höhe seiner Einlage haftet, während der Komplementär Vollhafter ist. Der Kommanditist ist Kapitalgeber und bleibt im Hintergrund. Er ist an der Geschäftsführung nicht beteiligt und braucht für das Unternehmen nicht zu arbeiten. Gewinn- und Verlustbeteiligung werden vertraglich geregelt.

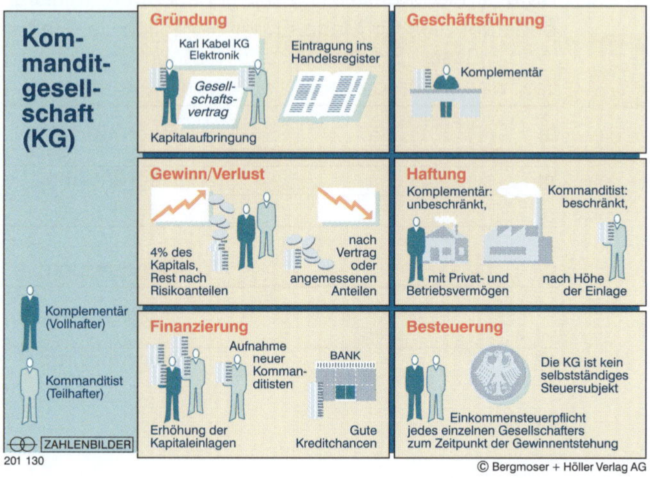

A1 Stellen Sie die Vor- und Nachteile gegenüber, die ein Einzelunternehmer bei der Gründung einer Einzelunternehmung gegenüber anderen Unternehmensformen abwägen muss.

Vorteile	Nachteile
◆	◆
◆	◆
◆	◆
◆	◆

A2 In welchem wesentlichen Gesichtspunkt unterscheiden sich die Offene Handelsgesellschaft und die Kommanditgesellschaft?

A3 Marcel Lindner und Jens Gendel gründen zusammen eine OHG.

a) Wie könnte die Firma der neu gegründeten OHG lauten?

b) Wie haften Jens Gendel und Marcel Lindner im Konkursfall?

A4 Paul Stand und Mario Enger gründen eine Kommanditgesellschaft. Paul Stand ist der Komplementär. Was bedeutet dies für Mario Enger bezüglich der Haftung, Finanzierung, Geschäftsführung und Besteuerung?

Die Aktiengesellschaft

Der besondere Vorteil einer AG liegt in der vergleichsweise einfachen Möglichkeit, Eigenkapital zu beschaffen: Durch Verkauf von Aktien, die nie mehr zurückgezahlt, dafür aber – in der Regel – an der Börse gehandelt werden. Einem Anlagewilligen wird so das Engagement leicht gemacht: Möchte er „aussteigen“, so verkauft er den Aktienbesitz an der Börse zum jeweiligen Tageskurs; dieser kann höher, aber auch niedriger sein als der Kurs, zu dem er „eingestiegen“ ist, was einen besonderen spekulativen Reiz ausmacht. Das Risiko des Anlegers bemisst sich äußerstenfalls nach dem Wert seines Aktienbesitzes. Zur Gründung einer AG ist ein Grundkapital von 50 000,00 EUR erforderlich. Die Gesellschafter (Aktionäre) sind mit Einlagen an dem in Aktien aufgeteilten Grundkapital beteiligt und haften nur mit ihrer Einlage.

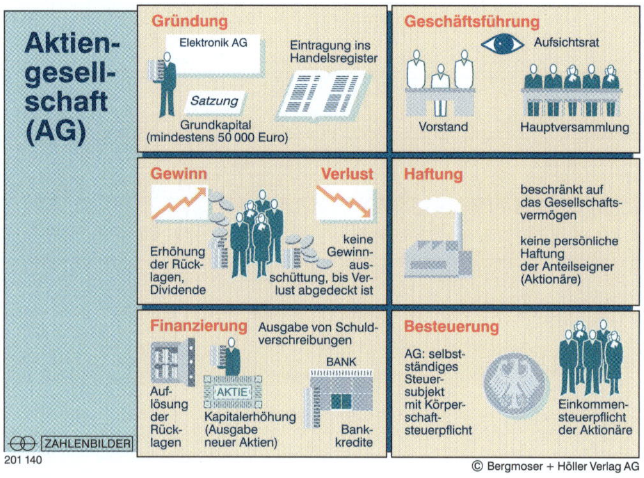

Die GmbH & Co. KG

Hierbei handelt es sich um eine Mischgesellschaft aus GmbH und KG. Zuerst wird die GmbH gegründet, die in einem weiteren Schritt Komplementär einer Kommanditgesellschaft wird. Damit ist die GmbH & Co. KG eine Personengesellschaft, obwohl die Haftung des Komplementärs auf das Gesellschaftsvermögen der GmbH beschränkt ist. Neben der Möglichkeit, das Privatvermögen aus der Haftung herauszuhalten, bietet die GmbH & Co. KG auch steuerliche Vorteile.

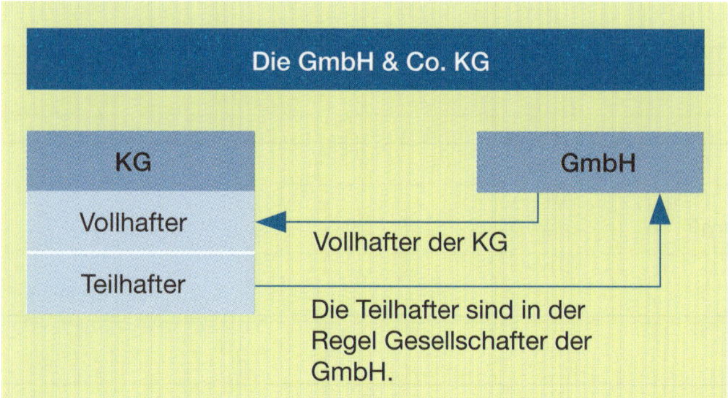

Die AG hat drei Organe

Vorstand: Er leitet und vertritt die Gesellschaft unter eigener Verantwortung und wird vom Aufsichtsrat bestellt.

Aufsichtsrat: Er überwacht die Geschäftsführung des Vorstandes und wird von der Hauptversammlung gewählt und setzt sich aus Vertretern der Aktionäre und der Arbeitnehmer zusammen (s. Kap. 10.6).

Hauptversammlung: Sie ist das beschließende Organ der AG und setzt sich aus sämtlichen Aktionären zusammen. Beschlussfassung: Verwendung des Bilanzgewinnes; Entlassung von Vorstand und Aufsichtsrat; Grundsatzfragen, wie Kapitalerhöhung u. -herabsetzung, Auflösung, Umwandlung, Fusion u. a.

Die Gesellschaft mit beschränkter Haftung

Die GmbH ist eine juristische Person und zeigt zugleich das charakteristische Merkmal der Kapitalgesellschaft: Die Gesellschafter sind mit Stammeinlagen von mindestens 100,00 EUR an dem in Geschäftsanteile zerlegten Stammkapital (mindestens 25 000,00 EUR) beteiligt und haften nur mit ihrer Einlage.

Die GmbH hat zwei Organe

Gesellschaftsversammlung: Sie setzt sich aus der Gesamtheit der Gesellschafter zusammen, fasst im Rahmen des GmbH-Gesetzes und Gesellschaftsvertrages die für die Geschäftsführung verbindlichen Beschlüsse, z. B. Feststellung der Jahresbilanz, Gewinnverteilung.

Geschäftsführer: Sie sind die gesetzlichen Vertreter der Gesellschaft. Sie leiten die Gesellschaft jedoch nicht in eigener Verantwortung, sondern führen im Rahmen der Gesetze und Beschlüsse der Gesellschaftsversammlung das Unternehmen.
Ein Aufsichtsrat ist nur für Unternehmungen mit mehr als 500 Arbeitnehmern vorgeschrieben.

A1 Nennen Sie die wichtigsten Funktionen der Organe einer Aktiengesellschaft.

Vorstand: ____________________

Aufsichtsrat: ____________________

Hauptversammlung: ____________________

A2 Die Firma der AG ist laut Aktiengesetz eine Sachfirma, bei der das hergestellte Produkt im Vordergrund steht und der Produktname zum Firmennamen wird. Nennen Sie drei deutsche Aktiengesellschaften, deren Firma dieser Bestimmung entspricht.

A3 Welches Stammkapital ist zur Gründung einer a) AG und b) GmbH erforderlich?

a) ____________________

b) ____________________

A4 Beschreiben Sie die Haftung der GmbH & Co. KG.

GmbH & Co. KG

GmbH Komplementär (persönlich haftender Gesellschafter)	Kommanditisten (Teilhafter)
GmbH als Kapitalgesellschaft haftet nur mit dem ____________________	Kommanditisten haften ____________________

A5 Warum ist die Gesellschafterversammlung das wichtigste Organ der GmbH?

A6 Warum ist die GmbH & Co. KG eine beliebte Rechtsform?

7.5 Betriebliche Organisationsstrukturen

Die Produktion von Gütern erfolgt unter Einsatz von Arbeitskräften und Maschinen in Betrieben. Zur Produktion zählt nicht nur die Herstellung von Sachgütern, wie z. B. Bleche und Heizungsanlagen, sondern auch die Bereitstellung von Dienstleistungen, z. B. durch Versicherungen und Bildungseinrichtungen.
Man unterscheidet deshalb die Betriebe nach der erstellten Leistung in Produktionsbetriebe (Sachleistungsbetriebe) und Dienstleistungsbetriebe. Diese kann man nach den verschiedenen Wirtschaftszweigen unterscheiden (s. Kap. 8.1).

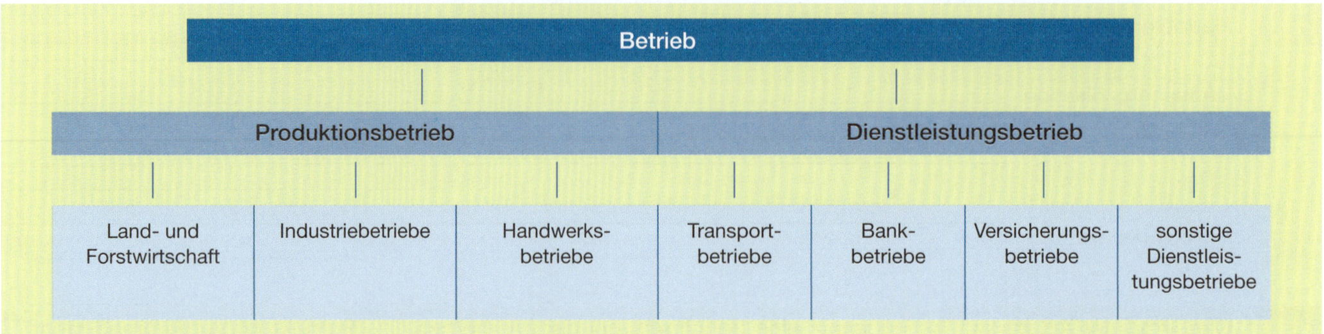

Wie ist ein Industriebetrieb aufgebaut (Aufbauorganisation)?

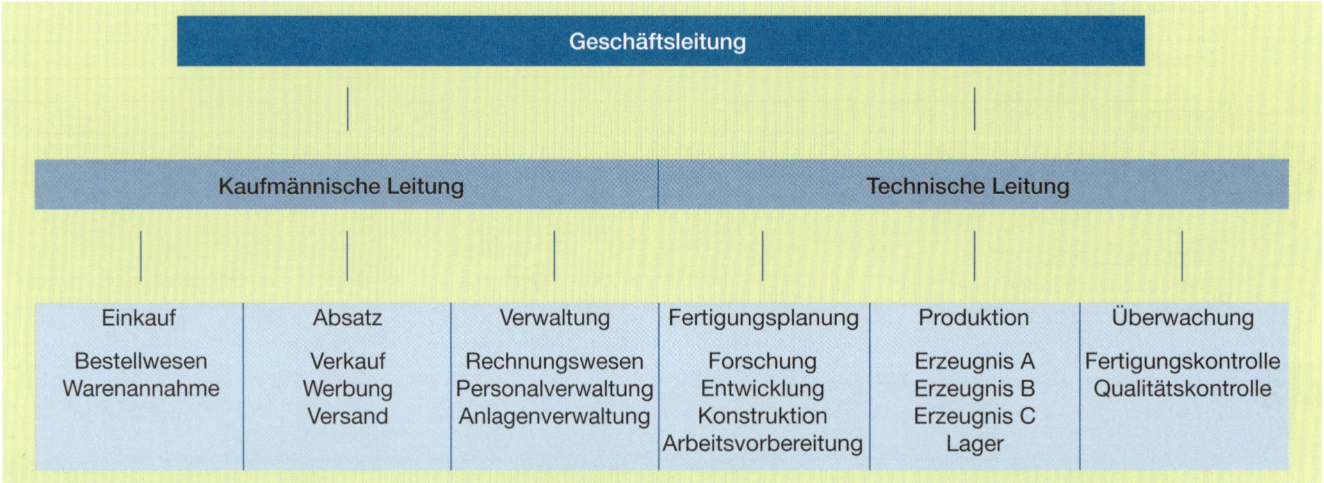

Wie ist ein Handwerksbetrieb aufgebaut (Aufbauorganisation)?

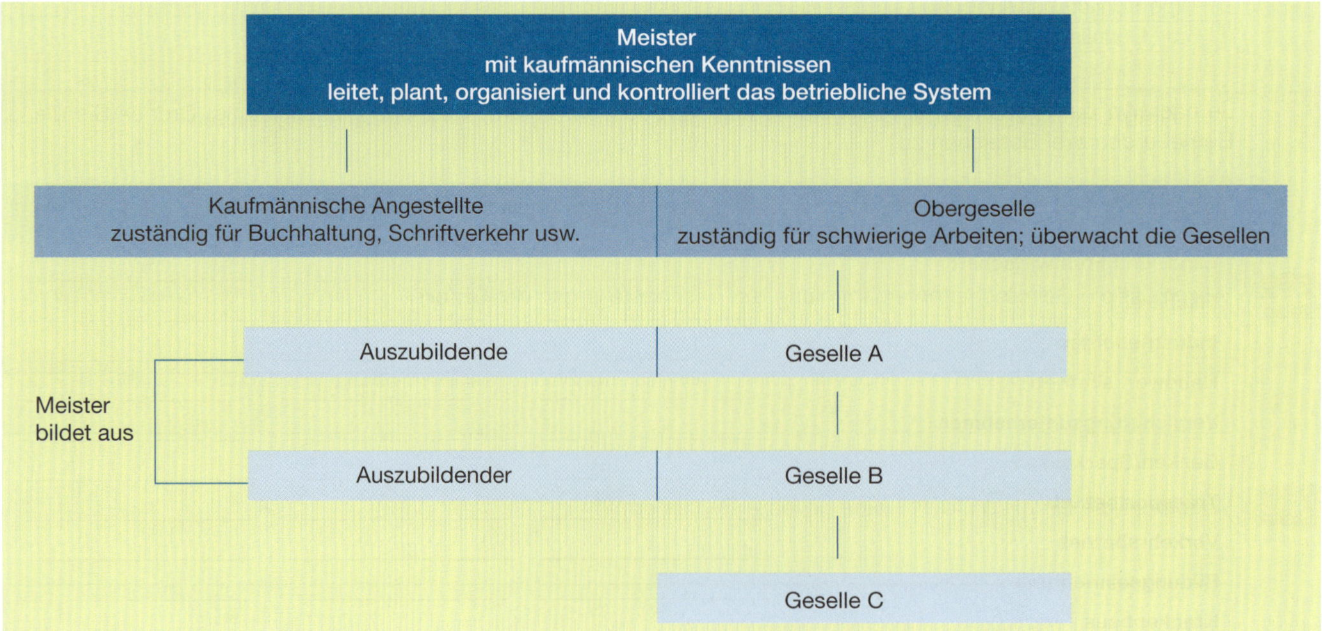

A1 Worin unterscheiden sich Handwerksbetriebe und Industriebetriebe?

Merkmal	Handwerksbetrieb	Industriebetrieb
Aufbauorganisation		
Ablauforganisation		
Arbeitnehmer		
Kunde/Kunden		
Produktions-Fertigungsart		
Leistung		
Mitgliedschaft in Interessenverbänden		
Betriebsgröße		

A2 Jeder Betrieb benötigt drei Produktionsfaktoren: Arbeit, Boden und Kapital. Beschreiben Sie die drei Begriffe.

Arbeit	Boden	Kapital

A3 Je nach Art der Produktion unterscheidet man Urproduktion, Verarbeitung und Dienstleistung. Ordnen Sie die Betriebe den drei Bereichen zu.

	Urproduktion (Primärbereich)	Verarbeitung (Sekundärbereich)	Dienstleistung (Tertiärbereich)
Land- und Forstwirtschaft			
Fischerei			
Industriebetrieb			
Handwerksbetrieb			
Versicherungsunternehmen			
Banken/Sparkassen			
Transportbetrieb			
Verkehrsbetrieb			
Bildungseinrichtung			
Krankenhaus			

8 Betrieblicher Leistungsprozess

8.1 Grundlagen des betrieblichen Leistungsprozesses

In Deutschland gibt es ca. 3,5 Mio. Betriebe, in denen Güter hergestellt und zur Verfügung gestellt werden, die u. a. von den ca. 35 Mio. Haushalten nachgefragt und verbraucht werden.

Die Betriebe unterscheidet man aufgrund unterschiedlicher Betreiber und Zielsetzungen in erwerbswirtschaftliche (private) und gemeinwirtschaftliche (öffentliche) Betriebe.

Erwerbswirtschaftliche Betriebe:	Gemeinwirtschaftliche Betriebe:
Sie werden von privaten Inhabern betrieben und müssen sich im Wettbewerb am Markt behaupten. Sie wirtschaften vorwiegend mit dem **Ziel: Gewinnmaximierung.** Zusätzliche Ziele sind z. B.: Marktmacht und Wachstum.	Sie werden von öffentlichen Gemeinwesen (Bund, Länder, Gemeinden) betrieben oder bezuschusst und orientieren sich vorwiegend an den Bedürfnissen der Gemeinschaft. Man unterscheidet drei mögliche **Ziele**: ◆ **Bedarfsdeckung** (z. B. öffentliche Sportstätten), ◆ **Kostendeckung** (z. B. Müllabfuhr), ◆ **Verlustminimierung** (z. B. öffentliche Verkehrsbetriebe).

Im Allgemeinen werden häufig die Begriffe „Betrieb“ und „Unternehmen“ nicht sauber getrennt.

Unternehmen:	Betrieb:
wirtschaftlich und rechtlich selbstständige Einheit mit eigenem finanziellem Gefüge	räumlich-technisch abgegrenzte Einheit mit sozialem Gefüge, aber wirtschaftlich unselbstständiger Zielsetzung

Ein Unternehmen kann also aus mehreren Betrieben bestehen, nicht aber umgekehrt.
Beispiel: Deutsche Bank AG (Unternehmen) mit hunderten Filialen (Betrieben)

Um die vielen Milliarden nachgefragter Güter herzustellen, benötigen die Betriebe folgende betriebliche Produktionsfaktoren:

Betriebliche Produktionsfaktoren

Arbeitskräfte
- ausführende Arbeit
- leitende Arbeit

Betriebsmittel
- Grundstücke, Gebäude
- Maschinen
- Fahrzeuge
- Betriebs- und Geschäftsausstattung

Werkstoffe
- Rohstoffe
- Hilfsstoffe
- Betriebsstoffe
- bezogene Fertigteile

Arbeitskräfte: Einsatz der geistigen und körperlichen Kräfte eines Menschen
Betriebsmittel: Einrichtungen und Anlagen, die über einen längeren Zeitraum gebraucht werden
Werkstoffe: Ausgangsmaterial für die Fertigung
- **Rohstoffe:** Gehen als Hauptbestandteil in das Fertigprodukt ein (z. B. Holz in der Tischlerei).
- **Hilfsstoffe:** Werden als Nebenbestandteile für das Fertigprodukt verbraucht (z. B. Farben).
- **Betriebsstoffe:** Dienen zur Herstellung, gehen aber in das Fertigprodukt nicht ein (z. B. Strom).
- **bezogene Fertigteile:** Gehen als zugekaufte Fertigteile in das Endprodukt ein (z. B. Reifen beim Auto).

Die Betriebe kombinieren diese Produktionsfaktoren, stellen neue Erzeugnisse her und verkaufen diese, um Geld für weitere Produktionen einzunehmen (Finanzierung).

Aus diesem betrieblichen Wertekreislauf ergeben sich, neben der **Finanzierung**, folgende Grundaufgaben:

Betriebliche Grundaufgaben

Beschaffung → Lagerhaltung → Produktion → Absatz → Finanzierung → Beschaffung

A1 Nennen Sie jeweils drei unterschiedliche Zielsetzungen von gemeinwirtschaftlichen und erwerbswirtschaftlichen Betrieben.

Betriebe	Zielsetzungen
gemeinwirtschaftliche Betriebe:	◆ ______
	◆ ______
	◆ ______
erwerbswirtschaftliche Betriebe:	◆ ______
	◆ ______
	◆ ______

A2 Wann spricht man korrekt von einem Unternehmen, wann von einem Betrieb?

räumlich-technisch abgegrenzte Einheit, wirtschaftlich unselbstständige Zielsetzung = ______

wirtschaftlich und rechtlich selbstständige Einheit, eigenes Finanzgefüge = ______

A3 Ordnen Sie folgende Bedarfsmaterialien eines Büromöbelherstellers den unterschiedlichen Werkstoffen zu.

Beispiele	Rohstoffe	Hilfsstoffe	Betriebsstoffe	Fertigteile
Schrauben				
Leuchtkörper				
Kühlwasser				
Politur				
Holz				
Strom				

A4 Durch welche betrieblichen Grundaufgaben ist der betriebliche Leistungsprozess gekennzeichnet?

______

A5 Welche der folgenden Aussagen sind richtig bzw. falsch?

Aussagen:	richtig	falsch
Ein Unternehmen kann aus mehreren Betrieben bestehen.		
Erwerbswirtschaftliche Betriebe decken den Bedarf an öffentlichen Dienstleistungen.		
Die Arbeit eines Lagerleiters gehört zur ausführenden Arbeit.		
Bezogene Fertigteile gehören zu dem betrieblichen Produktionsfaktor „Werkstoffe“.		
Oberste Zielsetzung erwerbswirtschaftlicher Betriebe ist die Verlustminimierung.		
Betriebsstoffe dienen der Herstellung eines Produktes, gehen aber nicht in das Fertigprodukt ein.		
Betriebe sind wirtschaftlich und rechtlich selbstständige Einheiten.		
Alle Einrichtungen und Anlagen gehören zu den Betriebsmitteln.		
Ein Firmenwagen gehört zu den Betriebsmitteln.		

Die Beschaffung der betrieblichen Produktionsfaktoren steht am Beginn des betrieblichen Leistungsprozesses. Dabei beinhaltet die Beschaffungsplanung folgende Grundsatzfragen:

Beschaffungsplanung

Was soll beschafft werden?	→	**Bedarfsermittlung**
Wie viel soll beschafft werden?	→	**Mengenplanung**
Wann soll beschafft werden?	→	**Zeitplanung**
Wie teuer darf beschafft werden?	→	**Preisplanung**
Wo kann beschafft werden?	→	**Bezugsquellenermittlung**

Bedarfsermittlung

Neben der Beschaffung von Arbeitskräften und Betriebsmitteln müssen die benötigten unterschiedlichen Werkstoffe ermittelt werden, z. B. hinsichtlich Materialart, Materialqualität und Materialabmessungen.

Mengenplanung

Ziel der Mengenplanung ist es, dass immer ausreichend Werkstoffe für das Produktionsprogramm zur Verfügung stehen. Bei der Entscheidung über die benötigte Menge ist zu berücksichtigen, dass bei großen Bestellmengen z. B. Rabatte gewährt werden und die Transportkosten pro Einheit gering sind, andererseits aber große Bestellmengen zu hohen Lagerkosten führen.
Die **optimale Bestellmenge** liegt dort, wo die Summe aus Beschaffungs- und Lagerkosten ein Minimum erreicht.

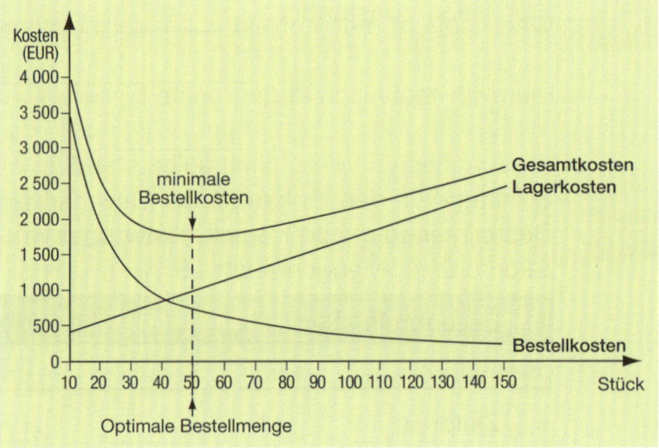

Zeitplanung

Die benötigten Materialien müssen so rechtzeitig bestellt und auch geliefert werden, dass immer ausreichend Materialbestände für die Produktion zur Verfügung stehen.
Um einen stetigen Materialbestand zu gewährleisten, d. h. eine Sicherung gegen Lieferfristüberschreitungen und unerwartete Lagerabgänge zu haben, wird für jeden Artikel ein ausreichender **Mindestlagerbestand**, auch **„Eiserner Bestand“** genannt, festgelegt.
Deshalb ist der **Meldebestand** so hoch anzusetzen, dass bei normalem Verbrauch und normalen Lieferfristen der Mindestlagerbestand nicht angegriffen wird.

Meldebestand = (Tagesbedarf ◊ Lieferzeit) + Mindestlagerbestand

Der **Höchstlagerbestand** ergibt sich aus der Addition von Mindestlagerbestand und optimaler Bestellmenge.

Preisplanung

Die Preisplanung hat die Aufgabe, die Angebotspreise der einzelnen Lieferanten, einschließlich der unterschiedlichen Lieferungs- und Zahlungsbedingungen, zu vergleichen. Häufig wird der Einkaufspreis so ermittelt:

	Listeneinkaufspreis
–	Lieferantenrabatt
=	Zielpreis
–	Lieferantenskonto
=	Barpreis
+	Bezugskosten (Transportkosten)
=	Einkaufspreis

Bezugsquellenermittlung

Meistens sind den Betrieben aus den bisherigen Geschäftsverbindungen die Bezugsquellen für die benötigten Materialien bekannt. Liegen keine Informationen über mögliche Lieferer vor, muss man auf externe Bezugsquelleninformationen zurückgreifen.
Solche Informationsquellen sind z. B.:

- Gelbe Seiten (Branchenbücher),
- Werbeanzeigen, Prospekte,
- Internet,
- Fachmessen.

A1 Nennen Sie Einflussgrößen für den Zeitpunkt der Bestellung.

- ______
- ______
- ______
- ______
- ______

A2 Wie hoch sind der **„eiserne Bestand"** und der **Höchstlagerbestand**, wenn gilt:
optimale Bestellmenge = 300 Stück, Lieferzeit = 5 Tage, Meldebestand = 450 Stück, Tagesbedarf = 50 Stück?

eiserner Bestand ______

Höchstlagerbestand ______

A3 Ermitteln Sie den Einkaufspreis (Bezugspreis) insgesamt, wenn gilt:
Bestellmenge = 2 500 Stück, Listenpreis je Stück = 7,80 EUR, Transportkosten insgesamt = 78,00 EUR, Skonto 2 %, Mengenrabatt 25 %.

Listenpreis ______

______

= Zielpreis ______

______

= Barpreis ______

______

= Einkaufspreis ______

A4 Die Planung der optimalen Bestellmenge bereitet den Unternehmen manchmal Schwierigkeiten. Nennen Sie mögliche Problembereiche bei der praktischen Umsetzung.

- ______
- ______
- ______
______
- ______
______

A5 Setzen Sie folgende fehlende Begriffe richtig ein: Lagerkosten, Bestellmengen, Bestellkosten, Kapitalbindungskosten, Rabatte.

Bei der Beschaffung großer Mengen kann ein Unternehmen zum einen günstigere Lieferbedingungen und höhere ______ erzielen, zum anderen seine eigenen ______ pro Einheit erheblich senken. Andererseits bedingen höhere ______ steigende ______ sowie höhere ______ (Fremdkapitalzinsen).

8.3 Lagerhaltung

Das Lager hat die Aufgabe, die zeitliche Spanne zu überbrücken, die entsteht
- zwischen Eintreffen der bestellten Ware und Verbrauch im Produktionsprozess **(Eingangslager),**
- zwischen Fertigstellung der Erzeugnisse und deren Absatz (**Absatzlager)**.

Um diese Aufgabe zu erfüllen, benötigt man **Lagerraum (Lagerplatz)**, **Einrichtungsgegenstände** (z. B. Regale, Schränke), **Transportmittel** (z. B. Gabelstapler, Förderbänder) und verschiedene **Vorrichtungen** (z. B. Alarm- und Löschanlagen).

Jede Lagerhaltung verursacht eine Vielzahl von Kosten:

Kosten für die Lagereinrichtung	Kosten für die Lagerverwaltung	Kosten für die Lagervorräte
• Gebäude und Einrichtungen • Verzinsung des investierten Kapitals • Instandhaltung • Miete, Pacht • Heizung • Reinigung • Versicherung	• Löhne • Gehälter • Sozialabgaben • Sachkosten für Büromaterial u. EDV	• Verzinsung des investierten Kapitals • Warenpflege • Wertverluste durch Schwund, Diebstahl, Veralterung • Versicherung

Ein besonderes **Ziel** der Lagerhaltung muss es deshalb sein, die Lagerkosten und Lagerrisiken so gering wie möglich zu halten. Allgemein gilt für die Erreichung dieses Ziels:

> **Je niedriger der Lagerbestand und je kürzer die Lagerdauer, desto geringer die Lagerkosten und das Lagerrisiko.**

Die **Lagerkennzahlen** sind ein wichtiges Instrument der Lagerüberwachung. Aus den Kennzahlen und ihren Veränderungen lassen sich Aussagen zur Wirtschaftlichkeit der Lagerhaltung machen.

Durchschnittlicher Lagerbestand

Er gibt Auskunft darüber, wie hoch bei ungleichmäßigem Verbrauch die Vorräte im Jahresdurchschnitt sind.

$$\frac{\text{Jahresanfangsbestand + Jahresendbestand}}{2} \quad \text{oder} \quad \frac{\text{Jahresanfangsbestand + 12 Monatsendbestände}}{13}$$

Lagerumschlaghäufigkeit

Sie gibt an, wie oft der durchschnittliche Lagerbestand in einem Jahr umgeschlagen wird.

$$\frac{\text{Jahresverbrauch}}{\text{durchschnittlicher Jahresbestand}}$$

Durchschnittliche Lagerdauer

Sie gibt an, wie lange die Vorräte durchschnittlich auf Lager liegen, bevor sie verarbeitet werden.

$$\frac{\text{360 Tage}}{\text{Lagerumschlaghäufigkeit}}$$

Durchschnittliche Lagerkosten bzw. Kapitalbindung

Ein niedriger durchschnittlicher Lagerbestand bedeutet niedrigere Lagerkosten und eine geringere Kapitalbindung.

Lagerkosten: Durchschnittlicher Lagerbestand × Lagerkosten pro Stück
Kapitalbindung: Durchschnittlicher Lagerbestand × Einkaufspreis je Stück

Just-in-time-Prinzip

Um die Lagerkosten und Risiken zu senken, organisieren immer mehr Industriebetriebe ihre betriebliche Leistungserstellung nach dem Just-in-time-Prinzip: Die Lieferung von Material und die Produktion werden so eng aufeinander abgestimmt, dass fast keine Lagerhaltung notwendig wird, die benötigten Werkstoffe werden direkt an den Ort der Produktion geliefert. Da eine Wareneingangskontrolle kaum mehr möglich ist, muss auf die Lieferanten hinsichtlich gelieferter Produktqualität und unbedingter Lieferfähigkeit absoluter Verlass sein.

A1 Von welchen Einflussfaktoren hängt die Größe des benötigten Lagerraumes/Lagerplatzes ab?

- ______
- ______
- ______
- ______
- ______
- ______

A2 Jedes Lager verursacht auch bestimmte Risiken wie die Überalterung lange gelagerter Materialien. Nennen Sie sechs weitere Lagerrisiken.

- ______
- ______
- ______
- ______
- ______
- ______
- ______

A3 Ein Optiker verkauft im Jahr 3 150 Brillenfassungen (Einkaufspreis je Stück = 80,00 EUR). Zu Beginn des Jahres hatte er 800 Fassungen, am Ende des Jahres 1 000 Fassungen auf Lager (Lagerkosten je Stück im Jahr = 3,00 EUR).

a) Berechnen Sie die Lagerkennzahlen.

- durchschnittlicher Lagerbestand: ______
- Umschlaghäufigkeit: ______
- durchschnittliche Lagerdauer: ______
- durchschnittliche Lagerkosten: ______
- durchschnittliche Kapitalbindung: ______

b) Welche Vorteile hat eine Verringerung der durchschnittlichen Lagerdauer?

kürzere Lagerdauer → höhere Umschlaghäufigkeit → ______

→ ______

→ ______

A4 Nennen Sie vier mögliche Kosteneinsparungen bei der Lagerhaltung.

- ______
- ______
- ______
- ______

______

8.4 Produktion/Fertigung

Kernstück aller betrieblichen Aktivitäten (Leistungen) ist die Produktion. Sie hat als Ziel die kostengünstige und konkurrenzfähige Herstellung von Sachgütern und/oder die Bereitstellung von Dienstleistungen.

In Handwerks- und Industriebetrieben zählen zur **Produktion:**
- ◆ **Forschung und Entwicklung,**
- ◆ **Konstruktion,**
- ◆ **Fertigung.**

Da nicht in allen Produktionsbetrieben Forschungs- und Konstruktionsarbeiten anfallen, soll im Folgenden nur auf die **Produktion im engeren Sinne** eingegangen werden, nämlich auf die **Fertigung**.

Fertigungsverfahren
Unterscheidung der Verfahren nach

Mengenleistung
- Einzelfertigung
- Serienfertigung
- Massenfertigung

Beteiligung der menschlichen Arbeitskraft
- manuelle Fertigung
- maschinelle Fertigung
- automatisierte Fertigung

Organisation des Arbeitsablaufs
- Werkstattfertigung
- Fließfertigung
- Baustellenfertigung
- Gruppenfertigung

Unterscheidung nach der Mengenleistung

Einzelfertigung	Serienfertigung	Massenfertigung
Jedes hergestellte Produkt ist ein Original. Die Fertigung erfolgt meist nach einem besonderen Kundenauftrag, z. B. Brücken, Einbauschränke.	Gleichartige Produkte werden nebeneinander in begrenzter Stückzahl erzeugt: als Kleinserienfertigung (z. B. Möbel) oder Großserienfertigung (z. B. Autos).	Eine unbegrenzte Anzahl von Erzeugnissen wird in einem ununterbrochenen Fertigungsablauf, meist für einen anonymen Markt, hergestellt (z. B. Zigaretten).

Unterscheidung nach der Beteiligung der menschlichen Arbeitskraft

Manuelle Fertigung	Maschinelle Fertigung	Automatisierte Fertigung
Die Fertigung ist gekennzeichnet durch Handarbeit, die nur durch Werkzeuge und Handmaschinen unterstützt wird. Handarbeit verlangt hohe Geschicklichkeit und/oder kreative Fähigkeiten.	Bei der maschinellen Fertigung bedient der Mensch Maschinen, die dann die eigentliche Bearbeitung tätigen. Der Mensch richtet die Maschinen nur ein, steuert und überwacht den Fertigungsvorgang.	Fertigungsautomaten regeln, steuern und überwachen den Fertigungsvorgang eigenständig. Der Mensch repariert und wartet nur noch die Automaten.

Unterscheidung nach der Organisation des Arbeitsablaufs

Werkstattfertigung	Fließfertigung	Baustellenfertigung	Gruppenfertigung
Alle Fertigungsstücke, die eine gleiche Herstellung oder Bearbeitung erfordern, durchlaufen die gleichen Werkstätten oder Werkhallen.	Die Fertigung wird in kleine Teileinheiten zerlegt und entsprechend den Arbeitsschritten nacheinander angeordnet. Die einzelnen Arbeitsplätze sind durch Fördermittel (z. B. Fließbänder) verbunden, die auch den Arbeitstakt angeben.	Betriebsmittel, Werkstoffe und Mitarbeiter müssen zu einer Baustelle gebracht werden, weil nur dort das Gesamtprodukt erstellt werden kann (z. B. Installation einer Heizungsanlage in einem Wohnhaus).	Alle für die Herstellung eines Produktes/Produktteiles erforderlichen Arbeitsvorgänge werden von einer Arbeitsgruppe selbstständig ausgeführt. Die Arbeitsgruppe teilt sich die einzelnen Arbeitsaufgaben selbst zu und bestimmt somit das Arbeitstempo und damit einen Teil des Lohnes.

A1 Welche der nachfolgenden Produkte werden vorwiegend in Einzel-, Serien- und Massenfertigung hergestellt?

Produkte	Einzelfertigung	Serienfertigung	Massenfertigung
Einfamilienhaus			
Nägel			
Bohrmaschinen			
Papiertaschentücher			
Türen			
Kreuzfahrtschiff			

A2 Nennen Sie jeweils vier Vorteile einer Werkstatt- oder Werkstättenfertigung und einer Fließfertigung.

Vorteile der Werkstattfertigung	Vorteile der Fließfertigung
◆ ______	◆ ______
◆ ______	◆ ______
◆ ______	◆ ______
◆ ______	◆ ______

A3 Viele Fertigungsverfahren sind durch zunehmende Rationalisierungs- bzw. Automatisierungsmaßnahmen gekennzeichnet.
Rationalisierung: Alle Maßnahmen, um die Arbeit zu erleichtern, die Leistung zu steigern und die Kosten zu senken.
Automatisierung: Die menschliche Arbeitskraft wird durch selbsttätig arbeitende Maschinen (Automaten) ersetzt.
Führen Sie mögliche Vorteile und Nachteile solcher Maßnahmen an.

Vorteile	Nachteile
◆ ______	◆ ______
◆ ______	◆ ______
◆ ______	◆ ______
◆ ______	◆ ______

A4 Wie bezeichnet man folgende Fertigungsverfahren?

- ◆ Arbeitsplätze und Betriebsmittel sind in der Reihenfolge der auszuführenden Arbeiten angeordnet. ______
- ◆ Fertigung von unbegrenzt hohen Stückzahlen für einen „anonymen“ Markt ______
- ◆ Arbeitskräfte, Betriebsmittel und Werkstoffe müssen zur Fertigungsstelle gebracht werden. ______
- ◆ Handarbeit ist kennzeichnend für die Fertigung. ______
- ◆ Mischform aus Werkstätten und Fließform ______

A5 In welche drei Bereiche lässt sich die Produktion im umfassenden Sinne einteilen?

◆ ______

◆ ______

◆ ______

8.5 Absatz/Marketing

Die betriebswirtschaftliche Leistungserstellung nach dem erwerbswirtschaftlichen Prinzip hat nur dann Sinn, wenn die Erzeugnisse auf dem Markt mit Gewinn verkauft werden können. Deshalb ist es notwendig, den **Absatz** gründlich vorzubereiten und so zu planen, dass die Verkaufserlöse (Umsatz) die Kosten decken und Gewinn beinhalten.
Alle Maßnahmen, die diesem Ziel dienen, werden unter dem Begriff **Marketing** zusammengefasst.

Absatz ist die Menge der verkauften Güter.

Marketing bedeutet „Denken vom Markt her“ und beinhaltet alle Maßnahmen, den Absatz zu erhalten und zu steigern.

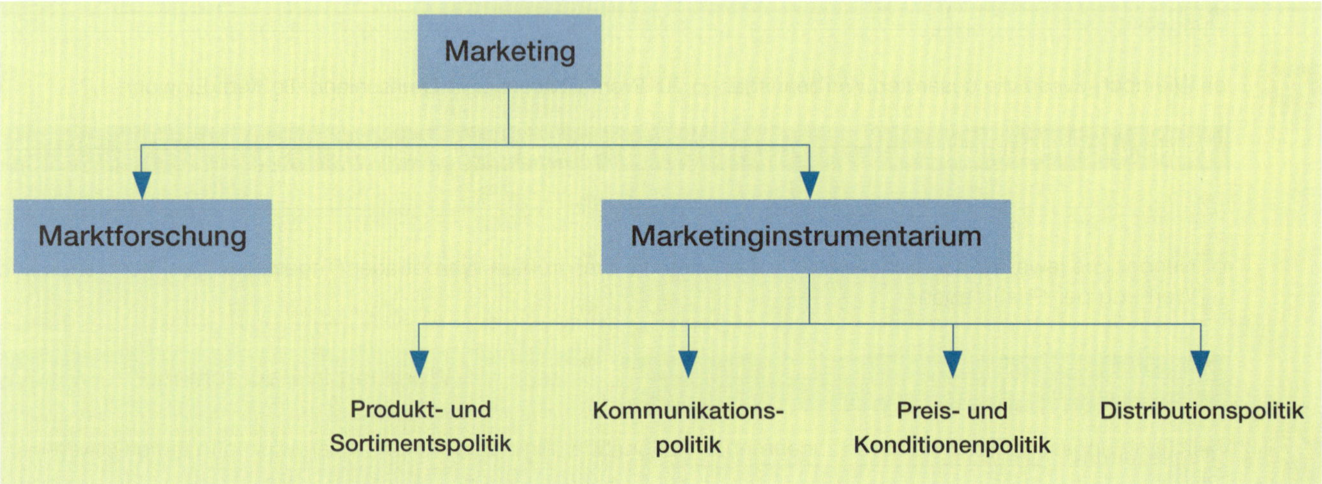

Ein Unternehmen möchte die Verkaufszahlen seiner angebotenen Produkte steigern. Wie könnte es sich über die möglichen Absatzchancen informieren?

Marktforschung:	Untersuchung der Absatzmärkte hinsichtlich ◆ der Kunden und ihrer Wünsche (Bedarfsforschung), ◆ der Konkurrenten und ihrer Vorgehensweise (Konkurrenzforschung), ◆ der eigenen Stellung am Markt und der Auswirkung der eigenen Marketinginstrumente (**Absatzforschung**). Die benötigten Informationen können z. B. beschafft werden durch Befragungen und Tests, aus Verkaufsstatistiken oder Berichten der Außendienstmitarbeiter.
Produkt- und Sortimentspolitik:	Die Produktpolitik umfasst alle Maßnahmen des Herstellers, die Produkte den Bedürfnissen der Kunden anzupassen durch Qualität, Technik, Form, Farbe, Ausstattung und produktbezogene Zusatzleistungen (z. B. Garantien, Kundendienst). Bei der Sortimentspolitik werden die einzelnen Artikel eines Verkaufsprogramms so geschickt zusammengestellt, dass sie die Absatzchancen aller Artikel erhöhen.
Kommunikationspolitik:	Die Kommunikationspolitik umfasst alle Maßnahmen, die dazu geeignet sind, den Absatzmarkt mit Informationen über das Unternehmen und seine Produkte zu versorgen. Im Einzelnen gehören dazu die folgenden Instrumente: ◆ **Werbung** (z. B. über Schaufenster und Anzeigen), ◆ **Verkaufsförderung** (z. B. Schulung des Verkaufspersonals), ◆ **Öffentlichkeitsarbeit (Public Relations)**, z. B. Tag der offenen Tür, Kundenzeitschriften.
Preis- und Konditionenpolitik:	Alle Maßnahmen zur Bildung und Veränderung von Preisen (z. B. Hoch-/Niedrigpreispolitik, Sonderangebote) sowie die Festlegung von Verkaufskonditionen (z. B. Rabatt, Skonto, Leasing).
Distributionspolitik:	Alle Maßnahmen, die die optimale Verteilung der Produkte/Sortimente an die Käufer und Endverbraucher gewährleisten (z. B. über Vertreter, Einzel- oder Großhandel, eigene Verkaufsniederlassungen).

A1 Ein Unternehmen möchte die Verkaufszahlen seiner angebotenen Produkte steigern. Wie könnte es sich über die möglichen Absatzchancen informieren?

- ◆ ____________________
- ◆ ____________________
- ◆ ____________________
- ◆ ____________________
- ◆ ____________________
- ◆ ____________________

A2 a) Wie hoch waren die gesamten Werbeausgaben 2012 pro Einwohner in Deutschland (81 Mio. Einwohner)?

____

____

b) Nennen Sie jeweils einen besonderen Vorteil, den die drei größten Werbeträger (Tageszeitungen, Fernsehen und Werbung per Post) haben.

Werbeträger	Besonderer Vorteil
Tageszeitungen	
Fernsehen	
Werbung per Post	

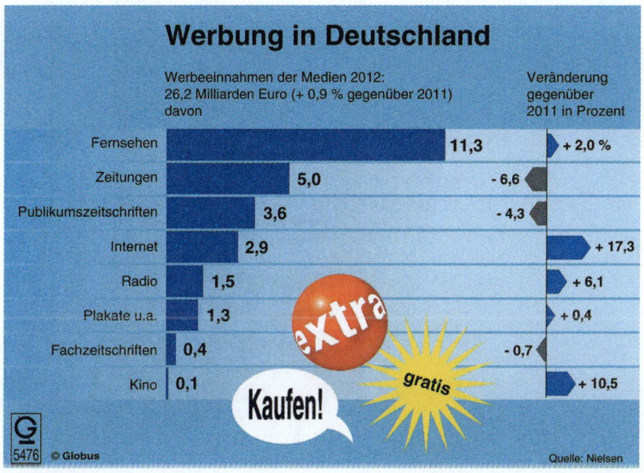

A3 Ordnen Sie folgende Maßnahmen eines Automobilherstellers den einzelnen Marketinginstrumenten zu.

Maßnahmen	Produkt- u. Sortimentspolitik	Preispolitik	Kommunikationspolitik	Distributionspolitik
Händlerschulung				
Sondermodelle				
Garantiezeit				
Leasingangebote				
Händlernetz				
Fersehwerbung				
Rabatte				

A4 Welche wesentlichen Aspekte (Inhalte) sollte ein durchdachter Werbeplan enthalten?

- ◆ ____________________
- ◆ ____________________
- ◆ ____________________
- ◆ ____________________
- ◆ ____________________
- ◆ ____________________
- ◆ ____________________

9 Kostenrechnung

9.1 Grundlagen der Kostenrechnung

Bei jeder Herstellung von wirtschaftlichen Erzeugnissen muss geplant, entschieden, gesteuert und kontrolliert werden, um eine kostengünstige Produktion zu erreichen. Denn alle betrieblichen Vorgänge verursachen Kosten: So muss Material eingekauft und verarbeitet werden und die Arbeitsleistung der Beschäftigten bezahlt werden.

> Kosten sind der wertmäßige Verbrauch (in EUR) von Gütern und Dienstleistungen für betriebliche Zwecke.

Durch die **Kostenrechnung** wird versucht, die Kosten je Erzeugniseinheit zu senken und dadurch die Wirtschaftlichkeit des Betriebes zu steigern, sowie eine gesicherte Kalkulationsgrundlage zu erhalten.

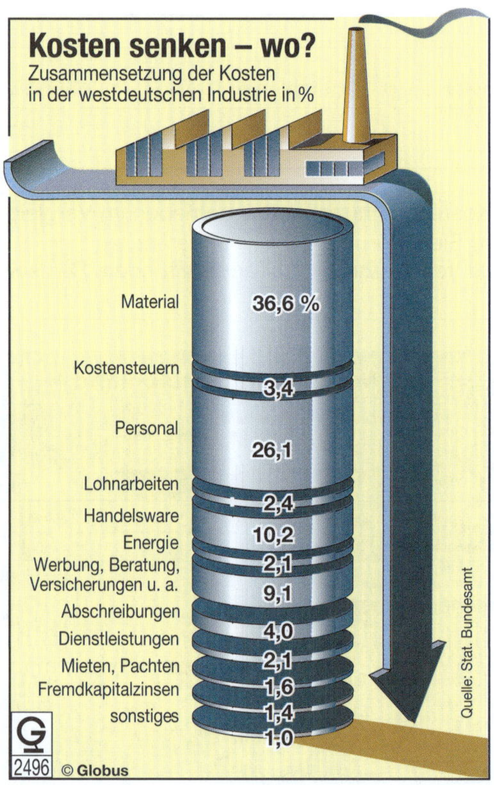

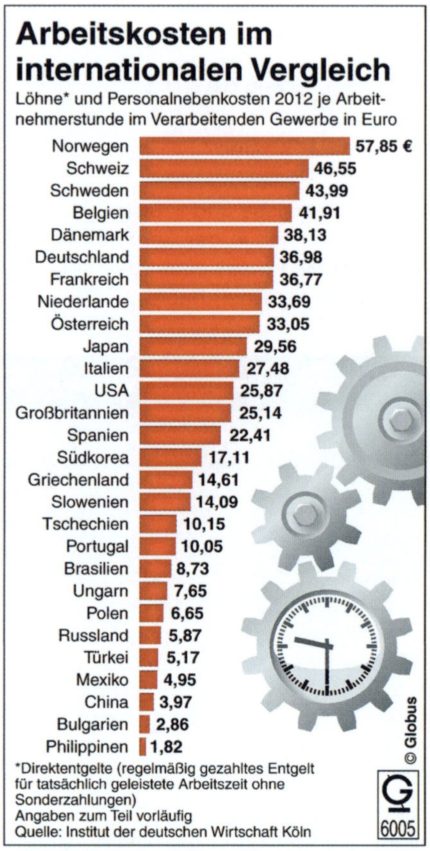

Im Einzelnen fallen der **Kostenrechnung** folgende **Aufgaben** zu:

- Erfassung, Verteilung und Zuordnung der Kosten,
- Ermittlung und Kontrolle der Wirtschaftlichkeit,
- Ermittlung und Kontrolle der Angebotspreise,
- Ermittlung der Preisobergrenzen für Beschaffungsgüter,
- Ermittlung der Verrechnungspreise für innerbetriebliche Leistungen,
- Planung und Kontrolle des leistungsbezogenen Erfolges,
- Planung der Fertigungs-, Beschaffungs- und Absatzmethoden.

Will man diese Aufgaben erfüllen, müssen alle im Betrieb anfallenden Kosten lückenlos erfasst und kontrolliert werden.
Dabei sind für das Unternehmen folgende Fragen von besonderer Bedeutung:

Welche Kosten sind entstanden?
Die Antwort auf diese Frage gibt die .
Kostenarten sind z. B. Materialkosten und Fertigungslöhne.

Wo bzw. in welchen Bereichen des Betriebes sind die Kosten entstanden?
Die Antwort auf diese Frage gibt die **Kostenstellenrechnung**.
Kostenstellen sind z. B. das Lager, die Werkstätten I und II, das Büro.

Wofür sind die Kosten entstanden?
Die Antwort auf diese Frage gibt die **Kostenträgerrechnung**.
Kostenträger sind dabei z. B. gefertigte Produkte und erbrachte Dienstleistungen.

Seit vielen Jahren heißt das Motto der deutschen Industrie: „Kosten senken". In der öffentlichen Diskussion stehen vor allem die relativ hohen Lohnkosten. Während die Unternehmer ihre internationale Wettbewerbsfähigkeit in Gefahr sehen, stellen die Gewerkschaften fest, dass Deutschland trotz der hohen Lohnkosten das exportstärkste Land weltweit ist.

A1 Tragen Sie die sinnvollen Ergänzungen im Text ein:

Aufgabe der ________________ ist die korrekte Erfassung (______________rechnung), Verteilung (______________rechnung) und Zurechnung (______________rechnung) der im betrieblichen Leistungsprozess entstehenden Kosten und die Kontrolle der ________________ des betrieblichen Leistungsprozesses. Kosten sind der ____________________ von Gütern und Dienstleistungen für ________________.

A2 Welche Teilbereiche der Kostenrechnung dienen der Beantwortung folgender Fragen:

Welche Kosten entstehen? ________________________

Wofür entstehen Kosten? ________________________

Wo entstehen Kosten? ________________________

A3 Umfrageergebnisse und Preiserfahrungen beweisen, dass die Kostenrechnung in Kleinbetrieben im Vergleich zu Großunternehmen in der Regel völlig unterentwickelt ist. Führen Sie dafür mögliche Gründe an.

- ________________________
- ________________________

____

- ________________________

____

A4 Kosten senken – das ist seit vielen Jahren das Motto der deutschen Industrie.

a) Was sind die zwei größten Kostenbestandteile der Industrie? Wie viel Prozent der Gesamtkosten machen sie ungefähr aus (vgl. nebenstehende Abb.)?

____

b) Deutschland zählte im Jahr 2012 mit 36,98 EUR je Arbeitsstunde im internationalen Vergleich zu den teuren Industriestandorten – vor allem aufgrund der hohen Personalzusatzkosten. Nennen Sie Bestandteile der Personalzusatzkosten.

- ________________________
- ________________________
- ________________________
- ________________________
- ________________________
- ________________________
- ________________________

c) Welche Möglichkeiten sehen Sie, auch bei relativ hohen Arbeitskosten wettbewerbsfähig zu bleiben?

____

____

____

Die Kostenartenrechnung ist der Ausgangspunkt der Kostenrechnung und bildet die Grundlage der Kostenstellen- und Kostenträgerrechnung. Ihre **Aufgabe** ist es, alle in einer Periode anfallenden Kosten genau zu erfassen und ihrer Art nach aufzugliedern. Dies ist wichtig sowohl für die Kostenkontrolle als auch für die Vorbereitung einer exakten Kalkulation.

Die Kostenartenrechnung erfasst und gliedert deshalb die Kosten nach verschiedenen Gesichtspunkten:

Kostenartenrechnung

- Kosten nach Art der verbrauchten Produktionsfaktoren
- Kosten nach der Abhängigkeit von der Produktionsmengenveränderung
- Kosten nach der Verrechnung auf die Kostenträger

Kosten nach der Art der verbrauchten Produktionsfaktoren:

Personalkosten z. B.:	Materialkosten z. B.:	Dienstleistungskosten z. B.:	Öffentliche Abgaben z. B.:	Kalkulatorische Kosten z. B.:
Löhne	Rohstoffe	Mietkosten	Steuern	kalkulator. Abschreibungen
Gehälter	Hilfsstoffe	Telefonkosten	Gebühren	kalkulator. Unternehmerlohn
Sozialversicherung	Betriebsstoffe	Versicherungskosten		kalkulator. Miete
	Fertigfabrikate	Werbungskosten		

Kalkulatorischen Kosten: Die kalkulatorischen Kosten, auch Zusatzkosten genannt, verursachen zwar keine unmittelbaren Ausgaben, müssen aber in der Kostenrechnung kalkulatorisch berücksichtigt werden, da es sich um einen Leistungsverbrauch für betriebliche Zwecke handelt.
Kalkulatorische Abschreibungen: Alle Anlagengüter (z. B. Maschinen) erfahren durch ihre Benutzung eine Wertminderung. Die Ausgaben für die Anlagen entstehen zwar beim Kauf, doch müssen diese Ausgaben über die Jahre der Nutzung verteilt werden. Dieser Werteverzehr wird „Abschreibung" genannt.
Kalkulatorischer Unternehmerlohn: Der Unternehmer erhält zwar für seine Arbeit im eigenen Betrieb keinen direkten Lohn, setzt aber in der Kostenrechnung einen kalkulatorischen Unternehmerlohn ein, der dem Entgelt entspricht, dass der Unternehmer bei gleicher Arbeitsleistung in einem anderen Unternehmen erhalten würde.
Kalkulatorische Miete: Die kalkulatorische Miete wird angesetzt, wenn ein Betrieb in eigenen Räumen oder auf eigenem Boden arbeitet. Die Höhe der kalkulatorischen Miete richtet sich nach den ortsüblichen Mieten für vergleichbare Objekte.

Kosten nach der Abhängigkeit von der Produktionsmengenveränderung:

Fixe Kosten (zeitabhängige Kosten), z. B.:	Variable Kosten (mengenabhängige Kosten), z. B.:
Miete, Pacht	Fertigungsmaterial
Gehälter	Akkordlöhne
Versicherungen	Energiekosten

Fixe Kosten sind Kosten, die bereits durch die Aufrechterhaltung der Betriebsbereitschaft entstehen. Sie fallen immer in einem bestimmten Zeitraum an, unabhängig davon, ob produziert wurde oder nicht.
Variable Kosten steigen und sinken mit der Produktionsmengenveränderung. Wird nichts produziert (z. B. während der Werksferien) entfallen sie, ist der Beschäftigungsgrad 100 %, sind sie am höchsten.

Kosten nach der Verrechnung auf die Kostenträger:

Einzelkosten (direkte Kosten), z. B.:	Gemeinkosten (indirekte Kosten), z. B.:
Fertigungsmaterial	Büromaterial
Fertigungslöhne	Gehälter
Verpackungskosten	Fahrzeugkosten

Einzelkosten sind Kosten, die bei der Erstellung einer Leistung direkt erfasst und den Kostenträgern (Produkten) zugerechnet werden können.
Gemeinkosten sind Kosten, die für eine Vielzahl von Erzeugnissen gemeinsam anfallen und für das einzelne Erzeugnis schwer oder gar nicht erfasst werden können.

A1 Welcome Aufgabe hat die Kostenartenrechnung?

____

A2 Geben Sie an, ob fixe bzw. variable Kosten oder Einzel- bzw. Gemeinkosten vorliegen.

______________ ... können einem Erzeugnis nicht direkt zugeordnet werden, da sie auch für andere Produkte anfallen.

______________ ... sind unabhängig vom Produktionsumfang.

______________ ... lassen sich dem Erzeugnis direkt zuordnen.

______________ ... verändern sich entsprechend dem Produktionsumfang.

A3 Ordnen Sie die Beispiele den Kostenarten (fixe Kosten, variable Kosten, Einzelkosten, Gemeinkosten) zu.

Beispiele	Fixe Kosten	Variable Kosten	Einzelkosten	Gemeinkosten
Miete				
Akkordlohn				
Gehälter				
Energiekosten				
Kalkulator. Abschreibung				
Fertigfabrikate				
Versicherungen				

A4 In einem Betrieb fallen jeden Monat 18 000,00 EUR fixe Kosten an. Die variablen Kosten je hergestelltem Erzeugnis betragen 5,00 EUR. Ermitteln Sie die unterschiedlichen Kosten bei folgenden Produktionsmengen:

Produktionsmenge	Fixe Kosten	Variable Kosten	Gesamtkosten	Stückkosten
0	18 000,00 EUR	______	______	______
1 000	18 000,00 EUR	______	______	______
3 000	18 000,00 EUR	______	______	______
5 000	18 000,00 EUR	______	______	______
10 000	18 000,00 EUR	______	______	______

A5 a) Stellen Sie den allgemeinen Kurvenverlauf von fixen und variablen Kosten in den beiden Diagrammen dar.

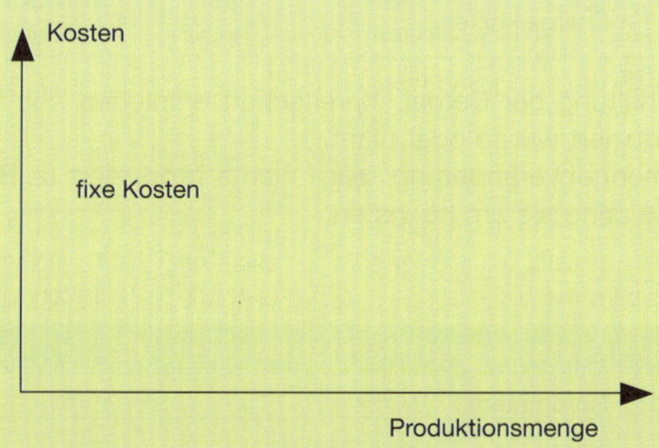

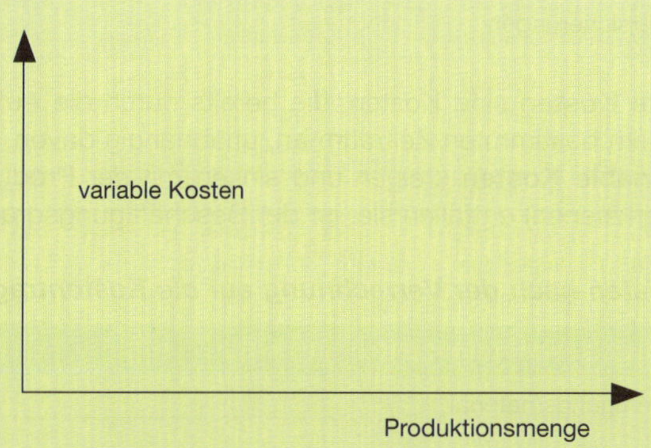

b) Wie entwickeln sich die Stückkosten mit steigender Ausbringungsmenge?

____

____

9.3 Kostenstellenrechnung

Die Beantwortung der Fragen, wodurch die Kosten in einem Betrieb entstanden sind und ob der Betrieb insgesamt einen Gewinn gemacht hat, sagt nichts darüber aus, welche Bereiche eines Betriebes wirtschaftlich gearbeitet haben und welche nicht. Deshalb werden mithilfe der **Kostenstellenrechnung** die entstandenen Kosten auf die **Kostenstellen** verteilt.
Die Ermittlung der Kosten je Kostenstelle erlaubt einen Einblick in den Kostenaufbau, die Kostenveränderung und die Wirtschaftlichkeit des Betriebes. Damit wird eine Kostenkontrolle und -planung möglich.

Gliederung der Kostenstellen

- **nach fertigungstechnischen (funktionalen) Gesichtspunkten,** gleiche Tätigkeiten werden zu einer Kostenstelle zusammengefasst (z. B. Kostenstelle „Fertigung“, Kostenstelle „Vertrieb“, Kostenstelle „Verwaltung“),
- **nach räumlichen Gesichtspunkten,** ganze Gebäude oder Gebäudeteile werden zu einer Kostenstelle zusammengefasst (z. B. Kostenstelle „Werkstatt I“, Kostenstelle „Werkstatt II“, Kostenstelle „Werkstatt III“),
- **nach organisatorischen Gesichtspunkten,** der jeweilige Verantwortungsbereich eines Vorgesetzten wird zu einer Kostenstelle zusammengefasst (z. B. Kostenstelle „Kundenbetreuung“, Kostenstelle „Ersatzteillieferung“).

Die **Anzahl der Kostenstellen** ist abhängig von der Größe, der Struktur und den Erfordernissen des jeweiligen Betriebes. Es sollten jedoch nur so viele Kostenstellen eingerichtet werden, wie man kalkulatorisch gebrauchen und auswerten kann. Während in Handwerksbetrieben normalerweise nur drei oder vier Kostenstellen infrage kommen (z. B. Werkstatt, Lager, Büro, Verkauf) werden in großen Industriebetrieben die Kostenstellen relativ differenziert eingerichtet. Man unterscheidet hier Hauptkosten- und Hilfskostenstellen:
Hauptkostenstellen (HkSt) sind diejenigen Arbeitsbereiche, in denen die Produkte/Aufträge unmittelbar durchlaufen und bearbeitet werden,
Hilfskostenstellen (HikSt) erbringen für die Produktion nur mittelbare Leistungen. Sie sind Zulieferer anderer Kostenstellen.

Häufig wird die **Kostenstellenrechnung** in folgenden **Schritten** erstellt:

1. Nach der Aufstellung aller Kostenarten werden die **Einzelkosten** den gefertigten Produkten und Dienstleistungen direkt zugerechnet.
2. Die **Gemeinkosten**, die nur in einer bestimmten Kostenstelle anfallen, werden dieser auch direkt zugeordnet (z. B. Gehälter der Kostenstelle „Verwaltung“).
3. **Gemeinkosten**, die einer bestimmten Kostenstelle nicht direkt zugeordnet werden können, müssen mithilfe von **Schlüsseln** auf die jeweilige Kostenstelle verteilt werden (z. B. anteilige Strom- oder Pachtkosten).
4. Erbringt eine Kostenstelle für eine andere bestimmte Leistungen, werden diese entsprechend der **Verursachung** umgelegt.
5. In einem letzten Schritt werden – aufgrund von Erfahrungen – generelle **Zuschlagssätze** für die jeweiligen Gemeinkosten ermittelt, um im Rahmen der Kostenträgerrechnung diese Gemeinkosten auf die jeweiligen Einzelkosten zu beziehen (vgl. **Zuschlagskalkulation**).

In der betrieblichen Praxis wird die Kostenstellenrechnung üblicherweise mithilfe des **Betriebsabrechnungsbogens (BAB)** durchgeführt, d. h., die Gemeinkosten werden in tabellarischer Form verteilt. Der BAB wird in Industriebetrieben monatlich, in Handwerksbetrieben einmal jährlich aufgestellt. Er enthält in vertikaler Richtung die Kostenarten und in horizontaler Richtung die Kostenstellen.

Vereinfachter BAB eines Handwerksbetriebes

Lfd. Nr.	Kostenstellen Kostenarten	Verteilungs-grundlage	Betrag EUR	Schlüssel %	HKSt I Werkstatt	HKSt II Verkauf	HiKSt 1 Lager	HiKSt 2 Büro
1.	Materialverbrauch	Material-Schein	600 000,00	100/–/–/–	600 000,00			
2.	Fertigungslöhne	Lohnlisten	180 000,00	100/–/–/–	180 000,00			
3.	Untern.-Lohn.-Prod.	Statistik	32 400,00	100/–/–/–	32 400,00			
4.	Summe Einzelkosten		812 400,00		812 400,00			
5.	Gemeinkosten	Lohnlisten	60 000,00	70/10/10/10	42 000,00	6 000,00	6 000,00	6 000,00
6.	Sonstige Gemeinkosten	Buchhaltung	150 000,00	70/10/10/10	105 000,00	15 000,00	15 000,00	15 000,00
7.	Kalk. Untern.-Lohn	Statistik	75 600,00	–/30/30/10	–	32 400,00	32 400,00	10 800,00
8.	Kalk. Familien-Lohn	Statistik	12 000,00	–/–/–/100	–	–	–	12 000,00
9.	Kalk. Zinsen	Statistik	18 000,00	70/10/10/10	12 600,00	1 800,00	1 800,00	1 800,00
10.	Kalk. Abschreibungen	Statistik	9 000,00	100/–/–/–	9 000,00	–	–	
11.	Gemeinkosten		324 600,00		168 600,00	55 200,00	55 200,00	45 600,00
	Umlage Hilfskosten Büro auf Hauptkostenstellen I u. II im Verhältnis 70 : 30				31 920,00	13 680,00		
	Umlage Hilfskostenstelle Lager auf Hauptkostenstellen I u. II im Verhältnis 20 : 80				11 040,00	44 160,00		
	Summe Gemeinkosten				211 560,00	113 040,00		
	Summe Selbstkosten		1 137 000,00		1 023 960,00	113 040,00		

A1 Nennen Sie vier Aufgaben der Kostenstellenrechnung.

- ______________________________
- ______________________________
____
- ______________________________
- ______________________________

A2 Der vereinfachte Betriebsabrechnungsbogen (BAB) eines Betriebes mit vier Kostenstellen weist folgende Werte aus:

			Kostenstellen			
Kostenarten	**Beträge**	**Schlüssel %**	**Material**	**Fertigung**	**Verwaltung**	**Vertrieb**
Fertigungsmaterial	800 000,00	100/–/–/–				
Fertigungslöhne	500 000,00	–/100/–/–				
= Einzelkosten						
Kalk. Unternehmerlohn	120 000,00	10/10/60/20	12 000,00	12 000,00	72 000,00	24 000,00
Abschreibung	150 000,00	– /80/10/10				
Miete/Pacht	75 000,00	20/40/20/20				
Energiekosten	30 000,00	10/60/20/10				
Allg. Material	20 000,00	10/10/60/20				
= Gemeinkosten			32 000,00			
Gesamtkosten						

a) Vervollständigen Sie die fehlenden Werte des Betriebsabrechnungsbogens.

b) Wie hoch ist die Summe der Einzelkosten bzw. Gemeinkosten?

c) Wie verteilen sich die Gesamtkosten auf die vier Kostenstellen?

A3 Errechnen Sie aus obigem ausgefüllten Betriebsabrechnungsbogen die Gemeinkostenzuschläge der vier Kostenstellen (s. fünften Schritt der Kostenstellenrechnung und Schema der differenzierten Zuschlagskalkulation).

$$\text{Materialgemeinkostenzuschlag} = \frac{\text{Materialgemeinkosten} \times 100\ \%}{\text{Fertigungsmaterial}} = \_\_\_\_\_\_\_\_$$

$$\text{Fertigungsgemeinkostenzuschlag} = \frac{\text{Fertigungsgemeinkosten} \times 100\ \%}{\text{Fertigungslöhne}} = \_\_\_\_\_\_\_\_$$

Herstellungskosten = gesamte Materialkosten + gesamte Fertigungskosten =

____

$$\text{Verwaltungsgemeinkostenzuschlag} = \frac{\text{Verwaltungsgemeinkosten} \times 100\ \%}{\text{Herstellungskosten}} = \_\_\_\_\_\_\_\_$$

$$\text{Vertriebsgemeinkostenzuschlag} = \frac{\text{Vertriebsgemeinkosten} \times 100\ \%}{\text{Herstellungskosten}} = \_\_\_\_\_\_\_\_$$

9.4 Kostenträgerrechnung/Kalkulation

Ziel der Kostenträgerrechnung ist es, die in der Kostenarten- und Kostenstellenrechnung erfassten Kosten auf die Erzeugnisse (Kostenträger) umzulegen und diese den erzielten Erlösen (Umsatz) gegenüberzustellen (Gewinnfeststellung). Kostenträger sind in einem Industrie- oder Handwerksbetrieb die hergestellten Produkte.

Die Kostenträgerrechnung ist die Grundlage der Preiskalkulation.

Es wird ermittelt, was eine einzelne Sachleistung bzw. Dienstleistung kostet und welchen Preis man fordern muss/kann, sodass die Kosten gedeckt sind und dem Unternehmen noch ein Gewinn verbleibt.
Man unterscheidet grundsätzlich zwei verschiedene **Kalkulationsverfahren** in der Kostenträgerrechnung.

Divisionskalkulation

Die Divisionskalkulation ist das übersichtlichste und einfachste Verfahren, um die Verteilung der Gesamtkosten des Betriebes auf die einzelne Leistungseinheit zu erreichen. Überall dort, wo nur ein einziges Produkt von gleicher Beschaffenheit hergestellt wird, stehen die Kosten in einem eindeutigen Zusammenhang zur erbrachten Leistung, z. B. bei Leistungen von Elektrizitätswerken, Wasserwerken, Ziegeleien und Zigarettenherstellern.
Zur Ermittlung der Selbstkosten pro Einheit werden die gesamten Kosten einer Periode – es wird nicht nach Einzel- und Gesamtkosten differenziert – durch die in diesem Zeitraum hergestellte Stückzahl dividiert.

$$\text{Kosten je Leistungseinheit} = \frac{\text{Gesamtkosten pro Periode}}{\text{Leistungseinheiten pro Periode}}$$

Zuschlagskalkulation

In den meisten Betrieben werden verschiedene Erzeugnisse in unterschiedlichen Arbeitsgängen gefertigt. Dabei fallen Kosten in völlig unterschiedlichem Umfang an. Für solche Fertigungsverfahren ist die Zuschlagskalkulation ein geeignetes Verfahren.

Summarische Zuschlagskalkulation:
Diese Zuschlagskalkulation setzt eine Trennung von Einzel- und Gemeinkosten voraus. Nachdem die Einzelkosten ermittelt sind, werden die gesamten Gemeinkosten des Betriebes durch einen generellen prozentualen Zuschlag den Einzelkosten zugerechnet.

$$\text{Gemeinkostenzuschlagssatz} = \frac{\text{gesamte Gemeinkosten pro Periode} \cdot 100\,\%}{\text{gesamte Einzelkosten pro Periode}}$$

Die summarische Zuschlagskalkulation ist nur für Betriebe sinnvoll, in denen es keine Kostenstellenrechnung gibt (wie z. B. in vielen Handwerksbetrieben) oder Gemeinkosten nur in geringem Umfang anfallen.
Häufig ist die Zuschlagsgrundlage für die Gemeinkosten die Kostenart, von der die Gemeinkosten überwiegend abhängig sind. In einem lohn- und arbeitsintensiven Betrieb (z. B. in einem Handwerksbetrieb) wird deshalb der Zuschlagssatz auf den Fertigungslohn bezogen.

Differenzierte Zuschlagskalkulation:
Die differenzierte Zuschlagskalkulation wird meist in Betrieben angewandt, wo aufgrund der Größe und Struktur **unterschiedliche Kostenstellen** eingerichtet sind. Hier werden die anfallenden Gemeinkosten entsprechend den vorhandenen Kostenstellen erfasst und mithilfe von Prozentsätzen den Einzelkosten anteilsmäßig zugeschlagen.

Beispiel summarische Zuschlagskalkulation:

Betriebsabrechnung eines Handwerksbetriebs:

Materialverbrauch	700 000,00 EUR
Lohneinzelkosten	260 000,00 EUR
Gemeinkosten	380 000,00 EUR
Selbstkosten	1 340 000,00 EUR

$$\textbf{Gemeinkostenzuschlagssatz} = \frac{380\,000{,}00\text{ EUR} \times 100\,\%}{260\,000{,}00\text{ EUR}} = \textbf{146,1 \%}$$

Für die Ausführung eines konkreten Auftrages fallen in diesem Beispielbetrieb an:

Fertigungsmaterial	24 000,00 EUR
Fertigungslöhne	8 000,00 EUR
Gewinn	10 %

Die **Kalkulation dieses Auftrages** sieht dann wie folgt aus (vereinfacht):

Fertigungsmaterial	24 000,00 EUR
+ Fertigungslöhne	8 000,00 EUR
+ 146,1 % Gemeinkosten	11 688,00 EUR
= Selbstkosten	43 688,00 EUR
+ 10 % Gewinn	4 368,80 EUR
= Nettoverkaufspreis	48 056,80 EUR
+ 19 % MwSt	9 130,79 EUR
= Bruttoverkaufspreis	57 187,59 EUR

Beispiel differenzierte Zuschlagskalkulation:

I.	Materialkosten:	
	Materialeinzelkosten	65 000,00 EUR
	+ Materialgemeinkosten 20 %	13 000,00 EUR
II.	+ Fertigungskosten:	
	Löhne	30 000,00 EUR
	+ Fertigungsgemeinkosten 50 %	15 000,00 EUR
	= Herstellungskosten	123 000,00 EUR
III.	+ Verwaltungsgemeinkosten 10 %	12 300,00 EUR
IV.	+ Vertriebsgemeinkosten 5 %	6 150,00 EUR
	= Selbstkosten	141 450,00 EUR
	+ Gewinn 20 %	28 290,00 EUR
	= Nettoverkaufspreis	169 740,00 EUR
	+ MwSt. 19 %	32 250,60 EUR
	= Bruttoverkaufspreis	**201 990,60 EUR**

A1 In einem Betrieb werden jährlich 16 Mio. Blechdosen hergestellt. Auf die einzelnen Kostenstellen entfallen: Material 600 000,00 EUR, Fertigung 600 000,00 EUR, Verwaltung 300 000,00 EUR, Vertrieb 100 000,00 EUR.

a) Was kostet eine Dose?

____

b) Wie heißt diese Art der Kalkulation?

____

c) Wie teuer ist eine Dose, wenn sie mit 10 % Gewinn verkauft wird?

____

A2 Für einen Handwerksbetrieb fallen insgesamt folgende Kosten im Jahr an: Materialverbrauch 400 000,00 EUR, Lohneinzelkosten 600 000,00 EUR, gesamte Gemeinkosten 700 000,00 EUR (Zuschlagsgrundlage sind die Lohneinzelkosten.)

Wie hoch ist der Bruttoverkaufspreis eines konkreten Auftrages, für den gilt: Fertigungsmaterial 12 000,00 EUR, Fertigungslöhne 14 000,00 EUR, Gewinn 20 %?

Gemeinkostenzuschlag = ______________________________

Summarische Zuschlagskalkulation:

Fertigungsmaterial	______
______	
______	
______	
= Selbstkosten	______
______	
______	
= Nettoverkaufspreis	______
______	
______	
= Bruttoverkaufspreis	______

A3 Stellen Sie nach der differenzierten Zuschlagskalkulation den Bruttoverkaufspreis fest. Es gilt: Material 7 000,00 EUR, Fertigungslöhne 5 000,00 EUR, Materialgemeinkosten 10 %, Fertigungsgemeinkosten 20 %, Verwaltungsgemeinkosten 15 %, Vertriebsgemeinkosten 5 %, Gewinn 30 %, Mehrwertsteuer 19 %.

Materialeinzelkosten	______
______	
______	
______	
______	
= Herstellungskosten	______
______	
______	
______	
= Selbstkosten	______
______	
______	
= Nettoverkaufspreis	______
______	
______	
= Bruttoverkaufspreis	______

9.5 Betriebliche Erfolgskennzahlen

Letztendlich ist für die dauerhafte Existenz eines jeden Unternehmens weniger die „richtige" Kalkulation für ein bestimmtes Produkt/eine Dienstleistung von ausschlaggebender Bedeutung, sondern vielmehr die Tatsache, dass die Gesamtkosten im Jahr niedriger liegen als der Gesamterlös (Umsatz). Je größer diese Differenz ist, desto größer ist der Gewinn oder aber auch der Verlust.

Aussagen über den Gesamterfolg der betrieblichen Tätigkeiten erlauben folgende **betriebliche Erfolgskennzahlen:**

- **Wirtschaftlichkeit**
- **Umsatz- bzw. Kapitalrentabilität**
- **Arbeits- bzw. Kapitalproduktivität**

Wirtschaftlichkeit

Die Wirtschaftlichkeit zeigt das Bemühen eines Betriebes, eine verlangte Leistung mit möglichst geringen Kosten (**Minimalprinzip**) oder mit vorgegebenen Kosten eine möglichst große Leistung (**Maximalprinzip**) zu erbringen.

$$\textbf{Wirtschaftlichkeit} = \frac{\textbf{Erlös (Leistung)}}{\textbf{Kosten}}$$

Die Wirtschaftlichkeit ist umso höher, je größer der Wert des Quotienten ist.

Beispiel:
Die Absatzleistung (Erlös) einer Großbäckerei betrug in zwei aufeinander folgenden Jahren jeweils 20 Mio. EUR. Die Kosten betrugen im ersten Jahr 19 Mio. EUR, im zweiten Jahr 18 Mio. EUR.

$$\textbf{Wirtschaftlichkeit (1. Jahr)} = \frac{20 \text{ Mio. EUR}}{19 \text{ Mio. EUR}} = 1{,}05 \qquad \textbf{Wirtschaftlichkeit (2. Jahr)} = \frac{20 \text{ Mio. EUR}}{18 \text{ Mio. EUR}} = 1{,}11$$

Umsatz- bzw. Kapitalrentabilität

Die Rentabilität ist das Verhältnis des erzielten Gewinns (Differenz von Aufwand und Ertrag) zum erzielten Erlös (Umsatz) oder zum eingesetzten Kapital.

$$\textbf{Umsatzrentabilität} = \frac{\textbf{Gewinn} \times \textbf{100 \%}}{\textbf{Umsatz}} \qquad \textbf{Kapitalrentabilität} = \frac{\textbf{Gewinn} \times \textbf{100 \%}}{\textbf{Kapitaleinsatz}}$$

Beispiel:
Erwirtschaftet ein Tischlerbetrieb bei 20 Mio. EUR Umsatz (Erlös) einen Gewinn von 1 Mio. EUR, so ist die

Umsatzrentabilität $= \frac{1 \text{ Mio. EUR} \times 100 \%}{20 \text{ Mio. EUR}} = 5 \%$. 5 % des Umsatzes sind Gewinn.

Erwirtschaftet ein Tischlerbetrieb mit einem eingesetzten Kapital im Wert von 10 Mio. EUR einen Gewinn von 1 Mio. EUR, so ist die
Kapitalrentabilität $= \frac{1 \text{ Mio. EUR} \times 100 \%}{10 \text{ Mio. EUR}} = 10 \%$. Das eingesetzte Kapital hat sich also mit 10 % verzinst.

Arbeitsproduktivität

Die Produktivität ist das Verhältnis von betrieblicher Ausbringungsmenge (Produktionsmenge) zu dem betrieblichen Einsatzfaktor Arbeit. Die betrieblichen Ausbringungsmengen können durch Verkaufspreise bewertet werden.

$$\textbf{Arbeitsproduktivität} = \frac{\textbf{Produktionsergebnis}}{\textbf{Arbeitseinsatz}}$$

Beispiel:
Ein Stanzer stellt in 1600 Stunden pro Jahr insgesamt 60 000 Profileisen im Wert von je 3,00 EUR her.

Arbeitsproduktivität $= \frac{60\,000 \text{ Eisen} \times 3{,}00 \text{ EUR}}{1600 \text{ Std.}} = 37{,}5$ Profileisen je Std. oder wertmäßig 112,50 EUR je Std.

Für alle Kennziffern gilt:
Erst durch den Vergleich der jeweiligen Kennziffern über mehrere Jahre hinweg bzw. durch den Vergleich mit den jeweiligen Kennziffern ähnlicher Betriebe ist die Betriebsleistung richtig zu beurteilen.

A1 Um welche jeweilige betriebliche Erfolgskennzahl handelt es sich?

$\frac{\text{Gewinn} \times 100\ \%}{\text{Erlös}}$ = ______________________

$\frac{\text{Produktionsmenge}}{\text{Arbeitseinsatz}}$ = ______________________

$\frac{\text{Wert der Leistung in EUR}}{\text{Kosten des Einsatzes in EUR}}$ = ______________________

A2 Wie hoch sollte die Wirtschaftlichkeit eines Betriebes mindestens sein?

____

A3 Welche Faktoren können die Arbeitsproduktivität steigern?

- ____
- ____
- ____
- ____

A4 Für einen Betrieb gelten in einem bestimmten Jahr folgende Größen:
50 Arbeitnehmer mit je 1600 Arbeitsstunden, Kapitaleinsatz 9,8 Mio. EUR, Produktionsergebnis 5 Mio. Meter Folie, Verkaufspreis je Meter 2,50 EUR, Kosten 11 Mio. EUR.

Berechnen Sie die Wirtschaftlichkeit, die Umsatz- und Kapitalrentabilität und die Arbeitsproduktivität.

Wirtschaftlichkeit: ____

Umsatzrentabilität: ____

Kapitalrentabilität: ____

Arbeitsproduktivität: ____

A5 Nehmen Sie Stellung zu der folgenden komplexen Aussage über Lohnpolitik:
„Reale Lohnsteigerungen sind dann kostenneutral und erfüllen die Voraussetzungen für Preisstabilität, wenn sie dem Anstieg der realen Arbeitsproduktivität entsprechen."

____

____

____

____

____

____

10.1 Arbeitgeberorganisationen

Eine wichtige Rolle in der heutigen Wirtschaft und Gesellschaft spielen die zahlreichen Vereinigungen der Arbeitgeber und Arbeitnehmer. Artikel 9 des Grundgesetzes garantiert den Arbeitnehmern und Arbeitgebern das Recht, Vereinigungen zu bilden, d. h., es besteht **Koalitionsfreiheit**.
Die Vereinigungen sind entstanden, um die wirtschaftlichen, sozialen und politischen Interessen ihrer Mitglieder wirkungsvoller vertreten zu können.
Die Arbeitgeber (Unternehmen) haben sich organisiert in 144 Fachorganisationen und über 1 000 Mitgliedsverbänden. Etwa 80 % der Arbeitgeber gehören entsprechenden Verbänden an. In den Betrieben dieser „Organisierten" arbeiten rund 90 % der Arbeitnehmer. Die Unternehmen sind Mitglieder in fachlich organisierten Industrieverbänden, z. B. im Arbeitgeberverband der Metallindustrie eines Bundeslandes. Die regionalen Fachverbände ihrerseits sind zusammengeschlossen in Zentralverbänden (Gesamtverbände) für die gesamte Bundesrepublik Deutschland, z. B. im Gesamtverband der metallindustriellen Arbeitgeberverbände e. V. (Gesamtmetall).
Neben den Fachverbänden gibt es gemischt-gewerblich zusammengesetzte Arbeitgebervereinigungen. In ihnen sind die Arbeitgeberverbände eines bestimmten Ortes, Bezirkes oder eines Landes (z. B. Landesvereinigung der Unternehmensverbände Nordrhein-Westfalen e. V.) organisiert.

Die Arbeitgeberorganisationen lassen sich nach **drei Erscheinungsformen** einteilen, nämlich in Verbände mit
- wirtschaftspolitischer Ausrichtung,
- sozialpolitischer Ausrichtung und
- regional bestimmter Ausrichtung (Industrie- und Handelskammern).

Wirtschaftspolitische Verbände: Beispiel BDI

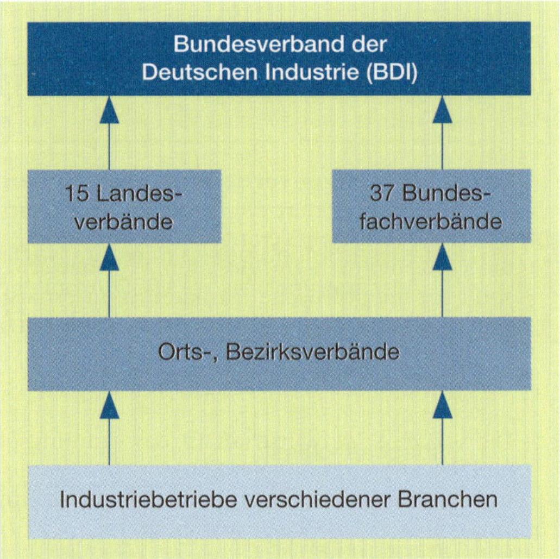

Die sogenannten Wirtschaftsverbände, zu denen sich jeweils die Unternehmen einzelner Wirtschaftszweige (z. B. Groß- und Einzelhandelsbetriebe, Möbelfabriken, Hotels und Gaststätten) zusammengeschlossen haben, übernehmen wirtschaftspolitische Aufgaben. Für alle Betriebe besteht ein gemeinsames Interesse an den Daten, die die Wirtschaftspolitik für den jeweiligen Wirtschaftszweig setzt.
Einer der bedeutendsten Verbände dieser Art ist der **Bundesverband der Deutschen Industrie** (BDI). Er organisiert z. B. die Verbände der Automobilindustrie, des Bergbaus und der Chemie. Aufgabe des BDI ist es, die wirtschaftlichen und wirtschaftspolitischen Interessen der Mitgliedsverbände gegenüber den Parlamenten und der Öffentlichkeit zu vertreten. Die zahllosen Probleme der unterschiedlichen Mitgliedsverbände erfordern viele Ausschüsse. Diese befassen sich u. a. mit Industrieforschung, Umweltschutz und Fragen des Wettbewerbsrechtes.

Sozialpolitische Verbände: Beispiel BDA

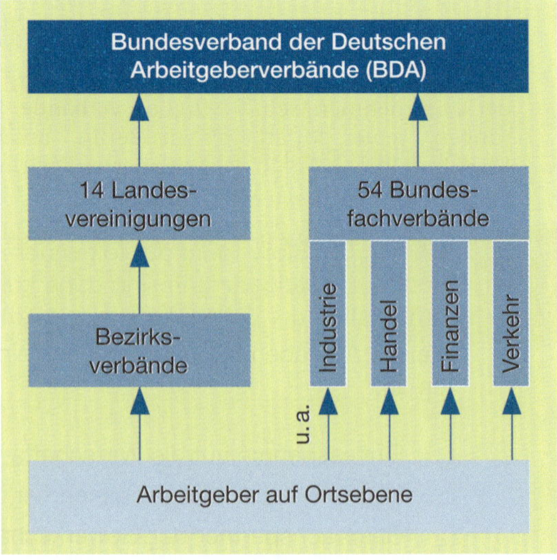

Die meisten Arbeitgeberverbände und -vereinigungen (mehr als 1 000) gehören der **Bundesvereinigung der Deutschen Arbeitgeberverbände** (BDA) an. Die BDA ist die Spitzenorganisation der 54 fachlichen Zentralverbände und der 14 überfachlichen Landesverbände.
Die BDA wurde 1949 gegründet und hat sich u. a. zum Ziel gesetzt, gemeinsame sozialpolitische Belange der Arbeitgeberverbände zu vertreten.
Die Bundesvereinigung der deutschen Arbeitgeberverbände ist als sozialpolitische Spitzenorganisation des deutschen Unternehmertums Sozial- und Gesprächspartner der Gewerkschaften. Sie ist jedoch nicht tariffähig, d. h., sie kann mit den Gewerkschaften keine Tarifverträge schließen. Hierfür sind die sogenannten **Tarifträgerverbände** – meist regionale Fachverbände – zuständig (s. Kap. 10.4).

Der Zentralverband des Deutschen Handwerks (ZDH)

Der Zentralverband des Deutschen Handwerks ist die Spitzenorganisation des Handwerks. Er bemüht sich um eine einheitliche Willensbildung in allen grundsätzlichen Fragen des Handwerks und vertritt die Gesamtinteressen des Handwerks gegenüber den zentralen Organen und Verwaltungen der Bundesrepublik Deutschland. Als einer der großen Spitzenverbände der Wirtschaft arbeitet er mit anderen Wirtschaftsverbänden zusammen. Mitglieder des ZDH sind die Handwerkskammern, die Zentralfachverbände sowie dem Handwerk nahestehende und sonstige Einrichtungen. In der Vollversammlung des ZDH haben Kammern und Verbände den gleichen Stimmenanteil (s. Kap. 1.4).

A1 Erläutern Sie die Abkürzungen BDA, BDI und ZDH.

BDA = ____________________

BDI = ____________________

ZDH = ____________________

A2 In den folgenden Auswahlantworten werden Arbeitgeberorganisationen bestimmten Dachverbänden zugeordnet. Kreuzen Sie an, welche dieser Zuordnungen richtig oder falsch sind.

		richtig	falsch
◆ Industrie- und Handelskammer	→ ZDH	☐	☐
◆ Landesvereinigung Metallarbeitgeber NRW	→ Gesamtmetall	☐	☐
◆ Arbeitgeberverband des privaten Bankgewerbes	→ BDA	☐	☐
◆ Handwerkskammer	→ BDI	☐	☐
◆ Arbeitgeberverband Groß- und Außenhandel Westfalen	→ Bundesverband des Groß- u. Außenhandels	☐	☐

A3 Welche Ziele und Missionen nennt der BDI in seiner Selbstbeschreibung? Schreiben Sie wesentliche Aussagen in Stichworten heraus.

Der BDI – Spitzenverband der deutschen Wirtschaft
Der BDI transportiert die Interessen der deutschen Industrie an die politisch Verantwortlichen. Damit unterstützt er die Unternehmen im globalen Wettbewerb. [...] Der BDI sorgt für die politische Flankierung internationaler Markterschließung. Und er bietet Informationen und wirtschaftspolitische Beratung für alle industrierelevanten Themen.
[...]
Die soziale Marktwirtschaft ist das ordnungspolitische Leitbild des BDI – mit offenen Märkten, funktionierendem Wettbewerb sowie Chancen- und Leistungsgerechtigkeit. [...] Der Staat muss sich wieder zurücknehmen.
[...]
Der BDI gilt als ein führendes Kompetenzzentrum für Wirtschaftspolitik in der Bundesrepublik. Er verfügt über eine einzigartige Kombination von Sachverstand: Dank des Wissens der Unternehmer, die im BDI ehrenamtlich tätig sind, der Unternehmen, seiner Mitgliedsverbände, Landesvertretungen, seiner Mitarbeiter in Berlin, Brüssel, London, Washington und Tokio. Diese Expertise legitimiert den BDI als praxisnahen Berater der Politik.

Quelle: Bundesverband der Deutschen Industrie e. V., www.bdi.eu/ueber-uns.htm, Zugriff: 1.5.2014

◆ ____________________
◆ ____________________
◆ ____________________
◆ ____________________
◆ ____________________
◆ ____________________

A4 Welche Aufgaben hat die Bundesvereinigung der Arbeitgeberverbände (BDA)? Kreuzen Sie die richtigen Antworten an.

☐ Einflussnahme auf die Wirtschafts- und Sozialpolitik
☐ Berufsberatung der Arbeitnehmer
☐ Gesprächspartner der Gewerkschaften
☐ Organisation und Durchführung von Aussperrungen
☐ Berufsschulen unterhalten
☐ Stellungnahme zu sozialpolitischen Fragen
☐ Ausweitung der Mitbestimmung fordern
☐ Beobachtung des Arbeitsmarkts
☐ Entsendung von Sachverständigen zu Anhörungen
☐ Fortbildung für Arbeiter und Angestellte
☐ Sprachrohr aller Arbeitgeber

Arbeitnehmervereinigungen im heutigen Sinne entstanden im Zuge der Industrialisierung. Arbeit suchende Landarbeiter und nicht mehr konkurrenzfähige Handwerker sorgten für ein Überangebot an Arbeitskräften in den Städten. Da außerdem jede Arbeits- und Sozialgesetzgebung fehlte, war es den Unternehmen möglich, ihre Arbeitnehmer rücksichtslos auszubeuten. Teilweise mussten 15 Stunden am Tag und bis zu 80 Stunden in der Woche für einen Hungerlohn gearbeitet werden.
Der einzelne Arbeitnehmer stand diesen Missständen machtlos gegenüber, nur ein gemeinsames Auftreten konnte die Lage bessern. Deshalb bildeten sich in der Mitte des 19. Jahrhunderts Arbeitervereine, aus denen später die Gewerkschaften hervorgingen.

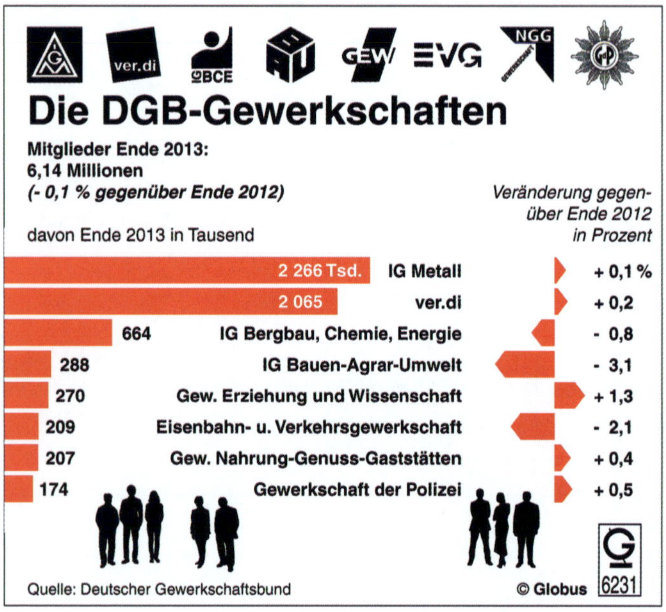

Der **Deutsche Gewerkschaftsbund (DGB)** ist der Dachverband von zurzeit acht Einzelgewerkschaften mit insgesamt 6,14 Millionen Mitgliedern. Durch den Zusammenschluss von ÖTV, DPG, IG Medien, HBV und DAG Anfang 2001 zur Vereinigten Dienstleistungsgewerkschaft ver.di stellen zwei Gewerkschaften (IG Metall und ver.di) zwei Drittel der DGB-Mitglieder und verfügen damit auch über den größten Einfluss.
Der große Mitgliederschwund der 1990er-Jahre und Anfang 2000 ist seit zwei Jahren gestoppt. Einige Einzelgewerkschaften verzeichnen einen geringen Mitgliederzuwachs.
Außerhalb des DGB sind im Deutschen Beamtenbund (DBB) 1,27 Millionen und im Christlichen Gewerkschaftsbund (CGB) 0,28 Millionen Mitglieder organisiert. Im Gegensatz zum Organisationsgrad der Arbeitgeber (über 80 %) gehören nur ca. 20 % der Arbeitnehmer/-innen einer Interessenorganisation an (Westen 21 %, Osten 18 %).

Gewerkschaften sind **Interessenverbände der Arbeitnehmer**. Ihr Ziel ist es, durch gemeinschaftliches Handeln — notfalls durch Streik — die sozialen, wirtschaftlichen, beruflichen und auch politischen Forderungen ihrer Mitglieder gegenüber den Arbeitgebern und dem Staat zu vertreten. Die Arbeitnehmer sind — wie die Arbeitgeber — nach dem Industrieverbands-Prinzip organisiert. Die Arbeitnehmer eines Wirtschaftsbereichs, z. B. der metallverarbeitenden Industrie, sind — unabhängig von ihrer Berufszugehörigkeit — in einer Gewerkschaft (hier: IG Metall) zusammengeschlossen. Die Dachorganisation, der DGB, vertritt die gemeinsamen Interessen der ihm angeschlossenen Einzelgewerkschaften gegenüber dem Staat und der Öffentlichkeit. Die Tarifpolitik, das Aushandeln von Lohn- und Gehaltsabkommen, ist Sache der Einzelgewerkschaften in den einzelnen Tarifbezirken.

Zu den wesentlichen **Aufgaben der Gewerkschaften** gehören:

- Abschluss von Tarifverträgen (s. Kap. 10.4), notfalls mit Streik,
- Beratung der Arbeitnehmer/-innen in arbeits- und sozialrechtlichen Fragen,
- Vertretung vor Arbeits- und Sozialgerichten,
- Benennung ehrenamtlicher Richter für Arbeits- und Sozialgerichte,
- Unterstützung der Betriebs- und Personalräte,
- Vertretung der Arbeitnehmer interessen in den Aufsichtsgremien der Unternehmen,
- Durchführung von Schulungs- und Bildungsmaßnahmen,
- Vertretung in Ausschüssen (z. B. Berufsbildungsausschuss),
- Stellungnahmen zu arbeits-, sozial- und bildungspolitischen Fragen,
- Einfluss auf die Gesetzgebung zum Wohl der Arbeitnehmer.

A1 Kreuzen Sie an, welche Aussagen über den **Deutschen Gewerkschaftsbund** richtig oder falsch sind.

	richtig	falsch
Er vertritt die gemeinsamen Interessen der Einzelgewerkschaften.	☐	☐
Er ist nicht für Angestellte und Beamte zuständig.	☐	☐
Er nimmt Stellung zu gesellschaftspolitischen Fragen.	☐	☐
Er schließt Tarifverträge ab.	☐	☐

A2 Was versteht man unter dem Prinzip der **Einheitsgewerkschaft**?

☐ Es gibt für alle Arbeitnehmer nur eine Gewerkschaft.
☐ Jeder Arbeitnehmer muss Mitglied einer Gewerkschaft sein.
☐ In einem Wirtschaftszweig darf nur eine Gewerkschaft des DGB tätig sein.
☐ Die Gewerkschaft ist politisch und konfessionell unabhängig.

A3 Was könnte Sie veranlassen, einer Gewerkschaft beizutreten?
Gewichten Sie Ihre Argumente durch Eintragen der Ziffern 1 bis 10.

☐ Mitbestimmung innerhalb der Gewerkschaft
☐ Bezug von Streikgeld
☐ Beitrag zur Solidarität
☐ finanzielle Stärkung der Gewerkschaft
☐ Nutzung der Freizeiteinrichtungen
☐ Stärkung der Arbeitnehmer gegenüber Arbeitgeber
☐ Inanspruchnahme des Rechtsschutzes
☐ Verwirklichung der Mitbestimmung
☐ Nutzung der Bildungseinrichtungen
☐ Tätigkeiten in der Sozialpolitik

A4 Welches sind aus Ihrer Sicht die drei Hauptaufgaben der Gewerkschaften? Begründen Sie Ihre Antwort.

◆ ______________________________
◆ ______________________________
◆ ______________________________

Begründung: ______________________________

____

____

____

A5 a) Welches ist die größte **Einzelgewerkschaft** innerhalb des DGB?
b) Welcher DGB-Gewerkschaft gehört Ihre Berufsgruppe/„Ihr“ Wirtschaftszweig an?

____

____

A6 Bisher haben die Arbeitgeber immer allen Arbeitnehmern die mit den Gewerkschaften ausgehandelten Vorteile gewährt, obwohl diese eigentlich nur für die Organisierten ausgehandelt waren.
Warum scheuten die Arbeitgeber die höheren Ausgaben nicht?

____

____

10.3 Tarifverhandlungen – Tarifverträge

In der Bundesrepublik Deutschland verhandeln Gewerkschaften und Arbeitgeberverbände miteinander über Entgelte und Arbeitszeit, Urlaub und Urlaubsgeld, bessere Arbeitsbedingungen usw. Staatliche Stellen haben nicht das Recht, sich in die Entgeltregelungen einzuschalten oder gar die Entgelte für beide Seiten verbindlich festzulegen. Die gesetzliche Grundlage hierzu liefert, ausgehend von Art. 9 des Grundgesetzes, das Tarifvertragsgesetz vom 9.4.1949 (inzwischen mit verschiedenen Neufassungen).

Tarifverträge

Das Wort „Tarif" stammt aus dem Arabischen („Verzeichnis") und war früher der allgemein übliche Begriff für Vergütungssätze (heute noch: „Straßenbahn-Tarif"). Heute verstehen wir nicht nur Löhne und Gehälter darunter, sondern alle Arbeitsbedingungen, wie z. B. Arbeitszeit und Urlaub.

Man unterscheidet:

Lohn- und Gehaltstarifverträge, in denen die Entgelte und Zulagen meist für ein Jahr festgelegt werden.
Manteltarifverträge, in denen die Arbeitsbedingungen, Arbeitszeit, Jahresurlaub, Kündigungsfristen und Akkordbedingungen meist für mehrere Jahre fixiert werden. Die Lohngruppeneinteilung erfolgt häufig in besonderen **Rahmentarifverträgen** mit längerer Zeitdauer.

Tarifautonomie bedeutet, dass die Tarifvertragsparteien die Lohn-, Gehalts- und Arbeitszeitregelungen vom Staat in Selbstverwaltung und Selbstverantwortung übertragen bekommen haben. Damit üben Gewerkschaften und Arbeitgeberverbände ein Stück öffentlicher Rechtsgewalt zur Schaffung einer rechtsverbindlichen Ordnung für große Bereiche des Arbeitslebens aus. Diese Selbstverwaltung des Arbeitslebens geht dabei von zwei gleichgewichtigen Partnern aus. Auseinandersetzung und Kampf sind zugelassene Mittel. Die Tarifautonomie setzt handlungs- und kompromissfähige Tarifparteien voraus, das heißt Organisationen, die sich trotz ständiger Auseinandersetzungen gegenseitig respektieren und dazu in der Lage sind, ihre Mitglieder auf die ausgehandelten Tarifabschlüsse zu verpflichten. Der Tarifautonomie liegt das Ordnungsprinzip zugrunde, Macht durch Gegenmacht zu begrenzen, um Machtmissbrauch zu verhindern.

Tarifverhandlungen
(nach Tarifvertragsgesetz vom 9.4.1949)

werden durchgeführt von

Gewerkschaften
stellen für den Tarifbezirk Forderungen auf, z. B.:
- Erhöhung der Entgeltgruppensätze,
- Sicherung der Arbeitsplätze,
- Erhöhung der Vergütungssätze für Auszubildende.

Einflussgrößen
ergeben sich aus der wirtschaftlichen Lage und der Situation im jeweiligen Wirtschaftsbereich, z. B.:
- Wirtschaftswachstum,
- Beschäftigungslage,
- Anstieg der Lebenshaltungskosten.

Arbeitgeberverbände
(z. T. einzelne Arbeitgeber) unterbreiten ein Angebot, das sie aus der wirtschaftlichen Lage ihres Industriezweiges heraus rechtfertigen.

Ergebnis der Verhandlungen

Neuer Tarifvertrag

Ablauf von Tarifverhandlungen

In der Regel werden Tarifverhandlungen auf Landes- bzw. Bezirksebene geführt. Nach erfolgreichen Verhandlungen werden sie dann meist bundesweit übernommen. Der Ablauf gestaltet sich meist nach folgendem Muster:

- Die Gewerkschaft kündigt den laufenden Tarifvertrag und fordert deutlich höhere Tariflöhne, die sich u. a. an den Preissteigerungen und dem Produktionszuwachs orientieren.
- Der Arbeitgeberverband lehnt diese Forderung als total überzogen ab und unterbreitet meist seinerseits ein Minimalangebot mit Hinweis auf die Gewinn- und Wettbewerbssituation der Betriebe.
- Die Gewerkschaft lehnt das Angebot als „Kampfansage" an die Arbeitnehmer ab.
- Es findet ein über die Medien geführter Streit über die Konsequenzen bei Annahme der jeweiligen Forderungen statt. Die Verhandlungen werden mehrfach ergebnislos vertagt.
- Das Scheitern der Verhandlungen wird angedroht; häufig begleitet von Warnstreiks.
- Am Ende steht – teilweise nach Arbeitskampf – ein neuer Tarifvertrag, der dann von beiden Seiten als „Kompromiss, mit dem man leben kann" bezeichnet wird.

A1 Wer sind die **Tarifvertragsparteien**?

- ◆ ______________________________
- ◆ ______________________________

A2 Man unterscheidet verschiedene Arten von Tarifverträgen. Setzen Sie die richtigen Begriffe zu den Erläuterungen ein.

______________________	Er regelt für die verschiedenen Berufstätigkeiten die Eingruppierung und hat eine Laufzeit von mehreren Jahren.
______________________	Der Vertrag hat meist eine Laufdauer von zwölf bis 24 Monaten und regelt die Steigerung der Entgelte und Ausbildungsvergütungen.
______________________	Er enthält langfristige Regelungen über allgemeine Arbeitsbedingungen wie z. B. Arbeitszeit und Urlaub.

A3 Ergänzen Sie die Lücken, indem Sie die folgenden Begriffe sinnvoll einsetzen:

Selbstverwaltung – Gegenmacht – Kampf – gleichgewichtiger – zugelassene – Verantwortung – Machtmissbrauch – Macht

Tarifautonomie bedeutet, dass Gewerkschaften und Arbeitgeberverbände die Arbeitsbedingungen und Entgelte in eigener ______________ aushandeln können. Auseinandersetzungen und ______________ sind ______________ Mittel. Das Ordnungsprinzip heißt, ______________ durch ______________ zu begrenzen, um damit ______________ zu verhindern. Wer die ______________ des Arbeitslebens will, der muss auch die Existenz zweier ______________ Partner akzeptieren.

A4 Kreuzen Sie an, welche Aussagen zu Tarifverträgen richtig oder falsch sind.

	richtig	falsch
Der Tarifvertrag kann gesetzliche Bestimmungen, z. B. das Betriebsverfassungsgesetz, außer Kraft setzen.	☐	☐
Der Tarifvertrag regelt die Rechte und Pflichten der Tarifvertragsparteien.	☐	☐
Der Tarifvertrag enthält Rechtsnormen, die beispielsweise den Inhalt und die Beendigung von Arbeitsverhältnissen ordnen.	☐	☐
Die Laufzeit der Tarifverträge muss nach dem Tarifvertragsgesetz mindestens zwölf Monate betragen.	☐	☐
Während der Laufzeit eines Tarifvertrages sind Streik und Aussperrungen untersagt.	☐	☐
Die meisten Tarifverträge werden zwischen dem DGB und den Arbeitgeberverbänden abgeschlossen.	☐	☐
Die im Tarifvertrag vereinbarten Arbeitsbedingungen können beim Vorliegen zwingender Gründe, z. B. Rezession, unterschritten werden.	☐	☐

A5 Nennen Sie je zwei mögliche Argumente von Gewerkschaften und Arbeitgebern in **Tarifauseinandersetzungen**.

Gewerkschaften	Arbeitgeber
______________________ ______________________	______________________ ______________________
Unternehmensgewinne ______________ ______________________	Hohe Lohnabschlüsse führen ______________ ______________________

Nicht immer können sich Arbeitgeberverbände und Gewerkschaften über die anstehenden Probleme friedlich einigen. Wenn keine Einigung möglich ist, können die Gewerkschaften zu ihrer Hauptwaffe, dem **Streik**, greifen, der heute als rechtlich anerkanntes Mittel gilt. Als Gegenwaffe steht den Arbeitgebern die Aussperrung zur Verfügung.

Streik
ist die gemeinsame und planmäßig durchgeführte Einstellung der Arbeit durch mehrere Arbeitnehmer, die in der Absicht erfolgt, nach erfolgreicher Durchsetzung der gestellten Forderungen in Form eines Tarifvertragsabschlusses die Arbeit wieder aufzunehmen.

Aussperrung
ist die von einem oder mehreren Arbeitgebern planmäßig vorgenommene Nichtzulassung von Arbeitnehmern zur Arbeit unter Verweigerung der Lohnzahlung mit dem Willen der Wiedereinstellung nach Erreichen der Kampfziele. Eine Aussperrung nur gegen Mitglieder einer streikenden Gewerkschaft ist rechtswidrig.

Rechtliche Grundlage des Arbeitskampfes ist die Koalitionsfreiheit nach Art. 9 des Grundgesetzes („Recht, zur Wahrung und Förderung der Arbeits- und Wirtschaftsbedingungen Vereinigungen zu bilden"). Nach den vom Bundesarbeitsgericht entwickelten Grundsätzen ist ein Streik aber nur dann rechtmäßig, wenn er „unter dem obersten Gebot der Verhältnismäßigkeit steht": Der Arbeitskampf muss die letzte Waffe im Kampf um bessere Arbeitsbedingungen sein, und er muss mit relativ schonenden Mitteln geführt werden. Hat die Gewerkschaft einen legalen Streik beschlossen, steht ihr ein ganzes Arsenal von Möglichkeiten offen: angefangen vom Dienst nach Vorschrift, über Sitzstreik, Teil- oder Schwerpunktstreik bis hin zum Voll- oder Flächenstreik.

Streikende haben keinen Lohnanspruch. Denn während eines Streiks ruht das Arbeitsverhältnis. Gewerkschaftsmitglieder erhalten Streikgeld. Aber auch die Arbeitswilligen können ihren Lohnanspruch verlieren, wenn z. B. durch einen Schwerpunktstreik Weiterbeschäftigung der Arbeitswilligen unmöglich oder für den Arbeitgeber unzumutbar erschwert wird.

Im Gegensatz zur legalen Arbeitsniederlegung sind spontane und „wilde" Streiks unzulässig. Wer wild streikt, kann (wegen Arbeitsverweigerung) fristlos entlassen werden und muss den entstandenen Schaden ersetzen.

Nach einem Urteil des Bundesarbeitsgerichts vom 30.11.1976 können Warnstreiks während laufender Tarifverhandlungen zulässig sein.

Stellungnahmen zur Aussperrung

Die Kampfparität zwischen Arbeitgeberverbänden und Gewerkschaften, das heißt die Gleichstellung in den Kampfmitteln, ist eine staatspolitische Notwendigkeit. Arbeitskämpfe dürfen – im Interesse des Gemeinwohls – keiner Seite erleichtert werden. Wer sich zum Kampf entschließt, muss auch das Risiko des Kampfes tragen.

Argumente

Gewerkschaften

- Streik ist ein Gegengewicht zur ökonomischen Macht der Arbeitgeber.
- Aussperrung führt zu einem Ungleichgewicht.
- Aussperrung verhindert sozialen Fortschritt.

Arbeitgeber

- Keine Partei darf der anderen ihren Willen aufzwingen können.
- Jede Seite muss ein Risiko beim Kampf tragen.
- Aussperrung verhindert selbstzerstörerische Konflikte.

A1 Welche Aussagen sind falsch, welche sind richtig? Kreuzen Sie an.

	falsch	richtig
Beim Scheitern von Tarifverhandlungen muss eine von Arbeitgebern und Arbeitnehmern zu gleichen Teilen besetzte Kommission unter Leitung eines neutralen Schlichters eine Einigung herbeiführen.	☐	☐
Wenn Lohnverhandlungen scheitern, kann der Arbeitsminister die neuen Entgelttarife festlegen.	☐	☐
Ein Tarifvertrag kann jederzeit gekündigt werden.	☐	☐
Während der Laufzeit eines Tarifvertrages gilt die Friedenspflicht — es dürfen keine Arbeitskämpfe geführt werden.	☐	☐
Die Zahlung von höheren Entgelten als im Tarifvertrag vereinbart ist darf nicht erfolgen.	☐	☐

A2 Tragen Sie in das Schema folgende Wörter in richtiger Folge ein:

Arbeitgeberverband — Schlichtungsverfahren — Arbeitskampf — Verhandlungen — neuer Tarifvertrag — Verhandlungen — Gewerkschaft

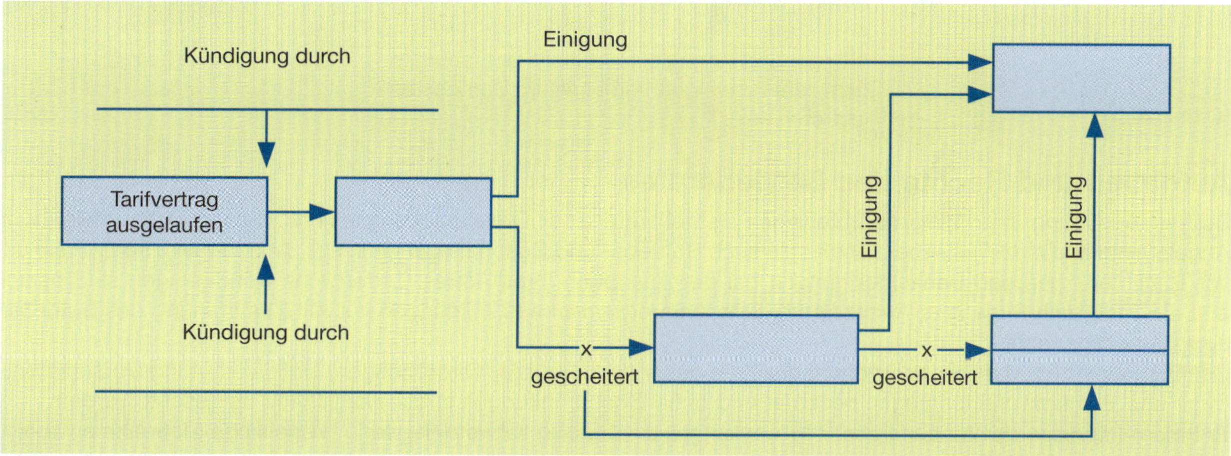

A3 Erklären Sie die folgenden Begriffe:

Urabstimmung: ______________________________

Schwerpunktstreik: ______________________________

Streikposten: ______________________________

Wilder Streik: ______________________________

Bummelstreik: ______________________________

A4 Welche Aussagen sind richtig? Kreuzen Sie an.

- ☐ Während eines legalen Streiks ruht das Arbeitsverhältnis. Streiken ist kein Entlassungsgrund.
- ☐ Arbeitswillige haben bei einem Streik immer einen Entgeltanspruch, auch wenn sie nicht arbeiten.
- ☐ Die Teilnahme an einem wilden Streik ist ein Grund zur fristlosen Entlassung.
- ☐ Gewerkschaften können nur dann einen wilden Streik für legal erklären, wenn Verhandlungen der Tarifpartner gescheitert sind.
- ☐ Aussperrung ist mit fristloser Kündigung gleichzusetzen.

Die rechtliche Vertretung der Arbeitnehmerinteressen im Betrieb ist der gewählte Betriebsrat. Das Betriebsverfassungsgesetz regelt Wahl, Aufgaben sowie Rechte und Pflichten des Betriebsrates.

Wahl des Betriebsrates

Nach dem Betriebsverfassungsgesetz sind in allen Betrieben mit in der Regel mindestens fünf wahlberechtigten Arbeitnehmern, von denen drei wählbar sind, Betriebsräte zu wählen. Die Betriebsräte sind je nach Mitarbeiterzahl des Betriebes verschieden groß.

Zahl der Betriebsräte	1	3	5	7	9	11	13	15	17	19	21	23	25	35
Mitarbeiter	5 –20	21 –50	51 –100	101 –200	201 –400	401 –700	701 –1 000	1 001 –1 500	1 501 –2 000	2 001 –2 500	2 501 –3 000	3 001 –3 500	3 501 –4 000	7 001 –9 000

Wahl des Betriebsrats:

- wahlberechtigt ab 18 Jahre
- wählbar ab 18 Jahre und ab 6 Monate Betriebszugehörigkeit
- Amtsdauer 4 Jahre
- Arbeiter und Angestellte müssen entsprechend dem zahlenmäßigen Verhältnis im Betriebsrat vertreten sein.

Aufgaben und Rechte des Betriebsrates

Bei der Ausübung ihrer Tätigkeit unterliegen Betriebsräte einer Geheimhaltungspflicht. Diese betrifft sowohl persönliche Angelegenheiten einzelner Arbeitnehmer als auch Betriebs- und Geschäftsgeheimnisse. Andererseits schützt sie das Gesetz vor Behinderungen und Benachteiligungen bei der Ausübung ihres Amtes. Ordentliche Kündigungen sind beispielsweise erst ein Jahr nach Ende ihrer Amtszeit möglich; außerordentliche Kündigungen nur mit Zustimmung des Betriebsrats bzw. eines Arbeitsgerichts.
Der Betriebsrat hat darüber zu wachen, dass die geltenden Gesetze, Verordnungen, Unfallverhütungsvorschriften, Tarifverträge und Betriebsvereinbarungen beachtet und ohne Einschränkungen in die Wirklichkeit umgesetzt werden.
Er hat im Interesse der Arbeitnehmer beim Arbeitgeber vorstellig zu werden, wenn betriebliche Maßnahmen zugunsten der Arbeitnehmer erforderlich erscheinen.

Mitwirkungs- und Mitbestimmungsrechte

des Betriebsrats

Sozialer Bereich
z. B.:
- Fragen der Ordnung des Betriebs
- Beginn und Ende der Arbeitszeit
- Entlohnungsgrundsätze
- Unfall- und Gesundheitsschutz

Personeller Bereich
z. B.:
- Einspruch bei Einstellungen, Umgruppierungen, Entlassungen
- Personalinformationssysteme bedürfen der Zustimmung

Wirtschaftlicher Bereich
z. B.:
- Betriebsänderungen
- Interessenausgleich anstreben
- Sozialplan erstellen

Mitbestimmung

d. h.: Der Betriebsrat muss seine Zustimmung geben.

Mitwirkung

d. h.: Der Betriebsrat hat ein Beratungsrecht und muss unterrichtet werden.

Zur Regelung von Konflikten zwischen Arbeitgeber und Betriebsrat kann eine paritätisch besetzte, unter Leitung eines neutralen Vorsitzenden stehende **Einigungsstelle** errichtet werden. Sie wird entweder mit Zustimmung beider Parteien oder – im erzwingbaren Einigungsverfahren – auf Antrag nur einer Stelle tätig. Ihr Spruch wird wirksam, wenn sich die Parteien ihm unterwerfen oder wenn das Gesetz vorsieht, dass die Entscheidung der Einigungsstelle die Einigung zwischen Arbeitgeber und Betriebsrat ersetzt (wie beispielsweise in allen in § 87 Abs. 1 BetrVG genannten Angelegenheiten, in denen der Betriebsrat ein Mitbestimmungsrecht besitzt).

A1 Welche Aussagen zur Wahl des Betriebsrates sind richtig? Kreuzen Sie an.

	richtig	falsch
Der Betriebsrat wird für vier Jahre gewählt.	☐	☐
Ausländische Arbeitnehmer können nicht in den Betriebsrat gewählt werden.	☐	☐
Über 18 Jahre alte Auszubildende sind nur zur JAV und nicht zum Betriebsrat wahlberechtigt.	☐	☐
Arbeiter und Angestellte müssen nach der Größe ihrer Gruppen im Betriebsrat vertreten sein.	☐	☐
Für die Bildung eines Betriebsrats ist die Zahl der Beschäftigten unwesentlich.	☐	☐
Gewählt werden dürfen alle Arbeitnehmer über 18 Jahre und mit mindestens sechs Monaten Betriebszugehörigkeit.	☐	☐

A2 Definieren Sie die Begriffe **Mitbestimmung** und **Mitwirkung** des Betriebsrats.

Mitbestimmung heißt, ______________________________

____

Mitwirkung bedeutet, ______________________________

____

A3 In welchem der genannten Fälle hat der Betriebsrat ein **Mitbestimmungsrecht**? Kreuzen Sie an.

- ☐ bei der Arbeitszeit- und Pausenregelung
- ☐ bei der Aufstellung des Urlaubsplanes
- ☐ bei einer von der Firmenleitung beabsichtigten Erweiterung der Produktion
- ☐ bei der Einstellung von Angestellten
- ☐ bei der Planung des Personalbedarfs für die Erweiterung der Produktion
- ☐ bei der Verwaltung von betrieblichen Sozialeinrichtungen
- ☐ bei der Durchführung der Berufsausbildung

A4 Welche Rechte hat der Betriebsrat? Kreuzen Sie die richtigen Antworten an.

◆ In der Montageabteilung der Firma Meier & Co soll das Lohnsystem von Zeit- auf Akkordlohn umgestellt werden.

Mitbestimmung	Mitwirkung	keine Rechte
☐	☐	☐

◆ Die Küchenmöbelfabrik A. ist gezwungen, ihre Produktion aufgrund erhöhter Nachfrage auszuweiten. Geplant ist die Errichtung einer weiteren Fertigungshalle und der Einsatz von CNC-Maschinen.

Mitbestimmung	Mitwirkung	keine Rechte
☐	☐	☐

A5 Ergänzen Sie den Lückentext zum Thema Einigungsstelle durch die folgenden Begriffe:

Betriebsrat (2x) — paritätisch — Arbeitgeber — Konflikten — Einigungsstelle — Einigung — unterwerfen — ersetzt — einer — Zustimmung

Kommt zwischen Unternehmen und ______________ z. B. bei der Festsetzung der Akkord- und Prämiensätze keine Einigung zustande, so entscheidet die ______________. Die Einigungsstelle ist ______________ besetzt, d. h. gleiche Anzahl von Beisitzern, die vom ______________ und vom ______________ bestellt werden.

Sie trifft Entscheidungen bei ______________ zwischen Arbeitgeber und Betriebsrat mit ______________ beider Parteien oder in Fällen des § 87 Abs. 1 Betriebsverfassungsgesetz auf Antrag ________ Partei. Ihr Spruch wird wirksam, wenn sich die Parteien ihm entweder ______________ oder das Gesetz vorsieht, dass die Entscheidung der Einigungsstelle die ______________ zwischen Arbeitgeber und Betriebsrat ______________.

Mitbestimmung in der Montanindustrie

In Großbetrieben des Bergbaus und der eisenschaffenden Industrie (Montanindustrie) gilt das Montanmitbestimmungsgesetz. Hier ist der Aufsichtsrat je zur Hälfte (paritätisch) mit Vertretern der Arbeitnehmer und der Aktionäre besetzt. Besteht der Aufsichtsrat z. B. aus elf Mitgliedern, so wählen die Arbeitnehmer über den Betriebsrat zwei Mitglieder, drei weitere werden von der Gewerkschaft benannt; die Aktionäre wählen auf der Hauptversammlung fünf Mitglieder. Für die Nominierung des elften Mitglieds ist die Zustimmung von mindestens je drei Arbeitgeber- und Arbeitnehmervertretern notwendig.

In diesen Betrieben muss der Vorstand neben anderen Direktoren mit einem Arbeitsdirektor (zuständig für Personalfragen) besetzt sein. Er kann nicht gegen die Stimme der Arbeitnehmeraufsichtsräte bestellt oder abberufen werden.

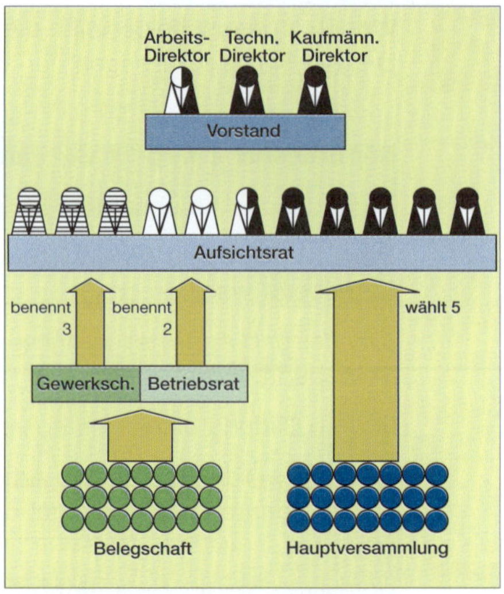

Mitbestimmung in der Montanindustrie

Mitbestimmung in kleinen Kapitalgesellschaften

In Aktiengesellschaften mit weniger als 2 000 Beschäftigten gilt die sogenannte **„Drittelparität"**. Die Hauptversammlung der Aktionäre oder deren Vertreter wählt zwei Drittel der Aufsichtsratsmitglieder für die Zeit von vier Jahren. Ein Drittel der Aufsichtsratsmitglieder wird von der Belegschaft gewählt. Wenigstens zwei der Arbeitnehmervertreter im Aufsichtsrat müssen im Unternehmen beschäftigt sein. Die im Betrieb arbeitenden Gruppen sind bei der Sitzverteilung zu berücksichtigen (Arbeiter, Angestellte). Für die übrigen Arbeitnehmervertreter bestehen keine Sondervorschriften. Auch Gewerkschaftsvertreter können benannt und gewählt werden.

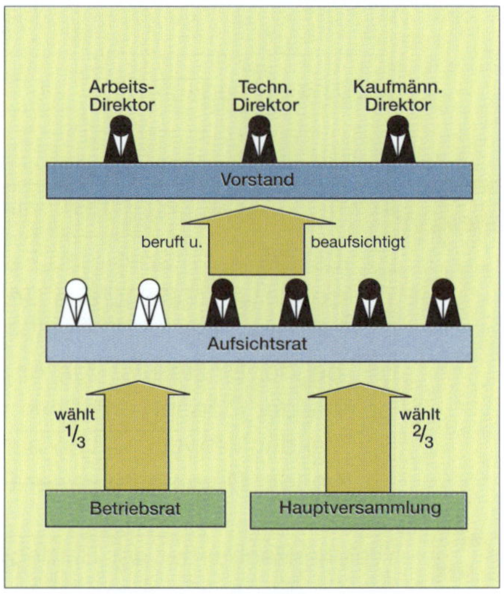

Mitbestimmung in Aktiengesellschaften (weniger als 2 000 Beschäftigte)

Mitbestimmung in Großunternehmen

Für Kapitalgesellschaften mit über 2 000 Beschäftigten gilt das Mitbestimmungsrecht nach dem Gesetz von 1976, jedoch nicht für sogenannte Tendenzbetriebe, wie etwa Presseunternehmen. Betriebe, die zu jener Zeit schon die Montanmitbestimmung hatten, haben diese behalten. Die folgende Grafik bezieht sich auf Unternehmen mit mehr als 20 000 Arbeitnehmern. In kleineren Unternehmen besteht der Aufsichtsrat nur aus zwölf bzw. 16 Mitgliedern.

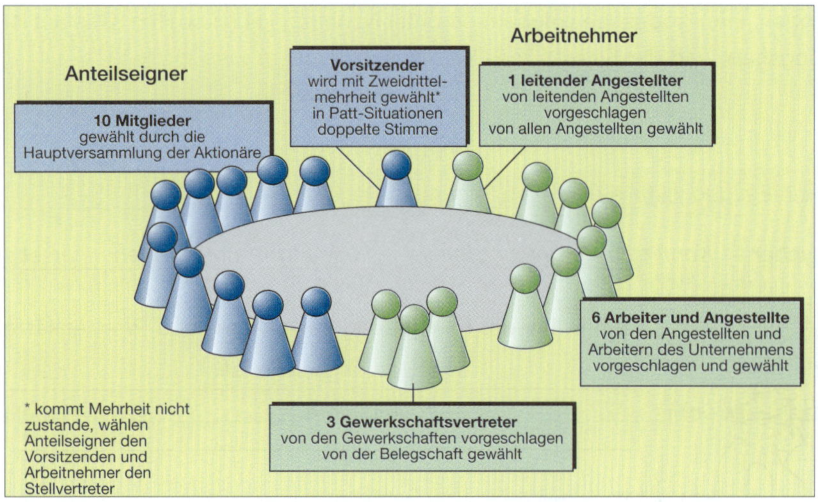

Mitbestimmung in einer Kapitalgesellschaft mit mehr als 20 000 Beschäftigten

Eine entscheidende Stellung kommt dem **Aufsichtsratsvorsitzenden** zu. Der Aufsichtsratsvorsitzende und sein Stellvertreter werden mit Zweidrittelmehrheit gewählt. Wird diese Zweidrittelmehrheit nicht erreicht, wählen die Vertreter der Anteilseigner den Vorsitzenden und die der Arbeitnehmer den stellvertretenden Vorsitzenden. Zur Auflösung von Patt-Situationen (Stimmengleichheit) erhält der Aufsichtsratsvorsitzende den Stichentscheid für den Fall, dass wegen Stimmengleichheit eine Abstimmung wiederholt werden muss. Als gleichberechtigtes Vorstandsmitglied wird ein **Arbeitsdirektor** nach dem Vorbild der Montanindustrie bestellt.

A1 Wodurch unterscheiden sich die in der Bundesrepublik Deutschland praktizierten drei **Mitbestimmungsmodelle**? Ordnen Sie Ihre Aussagen den Gesichtspunkten des nachfolgenden Schemas zu.

Gesichtspunkte	Mitbestimmungsgesetz von 1976	Mitbestimmung nach dem Betriebsverfassungsgesetz	Montanmitbestimmungsgesetz
Geltungsbereich			
Aufsichtsrat			
Aufsichtsratsvorsitz			
Vorstand			

A2 Welche Aussage enthält die Karikatur?

Jupp Wolter (Künstler), Haus der Geschichte, Bonn

11.1 Wirtschaftsordnungen

Die Wirtschaftsordnung eines Landes ist der staatliche Rahmen für die wirtschaftliche Handlungsfreiheit seiner Bürger. Man unterscheidet folgende Wirtschaftsordnungen:

Wirtschaftsordnungen		
Freie Marktwirtschaft	**Soziale Marktwirtschaft**	**Zentralverwaltungswirtschaft**
Merkmale der freien Marktwirtschaft: ◆ Der Staat greift in den Wirtschaftsablauf nicht ein, ◆ Privateigentum an Produktionsmitteln, ◆ Preisbildung nach Angebot und Nachfrage, ◆ freier Wettbewerb, ◆ freie Planung der Produktion, ◆ keine soziale Absicherung der Arbeitnehmer.	Merkmale der sozialen Marktwirtschaft: ◆ Der Staat greift in den Wirtschaftsablauf aus Wettbewerbsgründen ein und wenn dies zum Schutz wirtschaftlich Schwächerer erforderlich ist, ◆ Privateigentum an Produktionsmitteln, ◆ Preisbildung nach Angebot und Nachfrage, jedoch unter Aufsicht.	Merkmale der Zentralverwaltungswirtschaft: ◆ staatliche Planung der Produktion, ◆ Sozialisierung der Produktionsmittel, ◆ Preisfestsetzung durch staatliche Kommission, ◆ kein Wettbewerb, ◆ staatliche Planung der Produktion, ◆ soziale Absicherung durch den Staat.

Prinzipien einer sozialen Marktwirtschaft		
Leistungsprinzip	**Solidaritätsprinzip**	**Subsidiaritätsprinzip**
Alle Menschen, die etwas leisten, erhalten ein Entgelt für ihre Leistung, z. B. Lohn, Gehalt, Besoldung. Die Gesellschaft bewertet Leistung sehr unterschiedlich. Die Leistung wird kategorisiert und entsprechend entlohnt. Eine absolut gerechte Entlohnung gibt es nicht.	Alle Menschen sind von der Gemeinschaft abhängig, in der sie leben. Der einzelne Mensch muss sich für das Wohl der Gemeinschaft einsetzen, so wie die Gemeinschaft für das Wohl des Einzelnen sorgt, z. B. durch Sozialversicherungen.	Der Staat übernimmt als übergeordnete gesellschaftliche Einheit Aufgaben, zu deren Wahrnehmung untergeordnete Einheiten nicht in der Lage sind, z. B. Sozialhilfe für Bedürftige. Grundsätzlich ist jeder Mensch eigenverantwortlich und frei in seinem Handeln.

Volkswirtschaftliche Produktionsfaktoren		
Arbeit	**Boden**	**Kapital**
Als „Arbeit" wird jede geistige und körperliche Tätigkeit des Menschen bezeichnet, die darauf abzielt, ein Einkommen zu erzielen.	Unter dem Produktionsfaktor „Boden" versteht man die zu wirtschaftlichen Zwecken genutzte Natur. Dieser Produktionsfaktor ist in der Regel nicht vermehrbar.	Nur wenn Geld zu Investitions- und damit zu Produktionszwecken eingesetzt wird, ist es Kapital. Das Geld in der Spardose ist zwar Geld, aber kein Kapital. Der Kauf von Maschinen etc. ist eine Investition und damit Kapital (Sachgüter).

Unterscheidung der Arbeit			
Ausbildung	**Verantwortung und Weisungsbefugnis**	**Anforderungen**	**Abhängigkeiten**
◆ ausgebildet, z. B. Mechatroniker ◆ unausgebildet, z. B. Fließbandarbeiter	◆ leitend, z. B. Ingenieur ◆ ausführend, z. B. Elektroniker	◆ geistige, z. B. Lehrer ◆ körperliche, z. B. Gerüstbauer	◆ selbstständig, z. B. Unternehmer ◆ unselbstständig, z. B. Arbeitnehmer

Nutzungsmöglichkeiten des Bodens		
Anbauboden, z. B. Landwirtschaft	Abbauboden, z. B. Bergbau	Standort, z. B. Betrieb, Verkehrswege, Wohnungen

Kapital	
Sachkapital	**Geldkapital**
Die Zunahme des Sachkapitals (z. B. Maschinen) bewirkt a) eine höhere Produktivität, b) eine Zunahme des Konsumgüterangebotes.	Geldkapital: z. B. Kassenbestand

A1 Die freie und die soziale Marktwirtschaft haben ähnliche Strukturelemente. Nennen Sie fünf gemeinsame Merkmale.

-
-
-
-
-

A2 Nennen Sie Gründe, warum jeder Staat eine Wirtschaftsordnung braucht.

-
-
-
-

A3 Welches sind die Prinzipien einer sozialen Marktwirtschaft? Kreuzen Sie an.

	richtig	falsch
Marktprinzip		
Leistungsprinzip		
Wirtschaftsprinzip		
Solidarprinzip		
Sozialprinzip		
Subsidiaritätsprinzip		
Egoprinzip		

A4 Welche Produktionsfaktoren müssen bei der Herstellung einer Ware oder Dienstleistung eingesetzt werden? Erläutern Sie Ihre Aussagen jeweils an einem Beispiel.

-
-
-

A5 Nach welchen Kriterien wird der Produktionsfaktor Arbeit unterschieden? Erläutern Sie Ihre Aussage an einem Beispiel aus Ihrem Ausbildungsbetrieb.

-
-
-
-

Der offene Wirtschaftskreislauf

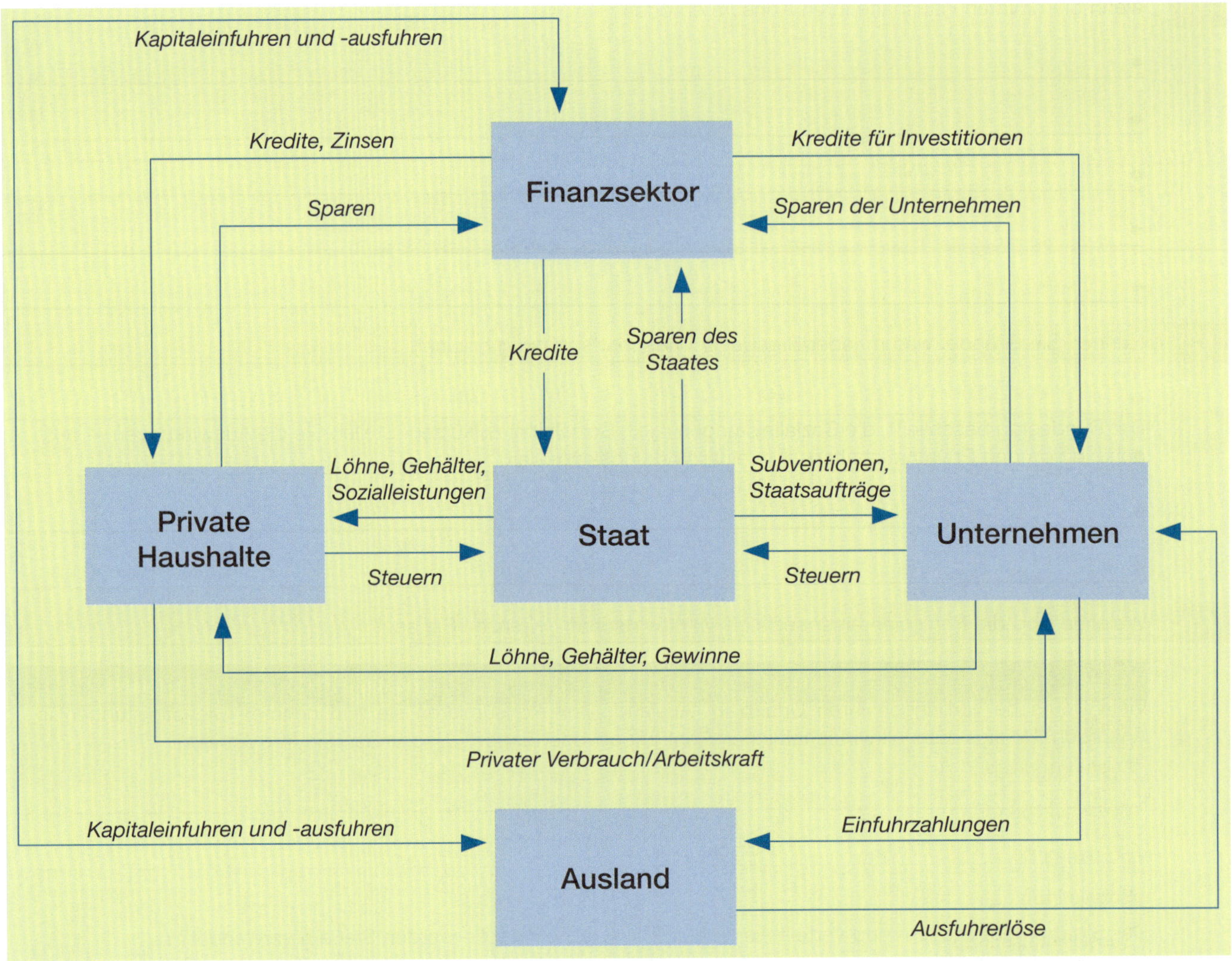

Modell „Wirtschaftskreislauf"

In dem Kreislaufmodell stehen die Wirtschaftssubjekte untereinander in Beziehungen.

Private Haushalte: Sie können ihr Einkommen für Konsum verwenden oder es sparen und stellen den Unternehmen Produktionsfaktoren zur Verfügung, wie z. B. die Arbeitskraft.

Unternehmen: Sie produzieren Waren oder Dienstleistungen und investieren Kapital bzw. privatisieren es als Gewinn.

Staat: Er erhebt Steuern und Abgaben. Diese werden verwendet für Staatsausgaben, z. B. für soziale Leistungen an die privaten Haushalte, für Infrastrukturmaßnahmen, Bildung usw. und für Subventionen an die Unternehmen.

Finanzsektor: Er erhält Spareinlagen und vergibt Kredite an private Haushalte für Konsum und an Unternehmen für Investitionen.

Ausland: Mit dem Ausland erfolgt der Ex- und Import, d. h. der Austausch von Waren/Dienstleistungen gegen Geld.

Begriffserklärung

Subventionen: Zweckgebundene finanzielle Unterstützung des Staates an Unternehmen, z. B. Förderung regenerativer Energien

Steuern: Einnahmen des Staates, z. B. Lohnsteuer, Mehrwertsteuer, Gewerbesteuer

Konsum: Verbrauch der privaten und öffentlichen Haushalte an Gütern und Dienstleistungen, z. B. Anschaffung eines Pkws

Investition: Überführung von Finanzkapital in Sachkapital zum Zwecke der Gewinnerzielung, z. B. Anschaffung von Anlagen und Maschinen

Sozialleistungen: Ausgaben des Staates für private Haushalte, z. B. Kindergeld

Import/Export: Einfuhr und Ausfuhr von Gütern und Dienstleistungen gegen Geld

A1 Nennen Sie mithilfe des Schemas vom offenen Wirtschaftskreislauf eine Kette von Auswirkungen, die eintreten, wenn die privaten Haushalte ihren Konsum erhöhen.

____

____

____

____

____

____

A2 Der Bundestag beschließt, die Sozialleistungen (z. B. Sozialhilfe) zu kürzen. Stellen Sie die Auswirkungen – ausgehend von den Privathaushalten – in einer Wirkungskette dar.

____

____

____

A3 Viele Deutsche verbringen ihren Urlaub im Ausland. Dort konsumieren sie und nehmen Dienstleistungen in Anspruch. Ist dies aus volkwirtschaftlicher Sicht Import oder Export? Begründen Sie Ihre Antwort.

____

____

A4 Der Staat erhebt Steuern und verteilt sie wieder. Für welche Zwecke werden Steuern verwendet?

____

- ______________________________
- ______________________________
- ______________________________
- ______________________________

A5 Legen Sie dar, welche Aufgaben in dem Wirtschaftskreislaufmodell die Unternehmen, die Haushalte, der Staat und die Banken haben.

- Unternehmen: ______________________________
- Haushalte: ______________________________
- Staat: ______________________________

  ____
- Banken: ______________________________

Marktformen		
Polypol	**Oligopol**	**Monopol**
Auf einem Markt treffen viele Nachfrager auf viele Anbieter oder umgekehrt, z. B. Wertpapierbörse.	Wenigen Anbietern stehen viele Nachfrager gegenüber oder umgekehrt, z. B. Automarkt, Schuhmarkt, Angebots- und Nachfrageoligopol.	Für eine Ware gibt es nur einen Anbieter oder nur einen Nachfrager, z. B. Bundeswehr, Angebots- und Nachfragemonopol.

Preisbildung

Käufer und Verkäufer treten mit unterschiedlichen Interessen auf dem Markt an. Der Anbieter möchte einen hohen Erlös erzielen und der Käufer einen geringen Preis zahlen. Der **Marktpreis** ist ein ausgehandelter Kompromiss zwischen beiden und drückt damit den Gegenwert des Gutes oder der Dienstleistung aus.

Die Festlegung des Preises richtet sich nach drei Gesichtspunkten:

- den Selbstkosten,
- den Konkurrenzpreisen,
- der Zahlungsbereitschaft des Käufers.

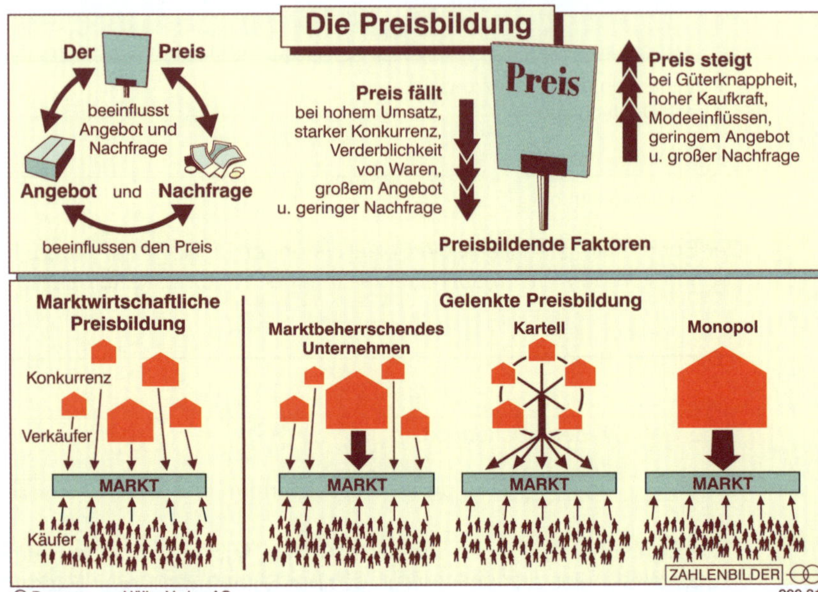

© Bergmoser + Höller Verlag AG 200 310

Angebot und Nachfrage

Der Preis wirkt sich jedoch auch auf Angebot und Nachfrage aus.
Erzielen die Anbieter einen hohen Preis, dann wird das Angebot zunehmen, d. h., die Produzenten werden ihre Produktion steigern. Andere Erzeuger werden nun nachziehen und somit das Angebot steigern. Das gestiegene Angebot lässt dann den Marktpreis sinken.
Nun können immer mehr Nachfrager den Preis bezahlen, aber immer weniger Anbieter können mit den Preisen zurückgehen. Die Folge ist, dass die Preise aufgrund des abnehmenden Angebots wieder steigen. Hat sich das Verhältnis eingependelt, entsteht der sogenannte **Gleichgewichtspreis**.

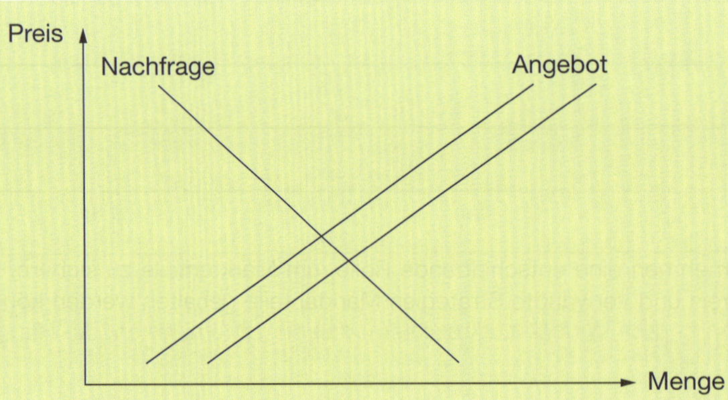

Wie zu sehen ist, ergibt sich theoretisch bei einer Angebotsmenge x ein Preis P. Wird die Angebotsmenge auf x1 erhöht, sinkt der Preis auf P1 ab.

Preispolitik

Nicht immer ist eine Niedrigpreisstrategie der richtige Weg, um Marktanteile zu schaffen oder zu halten. Oft haben Hochpreisstrategien zur Unterstützung eines statusfördernden Images zu beachtlichen Marktanteilen oder zur Eroberung profitabler Marktlücken geführt. Voraussetzung ist jedoch ein angemessenes Preis-Leistungs-Verhältnis. Zur Gewinnung oder Sicherung von Marktanteilen können über den Produktpreis im engeren Sinne hinaus andere Strategien wie Skonti, Boni oder Rabatt eingesetzt werden. Auch Rückgaberechte, eine Ausweitung der Garantieleistungen, die Übernahme von Transportkosten und ein optimierter Kundendienst stellen Kaufanreize dar und erweitern den Marktanteil.

A1 Welche Marktform liegt vor, wenn wenige Anbieter und viele Nachfrager auftreten?

____

____

A2 Welche Marktform liegt bei folgenden Beispielen vor? Kreuzen Sie die entsprechende Antwort an.

Beispiele	Polypol	Angebots-oligopol	Nachfrage-oligopol	Angebots-monopol	Nachfrage-monopol
Automarkt in der Bundesrepublik Deutschland					
Bundeswehr kauft Panzer					
Aktienhandel an der Börse					
Vielen Landwirten stehen wenige Absackfirmen gegenüber.					
Schienennetz der Deutschen Bahn					

A3 Ergänzen Sie den Lückentext.

Das ______________ ist die eigentliche Urform des Marktes. Es gibt viele Anbieter und viele ______________. Ein Konkurrenzverhältnis ist gegeben. Die ______________ bilden sich frei auf dem Markt. Im ______________ ist der Wettbewerb eingeschränkt. Ein Angebotsoligopolist wird seine Preise erhöhen, wenn er damit rechnen kann, dass auch die anderen ______________ ihm folgen werden. Der ______________ kann seinen Preis beliebig festsetzen. Es besteht kein ______________.

A4 Was versteht man unter dem folgenden Satz: „Angebot und Nachfrage regeln den Preis.“?

____

____

____

____

____

A5 Die Preispolitik spielt für Unternehmen eine entscheidende Rolle, um Marktanteile zu sichern. Nennen Sie Beispiele, wie über den Produktpreis und verwandte Strategien Marktanteile gehalten werden können.

Zum Beispiel:

- ____
- ____
- ____
- ____
- ____

Volkswirtschaftliche Gesamtrechnung

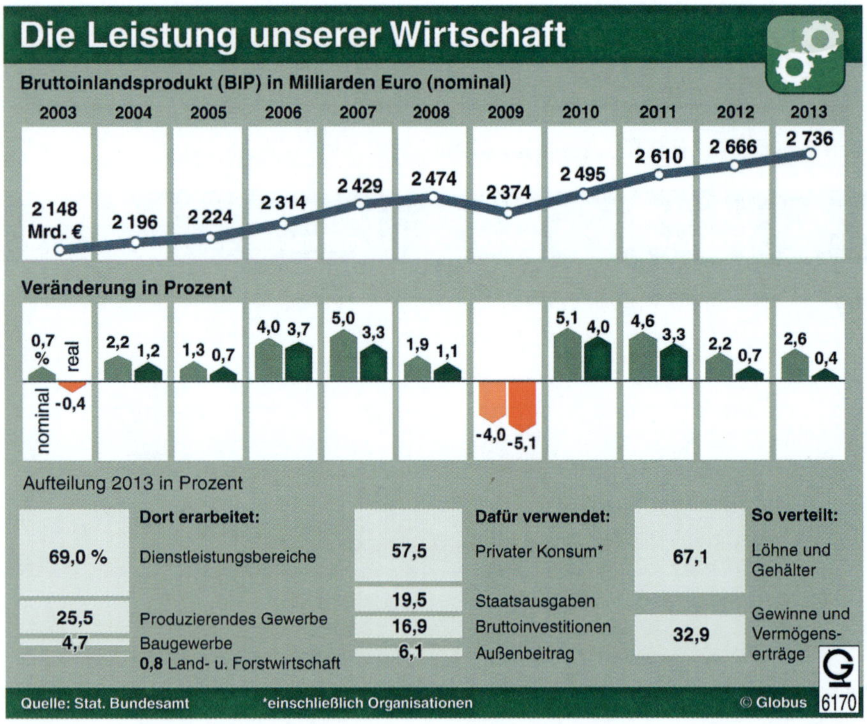

Die deutsche Wirtschaftsleistung hat sich im vergangenen Jahr nur wenig erhöht. Ohne Berücksichtigung des Preisanstiegs lag die gesamtwirtschaftliche Leistung um 2,6 Prozent über dem Ergebnis des Vorjahres; preisbereinigt (real) - und das ist die entscheidende Größe - übertraf sie den Vorjahreswert um 0,4 Prozent, wie das Statistische Bundesamt berechnet hat. Im Jahr 2012 hatte das Bruttoinlandsprodukt (BIP) real um 0,7 Prozent zulegen können. Mit Blick auf das wirtschaftliche Umfeld kann das bescheidene Wachstum im Jahr 2013 nicht verwundern; viele europäische Nachbarländer haben mit großen wirtschaftlichen Problemen und Rezession zu kämpfen. - Im BIP spiegelt sich die gesamtwirtschaftliche Leistung Deutschlands wider. In ihm wird der Wert aller innerhalb eines Kalenderjahres produzierten Güter und geleisteten Dienste zusammengefasst. Die Arbeiten des kleinen Handwerksbetriebs sind im BIP ebenso enthalten wie die Produktion des Industriekonzerns; die Leistungen des Transportgewerbes des Dienstleistungssektors, des Handels, der Banken und Versicherungen sowie der Landwirtschaft ebenso wie die des Staates, der Kirchen, der Gewerkschaften und anderer Organisationen. Ins BIP fließen auch sogenannte schattenwirtschaftliche Aktivitäten ein, also Produktionstätigkeiten, die illegal ausgeübt werden oder an Fiskus und Sozialversicherung vorbeigehen. Hausarbeit, Kinderbetreuung und Ähnliches werden bei der Berechnung des BIP nicht berücksichtigt, weil diese Leistungen statistisch kaum oder gar nicht zu erfassen sind.

Bruttoinlandsprodukt

Alle Güter und Dienstleistungen, die innerhalb eines Landes von Inländern erbracht werden, führen zum Bruttoinlandsprodukt. Dabei können diese auch von Ausländern erbracht worden sein, oder von Inländern, die im Ausland arbeiten. Entscheidend ist, dass sie ihr Gehalt in Deutschland beziehen.

Nominales und reales Bruttoinlandsprodukt

Der Grafik ist zu entnehmen, dass das Bruttoinlandsprodukt in der Regel jährlich gestiegen ist. Das heißt aber nicht, dass es sich um eine Güter- und Dienstleistungszunahme handeln muss; es kann auch aufgrund einer Preissteigerung gestiegen sein. Dann handelt es sich um das „nominale Bruttoinlandsprodukt" (nominal = betragsmäßig). Reduziert man das nominale Bruttoinlandsprodukt um die Inflationsrate, so spricht man vom „realen Bruttoinlandsprodukt" (real = wirklich, tatsächlich).

Berechnung des Bruttoinlandsproduktes

Die Entstehungsrechnung verwendet die Wertschöpfung der einzelnen Wirtschaftsbereiche als Grundlage.
Die Verteilungsrechnung fragt nach der Verteilung des Geldes, das für die produzierten Waren und Dienstleistungen bezahlt wurde.
Die Verwendungsrechnung befasst sich mit der Frage, von wem die produzierten Güter und Dienstleistungen verbraucht worden sind.

Aussagekraft des Bruttoinlandsproduktes

Das BIP ist eine Maßeinheit. Eine Zunahme des BIP bedeutet noch keinen höheren Lebensstandard des einzelnen Menschen. Erst eine Zunahme des realen Bruttoinlandproduktes pro Kopf führt zu gesteigertem Wohlstand des Einzelnen.

Darüber hinaus erfasst das BIP in seiner Aussagefähigkeit keine

- unbezahlte Hausarbeit, Heimarbeiter, ehrenamtlichen Tätigkeiten,
- Schwarzarbeit,
- Beseitigung von Schäden und
- nicht die ungleiche Verteilung des Wohlstandes.

A1 Erläutern Sie, was man unter dem Bruttoinlandsprodukt versteht.

____

____

____

____

A2 Das Schaubild zeigt die Entwicklung der Leistung (BIP) der Wirtschaft. Wodurch unterscheiden sich nominales und reales BIP?

____

____

A3 a) Errechnen Sie das Wachstum von 2003 bis 2013 für das nominale Bruttoinlandsprodukt.

BIP (nom.) 2003 = __________ Mrd. EUR/BIP (nom.) 2013 = __________ Mrd. EUR

Wachstumsrate (BIP nom.) = ________ %

b) Worauf ist der Unterschied zwischen dem BIP (nom.) und dem BIP (real) zurückzuführen?

____

A4 In den Jahren 2003 und 2009 ist die Veränderung des BIP gegenüber dem Vorjahr mit – 0,4 % bzw. -5,1 % real angegeben. Welche Bedeutung hat diese negative Rate?

____

____

____

A5 In welchen Wirtschaftszweigen wird das BIP erarbeitet?

____

____

____

a) Wie wird das BIP verwendet?

____

b) Wie wird das BIP verteilt?

____

Gesetz zur Förderung der Stabilität und des Wachstums der Wirtschaft (Stabilitätsgesetz 1968)

Bund und Länder haben bei ihren wirtschafts- und finanzpolitischen Maßnahmen die Erfordernisse des gesamtwirtschaftlichen Gleichgewichts zu beachten. Die Maßnahmen sind so zu treffen, dass sie im Rahmen der marktwirtschaftlichen Ordnung zur Stabilität des Preisniveaus, zu einem hohen Beschäftigungsgrad und außenwirtschaftlichem Gleichgewicht bei stetigem und angemessenem Wachstum beitragen.

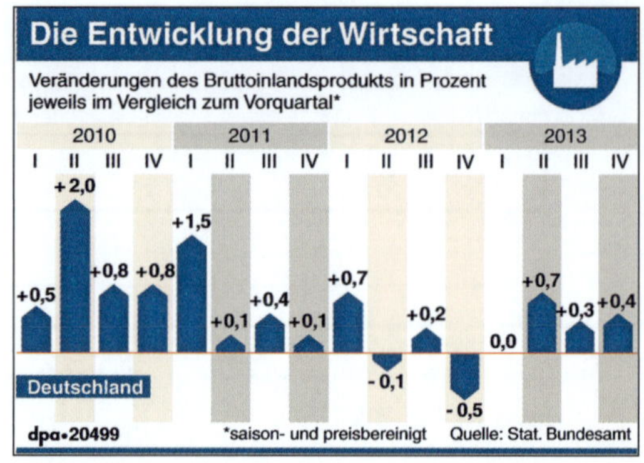

Das magische Viereck

Das gesamtwirtschaftliche Gleichgewicht wäre erreicht, wenn alle vier Ziele gleichzeitig verwirklicht würden. Es ist jedoch fraglich, ob diese Ziele überhaupt gleichzeitig zu verwirklichen sind. Angenommen, die Nachfrage übersteigt die Angebotsmöglichkeit. Als konjunkturpolitische Maßnahme sind nun Nachfragebeschränkungen notwendig, um die Preisstabilität zu gewährleisten. Nachfragebeschränkungen gefährden aber in ihrer Entwicklung die Vollbeschäftigung und das Wachstum. So kommt es zu Reibungen zwischen den einzelnen wirtschaftspolitischen Zielvorstellungen. Weil die Verfolgung eines Zieles, z. B. das der Preisstabilität, ein anderes Ziel, z. B. das des Wachstums, gefährdet, spricht man vom „magischen Viereck".

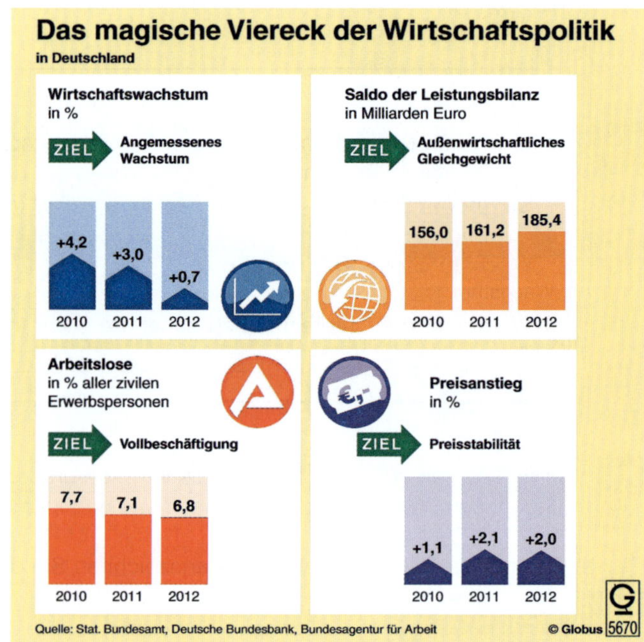

Heute werden häufig zu den vier Zielen zwei weitere hinzugefügt: die gleichmäßigere Einkommensverteilung und der Umweltschutz. Dann spricht man nicht mehr von einem magischen Viereck, sondern von einem **magischen Sechseck**.

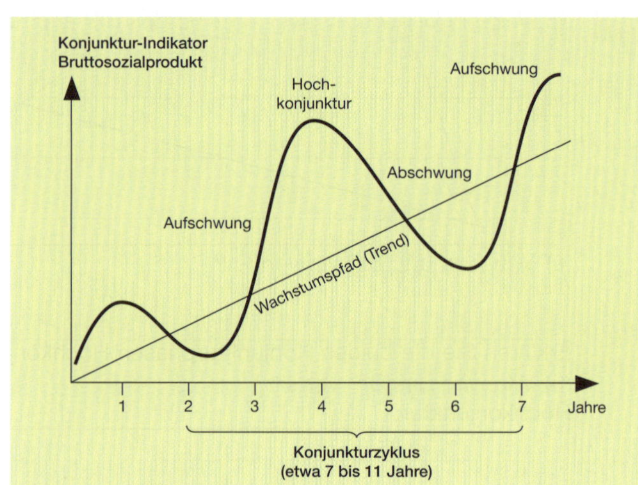

Konjunkturzyklen

Die wirtschaftliche Situation eines Landes verändert sich ständig. Es gibt Zeiten, in denen Produktion, Dienstleistungen, Nachfrage und Beschäftigung ansteigen, und Zeiten, in denen sie zurückgehen. Diese wechselhaften Veränderungen nennt man **Konjunktur**. Da der Wirtschaftsverlauf in verschiedene Abschnitte einzuteilen ist, die sich scheinbar immer wiederholen, ergeben sich folgende **Konjunkturphasen**:

- Abschwung (Rezession),
- Tiefstand (Depression),
- Aufschwung (Expansion),
- Hochkonjunktur (Boom).

A1 a) Nennen Sie die wirtschaftspolitischen Ziele, die im Stabilitätsgesetz festgeschrieben worden sind.

- ______________________
- ______________________
- ______________________
- ______________________

b) Welche Ziele sind zu den vier genannten hinzugekommen?

- ______________________
- ______________________

____

A2 Entnehmen Sie dem Schaubild, welche wirtschaftspolitischen Ziele in den Jahren 2010, 2011 und 2012 erreicht und welche nicht erreicht wurden, und tragen Sie das Ergebnis in die Tabelle ein.

	2010	2011	2012
Wachstum			
Vollbeschäftigung			
außenwirtschaftliches Gleichgewicht (Leistungsbilanz)			
Preisstabilität (Verbraucherpreise)			

A3 Beschriften Sie die Achsen und kennzeichnen Sie die einzelnen Konjunkturphasen.

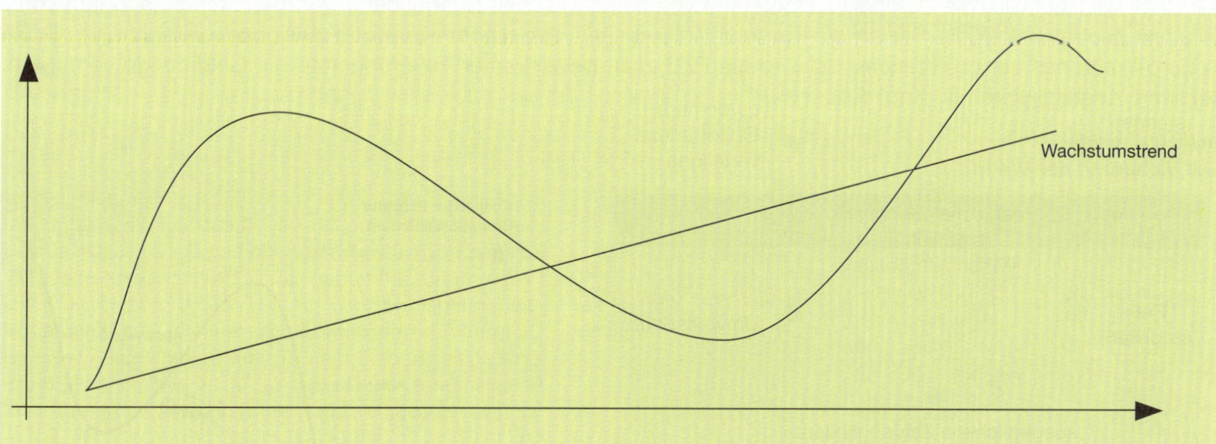

A4 Erklären Sie die beiden Konjunkturphasen Hochkonjunktur (Boom) und Rezession.

Hochkonjunktur: ______________________

____

Rezession: ______________________

____

11.6 Konjunkturpolitik

Ziel der Konjunkturpolitik ist es, Konjunkturschwankungen nicht zu weit ausschlagen zu lassen, denn in der Hochkonjunktur steigen die Preise, während es in der Rezession weniger Arbeitsplätze gibt. Wirtschaftspolitische Maßnahmen, die dieses Auf und Ab und die damit verbundenen nachteiligen volkswirtschaftlichen Folgen mindern sollen, bezeichnet man als „antizyklisch“, im Gegensatz zu prozyklischen Maßnahmen, die die Auf- und Abwärtsbewegungen noch verstärken sollen.

Staatliche Konjunkturpolitik

Die staatliche Konjunkturpolitik soll antizyklisch sein. Beispielsweise soll der Staat während einer Depression konjunkturfördernde Maßnahmen ergreifen. In Zeiten der Hochkonjunktur soll er dagegen konjunkturdämpfend wirken.

Beispiele für konjunkturfördernde Maßnahmen:

- Investitionszulagen erhöhen,
- staatliche Aufträge vergeben,
- Steuern senken,
- Kreditzins senken,
- Abschreibungsmöglichkeiten erhöhen,
- kollektive soziale Interessen durch den Staat umsetzen (z. B. Bildung, Ausbau des öffentlichen Nahverkehrs).

Beispiele für konjunkturdämpfende Maßnahmen:

- Investitionszulagen abbauen,
- staatliche Aufträge vermindern,
- Steuern erhöhen,
- Kreditzins erhöhen,
- Abschreibungsmöglichkeiten senken,
- kollektive soziale Interessen gedämpft durch den Staat umsetzen.

Instrumente des Staates zur Konjunktursteuerung

Ziele	Hochkonjunktur = nachfragedämpfend	Rezession = nachfragesteigernd
hoher Beschäftigungsstand		◆ Investitionsprogramme ◆ Abschreibungserleichterungen ◆ Senkung der Einkommens- und Körperschaftssteuer
Stabilität des Preisniveaus	◆ Konjunkturausgleichsrücklage ◆ Investitionssteuer für Unternehmen ◆ Erhöhung der Einkommens- und Körperschaftssteuer	
stetiges, angemessenes Wirtschaftswachstum		◆ Investitionsprämie ◆ Förderung von Innovationen ◆ staatliche Konjunkturprogramme
außenwirtschaftliches Gleichgewicht	Besteuerung der Exporte/Importe Subventionen der Exporte/Importe	

Instrumente der Geldpolitik zur Geldwertstabilität

Seit dem 1.1.1999 wird die Geldpolitik nicht mehr von der Deutschen Bundesbank wahrgenommen, sondern von der Europäischen Zentralbank (EZB). Sie will die Preisstabilität erhalten. Um die Preisstabilität zu sichern, versucht sie die Geldmenge im Euro-Währungsraum zu steuern. So wird die EZB z. B. bei extremer Teuerungsrate die Geldmenge verringern, um den Geldwert zu stabilisieren (s. Kap. 6.1).

Geld- und Kreditpolitik
Ziel: Sicherung der Währung

Instrumente	Hochkonjunktur	Rezession
Diskontpolitik Lombardpolitik	↑ Diskontsatz Lombardsatz	↓ Diskontsatz Lombardsatz
Mindestreservepolitik	↑ Mindestreservesätze	↓ Mindestreservesätze
Offenmarktpolitik	Verkauf von Wertpapieren	Rückkauf von Wertpapieren

wirken indirekt über Sparkassen und Banken auf

- private Haushalte
- öffentliche Haushalte
- Unternehmen
- Außenwirtschaft

Der Europäischen Zentralbank (EZB) stehen geldpolitische Instrumente zur Verfügung, um unmittelbar auf die Geldmenge einzuwirken und indirekt über die Änderung der Zinssätze zu entscheiden. Folgende Auswirkungen haben die Instrumente der EZB zur Konjunktursteuerung:

Diskont-/Lombardpolitik: Sie besteht aus einer Änderung des Zinssatzes, zu dem die EZB von Geldinstituten Wechsel ankauft. Beispiel: Bei einem Diskontsatz von 4 % kauft die EZB einen Wechsel über 10 000,00 EUR mit 3 Monaten Laufzeit für 9 900,00 EUR an.
Durch Erhöhung oder Senkung des Diskontsatzes werden Kredite verteuert oder verbilligt.

Mindestreservepolitik:
Mindestreserven sind Guthaben, die die Geldinstitute zinslos auf ihrem Zentralbankkonto unterhalten müssen.
Durch Erhöhung oder Herabsetzung zinsloser Zwangseinlagen der Geschäftsbanken bei der Zentralbank wird der Kreditspielraum der Banken erhöht oder gesenkt.

Offenmarktpolitik:
Die EZB versucht durch An- und Verkauf von Wertpapieren „am offenen Markt“ den Geldumlauf und damit die wirtschaftlichen Aktivitäten zu beeinflussen. Durch An- und Verkauf von Wertpapieren beeinflusst die EZB die Geldmenge.

A1 Welche Instrumente hat der Staat zur Konjunktursteuerung in einer Rezession, um den Beschäftigungsstand zu erhöhen und ein angemessenes Wirtschaftswachstum zu erreichen?

Erhöhung des Beschäftigungsstandes: ______________________

____

Angemessenes Wirtschaftswachstum: ______________________

____

A2 Wie macht sich die Erhöhung des Diskontsatzes in einer Hochkonjunktur bemerkbar?

____

____

____

____

____

____

A3 Welchen Einfluss hat in der Rezession das Senken des Diskontsatzes auf die Unternehmen? Was will die EZB damit erreichen?

____

____

____

____

____

____

A4 Lesen Sie die beiden Aussagen der Politiker A und B. Entscheiden Sie, ob es sich jeweils um eine angebots- oder eine nachfrageorientierte konjunkturpolitische Aussage handelt.

Politiker A: Für Unternehmen müssen günstige Rahmenbedingungen für ein investitionsfreudiges Klima geschaffen werden. Dazu gehört, dass die Unternehmenssteuern gesenkt und die Lohnnebenkosten von den Löhnen abgekoppelt werden. Das heißt auch, dass ein Teil der Sozialversicherungsabgaben gesenkt werden muss und Arbeitnehmer z. B. an den Gesundheitskosten in einem größeren Umfang beteiligt werden. Unternehmen würden wieder Gewinne machen und investieren, was wiederum Arbeitsplätze schaffen würde.

angebotsorientiert ☐ nachfrageorientiert ☐

Politiker B: Um die Kaufkraft im Lande zu stärken, müssen die Einkommenssteuern gesenkt werden und es muss mehr Steuergerechtigkeit geschaffen werden. Das heißt, Abschreibungsmöglichkeiten und Subventionen für Unternehmen müssen eingeschränkt oder sogar abgeschafft werden. Dann steigt die Binnennachfrage, die Unternehmen machen Gewinne und können wieder investieren, wodurch neue Arbeitsplätze entstehen.

angebotsorientiert ☐ nachfrageorientiert ☐

12.1 Steuern – Haupteinnahmequelle des Staates

Der Staat (Bund, Länder und Gemeinden) hat im Interesse seiner Bürger vielfältige Aufgaben zu erfüllen, so z. B.

- den Bau und die Unterhaltung von Kindergärten, Schulen, Theatern und Straßen,
- die Gewährleistung der inneren und äußeren Sicherheit (Polizei, Bundeswehr),
- die Sicherstellung der Energieversorgung und des Umweltschutzes,
- die finanzielle Unterstützung sozial Bedürftiger (Sozialhilfe).

Solche Aufgaben kosten jährlich mehrere hundert Millionen EUR und können nicht von Einzelnen, sondern nur von allen Bürgern gemeinsam finanziert werden.

Haupteinnahmequelle des Staates zur Finanzierung der Aufgaben sind die **Steuereinnahmen** (ca. 80 % der Gesamteinnahmen).

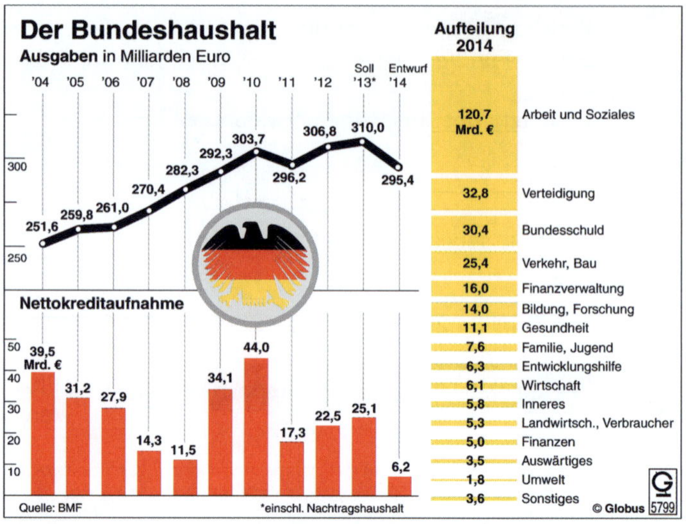

Steuern sind staatlich festgelegte Geldleistungen, ohne Anspruch auf direkte Gegenleistungen. Die Steuerpflicht ist eine Grundpflicht des Bürgers gegenüber dem Staat.

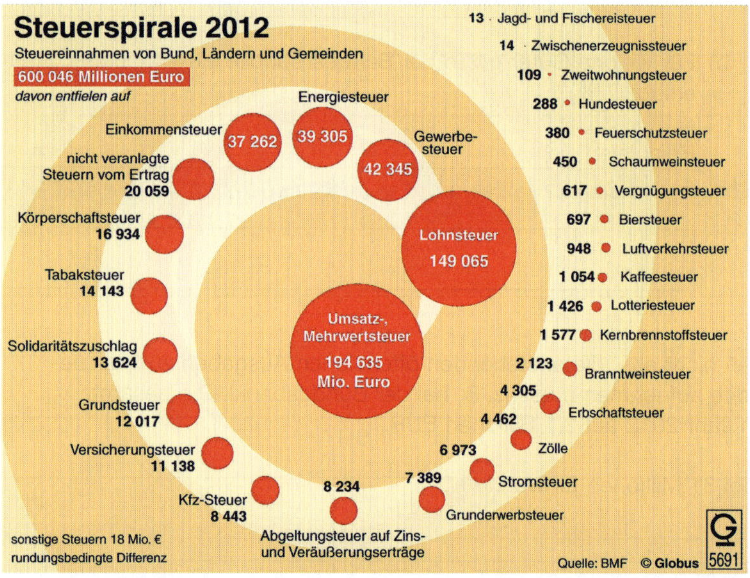

Neben den Steuern hat der Staat noch folgende **zusätzliche Einnahmequellen**:

Gebühren:	Entgelt für spezielle öffentliche Leistungen, z. B. für die Müllabfuhr
Beiträge:	Zahlungen für das Vorhandensein öffentlicher Einrichtungen, unabhängig von der tatsächlichen Inanspruchnahme, z. B. Straßenanliegerbeiträge
Zölle:	Abgaben für grenzüberschreitende Güter (nicht innerhalb der Europäischen Wirtschaftsunion)
Erwerbseinkünfte:	Einkünfte aus staatseigenen Betrieben oder aus Beteiligungen an Unternehmen oder aus dem Verkauf von Grundstücken

Seit vielen Jahren reichen allerdings die Einnahmen des Staates nicht aus, die erforderlichen Ausgaben zu finanzieren. Zusätzliche **Kreditaufnahmen** (z. B. bei der Bundesbank) führten bis heute zu einer gigantischen Staatsverschuldung (Ende 2012: ca. 2,1 Billionen EUR). Etwa 10 % der gesamten Staatsausgaben müssen für Kreditzinsen verwendet werden. Die gesamte öffentliche Schuldenzunahme betrug im Jahr 2012 ca. 825,00 EUR pro Sekunde!

Aktuelle Steuerpolitik: www.bundesfinanzministerium.de

A1 Wie viel Prozent der gesamten Steuereinnahmen 2012 in Deutschland entfielen auf die zwei wichtigsten Steuern, die Umsatz- bzw. Mehrwertsteuer und die Lohnsteuer?

____________ Mrd. EUR (19 % Mehrwertsteuer)		____________ EUR = 100 %
+ ____________ Mrd. EUR (Lohnsteuer)		____________ EUR = x %
= ____________ Mrd. EUR		x = ________

A2 Seit dem 1.1.2007 beträgt die normale Mehrwertsteuer in der Bundesrepublik 19 % (zuvor 16 %).

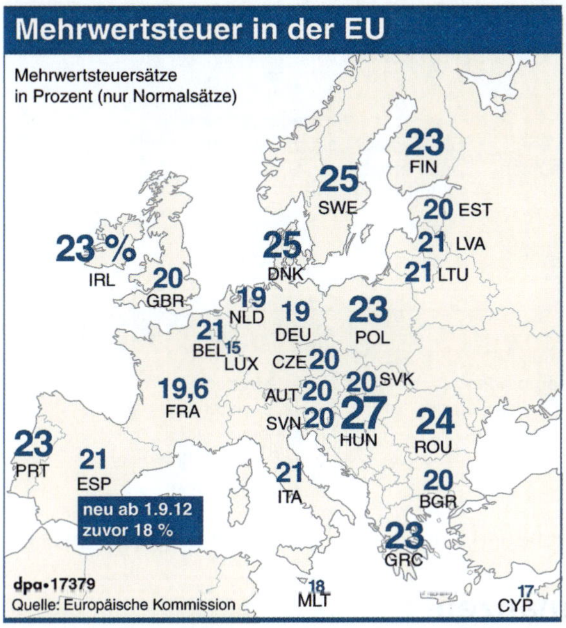

a) Führen Sie jeweils einen Vor- und einen Nachteil eines noch höheren normalen Steuersatzes wie in Schweden und Dänemark an.

Vorteil: ______________________________

____

Nachteil: ______________________________

____

b) Für welche Güter gilt in der Bundesrepublik ein ermäßigter Steuersatz (7 %)?

Beispiele: ______________________________

____

____

A3 Die gesamten Einnahmen des Staates reichen nicht aus, die anstehenden öffentlichen Ausgaben zu finanzieren, sodass der Staat seit vielen Jahren Kredite aufnehmen muss (z. B. bei der Bundesbank). Die gesamte öffentliche Staatsverschuldung belief sich im Jahr 2012 auf 2,1 Billionen EUR.

a) Wie hoch ist die Verschuldung pro Kopf bei 81 Millionen Einwohnern?

____

b) Wie viel Zinsen muss der Staat täglich zahlen, wenn der Zinssatz 5 % beträgt?

____

A4 Ordnen Sie folgende Beispiele den unterschiedlichen Staatseinnahmen zu.

Beispiele	Gebühren	Beiträge	Zölle	Erwerbseinkünfte
Müllabfuhr				
Sozialversicherung				
Wareneinfuhr				
Baugenehmigung				
Gewinn Bundesbank				
Trinkwasser				
Passausstellung				
Aktienverkauf VAG				

12.2 Steuerarten

In Deutschland gibt es ca. 40 verschiedene Steuern. Die Steuern kann man nach verschiedenen Kriterien einteilen:

Einteilung der Steuern nach

Erhebungsart

- **Direkte Steuern**
  Sie werden vom Steuerpflichtigen unmittelbar bezahlt, z. B. Lohn- u. Einkommensteuer.
- **Indirekte Steuern**
  Die Steuern sind im Endverkaufspreis enthalten, z. B. Mehrwertsteuer, Biersteuer.

Steuergegenstand

- **Besitzsteuer**
  Besteuerung eines Besitzes (Grundstück, Vermögen) oder Einkommens, z. B. Grundsteuer, Lohnsteuer
- **Verkehrssteuer**
  Hier wird die Übertragung von Vermögenswerten (Umsatz) und Rechten versteuert, z. B. Mehrwertsteuer, Kfz-Steuer.
- **Verbrauchssteuer**
  Sie wird auf bestimmte Verbrauchsgüter erhoben, z. B. Tabaksteuer, Mineralölsteuer.

Empfänger

- **Bund**
  z. B. Mineralölsteuer, Einkommensteuer
- **Länder**
  z. B. Biersteuer, Einkommensteuer
- **Gemeinden**
  z. B. Gewerbesteuer, Einkommensteuer
- **Kirchen**
  Kirchensteuer je nach Bundesland 8 % oder 9 % der Lohnsteuer

Die wichtigsten Steuern sind **Gemeinschaftssteuern**, d. h., sie werden auf Bund, Länder und Gemeinden aufgeteilt, so z. B.:

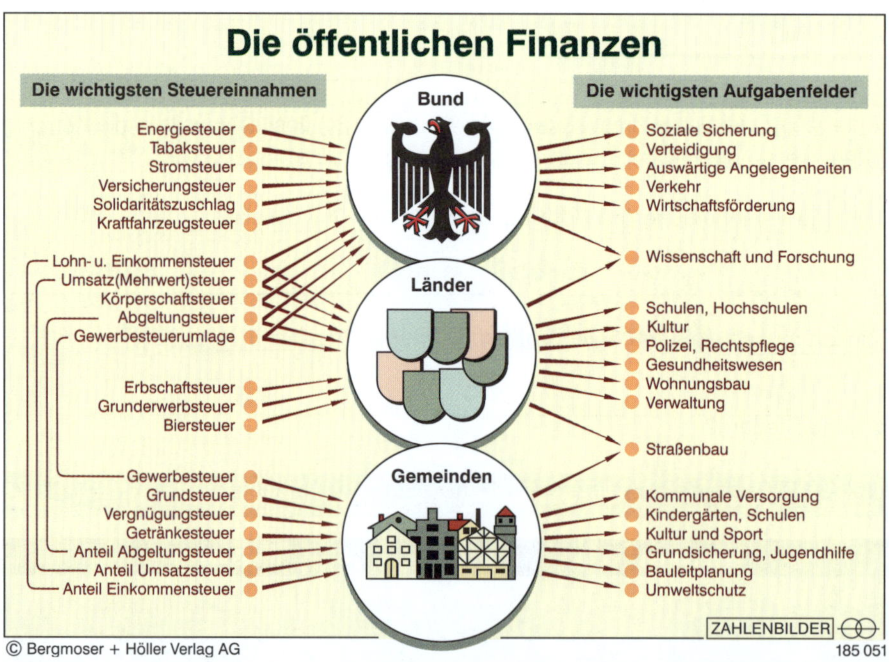

 185 051

Steuerart	Anteil Bund	Anteil Länder	Anteil Gemeinden
Körperschafts-/Ertragssteuer	50 %	50 %	–
Einkommensteuer/Lohnsteuer	42,5 %	42,5 %	15 %
Abgeltungssteuer	44 %	44 %	12 %
Umsatz-/MwSt	53,1 %	44,9 %	2 %

A1 Ordnen Sie folgende Steuern den entsprechenden Steuerarten zu.

Beispiele	Direkte Steuern	Indirekte Steuern	Verbrauchssteuern	Verkehrssteuern	Besitzsteuern
Mehrwertsteuer					
Kfz-Steuer					
Lohnsteuer					
Hundesteuer					
Mineralölsteuer					
Grunderwerbs-steuern					

A2 Ordnen Sie folgende Unternehmenssteuern den Steuerarten zu.

Welche Steuern zahlen Unternehmen?	
Einkommensteuer oder	Neun von zehn Unternehmen sind Personenunternehmen. Die Inhaber zahlen auf ihre Gewinne Einkommensteuer, viele davon am unteren Ende der Einkommensteuertabelle.
Körperschaftssteuer	Juristische Personen wie Aktiengesellschaften (AG) oder Gesellschaften mit beschränkter Haftung (GmbH) unterliegen der **Körperschaftssteuer**.
Gewerbesteuer	Diese Steuer zahlen nur Gewerbebetriebe. Freiberufler wie Ärzte oder Anwälte sind ebenso wenig wie Landwirte gewerbesteuerpflichtig.

Einkommenssteuer:

____

____

Körperschaftssteuer:

____

____

Gewerbesteuer:

____

____

A3 Wie viel EUR der 2012 gezahlten Umsatz-/MwSt (s. Abb. S. 124) flossen jeweils in die Kassen von Bund, Ländern und Gemeinden?

Bund __________ % von 194635 Mio. EUR = __________ Mio. EUR

Länder __________ % von 194635 Mio. EUR = __________ Mio. EUR

Gemeinden __________ % von 194635 Mio. EUR = __________ Mio. EUR

A4 Wer erhält welche Steuern?

Beispiele	Bundessteuern	Ländersteuern	Gemeindesteuern
Biersteuer			
MwSt.			
Grundsteuer			
Kfz.-Steuer			
Solidaritätszuschlag			
Gewerbesteuer			
Lohnsteuer			
Körperschaftssteuer			
Tabaksteuer			
Erbschaftssteuer			

12.3 Einkommensteuer

Alle Personen, die in Deutschland ihren Wohnsitz oder gewöhnlichen Aufenthalt haben, sind **einkommensteuerpflichtig**. Die Steuerpflicht erstreckt sich auf sämtliche im Inland und Ausland erzielten Einkünfte eines Jahres.

Das Steuergesetz kennt **sieben Einkunftsarten**, die besteuert werden:

Einkünfte aus	Beispiele
1. Land- und Forstwirtschaft	Ackerbau, Viehzucht
2. Gewerbebetrieb	Handels- und Industriebetriebe
3. selbstständiger Arbeit	Ärzte, Rechtsanwälte
4. unselbstständiger Arbeit	Löhne, Gehälter
5. Kapitalvermögen	Zinsen, Dividende
6. Vermietung und Verpachtung	Miet- und Pachteinnahmen
7. sonstige Einkünfte	Renten, Spekulationsgewinne

Erzielt der Steuerpflichtige Einkünfte aus mehreren Einkunftsarten, so werden diese für die Berechnung der zu zahlenden Einkommensteuer addiert.

Nicht einkommensteuerpflichtig sind z. B. Lottogewinne und Erbschaften. **Einkommensteuerfrei** sind z. B. Leistungen aus der Kranken- und Arbeitslosenversicherung. Wer hingegen z. B. 2014 in Rente geht, muss mittlerweile 68 % des Bruttobetrags versteuern.

Bei der zu zahlenden Einkommensteuer gilt grundsätzlich: **Je höher das Gesamteinkommen, desto höher die Steuerschuld.**

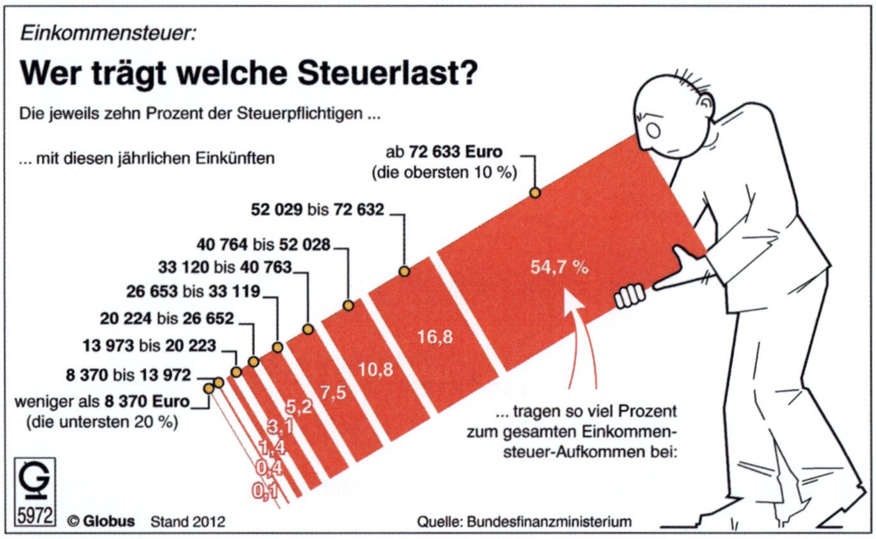

Einkommensteuertarif 2014:

steuerfreies Existenzminimum/Grundfreibetrag:	Keine Einkommenssteuer zahlt, wer als Single bis 8 354,00 EUR und als verheiratetes Paar weniger als 16 708,00 EUR jährlich verdient.	**Steuersatz: 0 %**
Eingangssteuersatz/Progressionszone	Wer das steuerfreie Existenzminimum überschreitet, zahlt Steuern. Seine Belastung nimmt mit steigendem Einkommen zu.	**Steuersatz: 14 % bis 42 % (bis 52 881,00 EUR (Single) 105 762,00 EUR (Ehepaar)**
Proportionalzone	Wenn das Einkommen 52 882,00 EUR (Single) bzw. 105 763,00 EUR (Verheiratete) übersteigt.	**Steuersatz: 42 % (bis 250 730,00 EUR (Single) 501 460,00 EUR (Ehepaar)**
Spitzensteuersatz	Wenn das Einkommen 250 730,00 EUR (Single) bzw. 501 460,00 EUR (Verheiratete) übersteigt.	**Steuersatz: 45 % („Reichensteuer“)**

A1 a) Erläutern Sie kurz, was man unter dem Eingangssteuersatz und dem Grenzsteuersatz versteht.
b) Halten Sie den Spitzensteuersatz („Reichensteuer") und die jeweiligen Anteile am gesamten Einkommenssteueraufkommen für sozial gerechtfertigt (s. Abb. unten)?

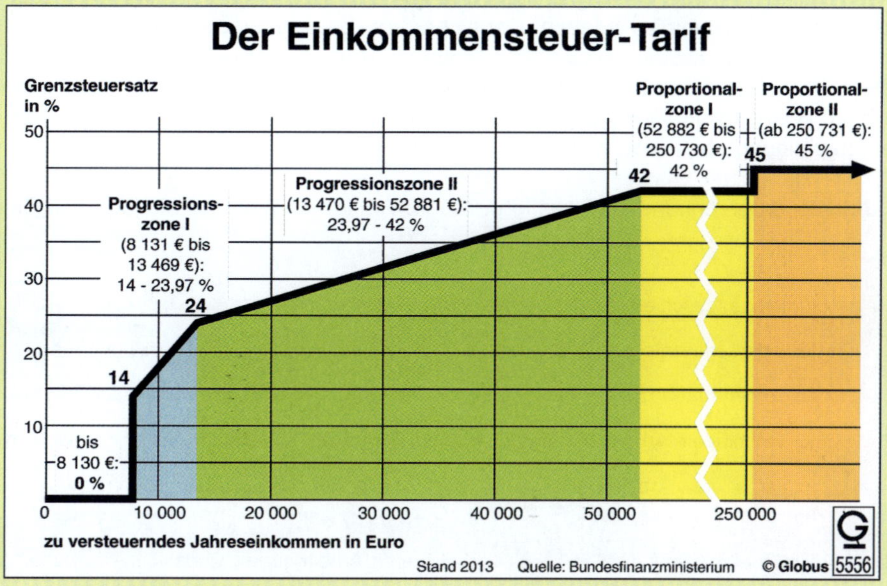

a) ◆ ______________________________

◆ ______________________________

____

b) ______________________________

____

A2 Ordnen Sie folgende Einnahmen einer der sieben **Einkunftsarten** zu.

Einkommensbeispiele	Einkunftsarten
Architektenhonorar	
Gehalt eines Beamten	
Auszahlung von Dividenden	
Ausbildungsvergütung	
Gewinn eines Gesellschafters einer OHG	
Einkommen eines Obstbauern	
Einnahmen aus gelegentlichen Vermittlungen	

A3 Seit 1970 ist der Lohnsteueranteil am gesamten Steueraufkommen von 27 auf 32 % gestiegen, während sich der Gewinn- und Vermögenssteueranteil von 24 auf 18 % reduziert hat. Wie beurteilen Sie diese Entwicklung? Nennen Sie mögliche Ursachen.

◆ ______________________________

◆ ______________________________

◆ ______________________________

◆ ______________________________

12.4 Lohnsteuer

Die Lohnsteuer ist eine besondere Erhebungsform der Einkommensteuer. **Lohnsteuerpflichtig** sind alle Arbeiter, Angestellten und Beamten mit ihren Einkünften aus unselbstständiger Arbeit.

Mit der Einführung der **E**lektronischen **L**ohn**St**euer**A**bzugs**M**erkmale (ELStAM) wurde zum 1. Januar 2013 in Deutschland die Lohnsteuerkarte aus Papier durch ein elektronisches Verfahren ersetzt. Dieses Verfahren wird auch als „elektronische Lohnsteuerkarte" bezeichnet. Es werden die Angaben gespeichert, die bislang auf der Vorderseite der Lohnsteuerkarte eingetragen waren: Name, Geburtsdatum, Steuerklasse, Familienstand, ggf. Kinderfreibeträge, Religionszugehörigkeit und Freibeträge. Im elektronischen Verfahren sind die elektronischen Lohnsteuerabzugsmerkmale und das Kirchensteuermerkmal in einer Datenbank beim Bundeszentralamt für Steuern (ELStAM-Datenbank) gespeichert und können durch jede Person mit einer Arbeitgeberberechtigung abgerufen werden.

Grundlagen der Lohnsteuerberechnung sind das lohnsteuerpflichtige Entgelt und die jeweilige Steuerklasse.

Steuerklassen

Steuerklasse I : für ledige, geschiedene und verwitwete Arbeitnehmer

Steuerklasse II : für ledige, geschiedene und verwitwete Arbeitnehmer mit mindestens einem Kind

Steuerklasse III : für verheiratete Arbeitnehmer, wenn der Ehepartner nicht arbeitet oder nach der Steuerklasse V besteuert wird

Steuerklasse IV : für verheiratete Arbeitnehmer, wenn beide Ehepartner Arbeitslohn beziehen (beide in St.-Kl. IV)

Steuerklasse V : für verheiratete Arbeitnehmer, wenn beide Ehepartner Arbeitslohn beziehen und einer die Steuerklasse III gewählt hat

Steuerklasse VI : für Arbeitnehmer, die von zwei oder mehreren Arbeitgebern Arbeitslöhne beziehen (zweite oder weitere Lohnsteuerkarten notwendig)

Berufstätige Eheleute können ihre Steuerklasse selbst wählen, entweder die Steuerklassen IV/IV oder III/V.
Die Kombination der Steuerklassen IV/IV empfiehlt sich, wenn beide etwa gleich viel verdienen. Die Kombination der Steuerklassen III/V empfiehlt sich, wenn einer der Ehepartner mehr als 60 % des Familieneinkommens bezieht (Mehr-Verdiener mit Steuerklasse III).

Auszug Lohnsteuertabelle:

Allgemeine Monatslohnsteuertabelle 2014: Ausgewählte Werte

Lohn/ Gehalt	Lohnsteuer in Steuerklasse				
bei EUR	I/IV	II	III	V	VI
3 281,99	644,08	606,83	343,66	1 009,16	1 045,41
3 290,99	647,16	609,91	346,00	1 012,91	1 049,25
3 299,99	650,33	612,91	348,33	1 016,75	1 053,00
3 308,99	653,41	616,00	350,66	1 020,50	1 056,75
3 317,99	656,50	619,08	353,00	1 024,25	1 060,58
3 326,99	659,66	622,16	355,33	1 028,08	1 064,33
3 335,99	662,75	625,16	357,66	1 031,83	1 068,08
3 344,99	665,91	628,25	360,00	1 035,66	1 071,91
3 353,99	669,08	631,33	362,33	1 039,41	1 075,66
3 362,99	672,16	634,41	364,66	1 043,16	1 079,41

Lohn/ Gehalt	Lohnsteuer in Steuerklasse				
bei EUR	I/IV	II	III	V	VI
3 866,99	855,16	814,41	499,83	1 254,83	1 291,16
3 875,99	858,58	817,75	502,33	1 258,66	1 294,91
3 884,99	862,00	821,16	504,66	1 262,41	1 298,66
3 893,99	865,41	824,50	507,16	1 266,25	1 302,50
3 902,99	868,83	827,83	509,66	1 270,00	1 306,25
3 911,99	872,25	831,16	512,16	1 273,75	1 310,00
3 920,99	875,66	834,58	514,66	1 277,58	1 313,83
3 929,99	879,08	837,91	517,16	1 281,33	1 317,58
3 938,99	882,50	841,25	519,66	1 285,08	1 321,33
3 947,99	885,91	844,66	522,16	1 288,91	1 325,16

Vom Brutto- zum Nettolohn:
(s. auch S. 47)

Bruttolohn

– Lohnsteuer (je nach Steuerklasse I bis VI)

– Solidaritätszuschlag (5,5 % der Lohnsteuer)

– evtl. Kirchensteuer (8 % oder 9 % der Lohnsteuer, je nach Bundesland)

– Gesetzliche Sozialversicherung (Arbeitnehmeranteil)

= **Nettolohn**

A1 Warum hat der Gesetzgeber unterschiedliche Steuerklassen eingeführt?

____

____

____

A2 Ordnen Sie die sechs Steuerklassen nach der Steuerbelastung für den Arbeitnehmer.

hohe Belastung ______________________________ niedrige Belastung

A3 Ordnen Sie den Steuerklassen folgende Arbeitnehmer zu:

Arbeitnehmer	Steuerklasse
Arbeitnehmer mit zwei Lohneinkommen	______
allein verdienender Familienvater	______
Ledige mit Tochter	______
Ehepaar, beide arbeiten, beide verdienen etwa gleich viel.	______
Geschiedener, ohne Kind	______
Ehemann verdient 3 000,00 EUR, Ehefrau 1 000,00 EUR.	______

A4 Berechnen Sie den Nettolohn eines Arbeitnehmers, der monatlich 3 327,00 EUR brutto verdient (siehe nebenstehenden Auszug aus der Monatslohnsteuertabelle 2014 und „Vom Brutto- zum Nettolohn"). Für den Arbeitnehmer gilt des Weiteren:

a) Er ist verheiratet, seine Ehefrau ist Hausfrau, beide sind konfessionslos, seine Beitragshöhe zur gesetzlichen Sozialversicherung beträgt insgesamt 20,45 %.

	Bruttolohn	
–	Lohnsteuer	
–	Solidaritätszuschlag	
–	Gesetzliche Sozialversicherung	
=	Nettolohn	

b) Er ist ledig, kinderlos, evangelisch (in NRW 9 % Kirchensteuer), seine Beitragshöhe zur gesetzlichen Sozialversicherung beträgt insgesamt 20,70 %.

	Bruttolohn	
–	Lohnsteuer	
–	Solidaritätszuschlag	
–	Kirchensteuer	
–	gesetzliche Sozialversicherung	
=	Nettolohn	

12.5 Einkommensteuererklärung

Wie alle Unternehmer, die Einkünfte erzielen, sind auch in bestimmten Fällen Arbeitnehmer verpflichtet, rückwirkend für das vergangene Jahr unaufgefordert beim Finanzamt eine **Einkommensteuererklärung** abzugeben, wenn z. B.

- der Arbeitnehmer neben seinem Lohn weitere Einkünfte über 450,00 EUR monatlich bezogen hat,
- für berufstätige Eheleute die Lohnsteuerkarten auf die Steuerklassen III/V ausgestellt sind,
- der Arbeitnehmer nach der Lohnsteuerklasse VI besteuert wird.

Arbeitnehmer, die nicht verpflichtet sind eine Einkommensteuererklärung abzugeben, können hingegen einen Antrag auf **Einkommensteuerveranlagung** (**freiwillige** Einkommensteuererklärung) abgeben.

Das Finanzamt stellt dann fest, ob die im vergangenen Jahr vom Arbeitgeber abgeführte Lohnsteuer insgesamt ausreichend war oder ob zu viel abgeführt wurde. Letzteres ist z. B. der Fall, wenn der Arbeitnehmer bestimmte Kosten (Werbungskosten, Sonderausgaben, außergewöhnliche Belastungen) geltend macht und das Finanzamt diese anerkennt. Dann bekommt der steuerpflichtige Arbeitnehmer die im vergangenen Jahr zu viel gezahlten Steuern erstattet.

Termin für die **Abgabe** der Steuererklärung ist der **31. Mai**; auf Antrag kann diese Frist verlängert werden.

Grundlage für die Berechnung der tatsächlich zu zahlenden Steuer ist das **zu versteuernde Jahreseinkommen.**

Jahresbruttoverdienst
– Werbungskosten
– Sonderausgaben
– außergewöhnliche Belastungen
– Freibeträge
= zu versteuerndes Einkommen

Werbungskosten sind Aufwendungen, die dem Erwerb, der Sicherung und Erhaltung von Einnahmen dienen, z. B.

- Fahrtkosten zum Arbeitsplatz (0,30 EUR je Entfernungskilometer),
- Kosten für Arbeitsmittel (z. B. Arbeitskleidung, Fachliteratur, Werkzeug),
- Beiträge für Berufsverbände (z. B. Gewerkschaftsbeiträge),
- Kosten der beruflichen Fortbildung,
- Bewerbungs-, Umzugs-, Reisekosten aus beruflichen Gründen.

Die gesamten Werbungskosten müssen über dem schon automatisch in den Steuertabellen berücksichtigten **Arbeitnehmer-Pauschbetrag** von 1 000,00 EUR liegen.

Sonderausgaben sind Ausgaben der privaten Lebensführung, die der Staat z. B. aus sozialen Gründen für förderungswürdig hält, so z. B.

- Vorsorgeaufwendungen (Beiträge der Arbeitnehmer zur gesetzlichen Sozialversicherung, Beiträge zur privaten Lebens-, Unfall- und Haftpflichtversicherung); Vorsorgeaufwendungen müssen über dem schon in den Steuertabellen berücksichtigten **Pauschbetrag** liegen,
- unbeschränkt abzugsfähige Sonderausgaben (Renten-, Kirchensteuer, Steuerberatungskosten),
- beschränkt abzugsfähige Sonderausgaben (Spenden an politische Parteien und gemeinnützige Einrichtungen).

Außergewöhnliche Belastungen sind Aufwendungen, denen sich ein Steuerpflichtiger aus vom Gesetzgeber anerkannten wichtigen Gründen nicht entziehen kann, z. B.

- die Unterstützung bedürftiger Personen,
- besondere Aufwendungen wegen Körperbehinderung,
- Ausbildungskosten für Kinder.

Die außergewöhnlichen Belastungen müssen größer sein als eine zumutbare Eigenbelastung.

Freibeträge z. B. für Kinder, Schwerbehinderung, Haushaltsführung für Alleinstehende mit mindestens einem Kind

A1 Ordnen Sie folgende Ausgaben den Werbungskosten (WK), Sonderausgaben (SA) und außergewöhnlichen Belastungen (AB) zu:

Arbeitsschuhe	________
Spenden für die Welthungerhilfe	________
Beiträge zur privaten Unfallversicherung	________
Fahrtkosten zur Arbeitsstelle	________
Unterstützung bedürftiger Personen	________
Steuerberatungskosten	________
Ausbildungskosten der Kinder	________
Fachliteratur für den Beruf	________
Gewerkschaftsbeiträge	________
hoher Eigenanteil bei Zahnersatz	________

A2 Wie hoch sind die in der Steuererklärung geltend gemachten beruflichen Fahrtkosten, wenn der Arbeitnehmer im Jahr 2013 an 230 Arbeitstagen täglich 70 km zur Arbeitsstelle hin- und zurückfuhr?

230 Tage × _____ Entfernungskilometer[1] × __________ = _____________

A3 Wie viel Steuern erhält ein Arbeitnehmer aufgrund seiner Steuererklärung vom Finanzamt rückerstattet, wenn er im vergangenen Jahr insgesamt 3 000,00 EUR Werbungskosten hatte und sein durchschnittlicher Steuersatz 25 % betrug?

_____________ Werbungskosten

– _____________ Arbeitnehmer-Pauschbetrag

= _____________ (Betrag, um den sich das zu versteuernde Einkommen reduziert)

100 % entsprechen ______________________________

25 % entsprechen _______________________

Steuerrückerstattung durch das Finanzamt = _____________

A4 Nennen Sie drei Gründe, einen Antrag auf Einkommensteuerveranlagung (freiwillige Einkommensteuererklärung) zu stellen, um eine Steuerrückerstattung zu erhalten, z. B.:

- wenn ________________________________
- wenn ________________________________
- wenn ________________________________
- wenn ________________________________

____

- wenn ________________________________

____

1) Entfernungskilometer = einfache Entfernung zwischen Wohnort und Arbeitsplatz

13.1 Wirtschaftssektoren

Wirtschaftsbereiche

Wirtschaftsbereich	Betriebe	Arten	Aufgaben
Primärer Wirtschaftsbereich	Anbau- u. Züchtungsbetriebe	• Landwirtschaft • Forstwirtschaft • Viehwirtschaft	• Anbau von Naturprodukten • Züchtung u. Verwertung von Tieren
	Abbaubetriebe	• Bergwerke • Steinbrüche • Erdölgewinnungsbetriebe	• Abbau von Bodenschätzen
Sekundärer Wirtschaftsbereich	Industriebetriebe	• Veredelungsbetriebe • Verarbeitungsbetriebe	• Veredelung und Verarbeitung von Sachgütern (einschl. Instandsetzung) für den anonymen Markt
	Handwerksbetriebe	• Lohnwerksbetriebe (Kunden stellen selbst das Material) • Preiswerksbetriebe (Betrieb stellt das Material)	• Veredelung und Verarbeitung von Sachgütern (einschl. Instandsetzung) für den individuellen Bedarf der Kunden
Tertiärer Wirtschaftsbereich (Dienstleistungen)	Handelsbetriebe	• Einzelhandelsbetriebe • Großhandelsbetriebe • Außenhandelsbetriebe	• Verteilung der erzeugten Güter an Verbraucher • Zusammenfassung des begrenzten Produktionsprogramms vieler Erzeuger • Abstimmung von Erzeugung und Verbrauch durch Lagerhaltung
	Transportbetriebe	• Bahn • Post • Reederei • Fluggesellschaft • Spedition	• Transport von Personen, Gütern und Nachrichten
	Bankbetriebe	• Kreditbanken • Sparkassen • Genossenschaftsbanken	• Weiterleitung des Geldstromes im Zahlungsverkehr (Zahlungsgeschäft) • Entgegennahme ungenutzer Gelder (Einlagengeschäft) • Bereitstellung von Krediten (Kreditgeschäft) • Mitwirkung im Wertpapierhandel (Effektengeschäft)
	Versicherungsbetriebe	• Krankenversicherung • Feuerversicherung • Kraftverkehrsversicherung u. a.	• Abdeckung eines durch bestimmte Ereignisse hervorgerufenen Schadens
	sonstige Dienstleistungsbetriebe	• Anwaltskanzlei • Arztpraxis • Kino u. a.	• Versorgung mit juristischen, kulturellen u. a. Dienstleistungen

Erwerbstätige arbeiten in verschiedenen Wirtschaftsbereichen, die sich im Verlauf der Jahre verändern. Diesen Strukturwandel hat es immer und in allen Regionen gegeben. Der Strukturwandel wird insbesondere an folgenden Merkmalen deutlich:

- **Technische Innovationen**
  Zum Beispiel der Einsatz der Mikroelektronik hat nicht nur die Produktionstechnik und -abläufe, sondern alle Bereiche des wirtschaftlichen und gesellschaftlichen Lebens verändert.
- **Veränderung der Qualifikations- und Berufsprofile**
  Eine Tendenz zu immer höheren Qualifikationen ist zu erkennen. Neue Berufsbilder entstehen in immer kürzeren Abständen.
- **Erweiterung des Dienstleistungssektors**
  Die Erwerbstätigenzahlen sind zugunsten der personalintensiven Dienstleistungen im Gesundheits-, Sozial- und Erziehungsbereich und Handel stark gestiegen.

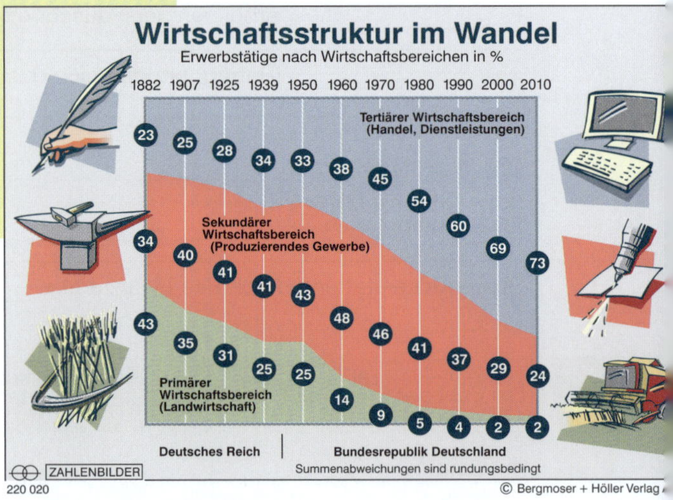

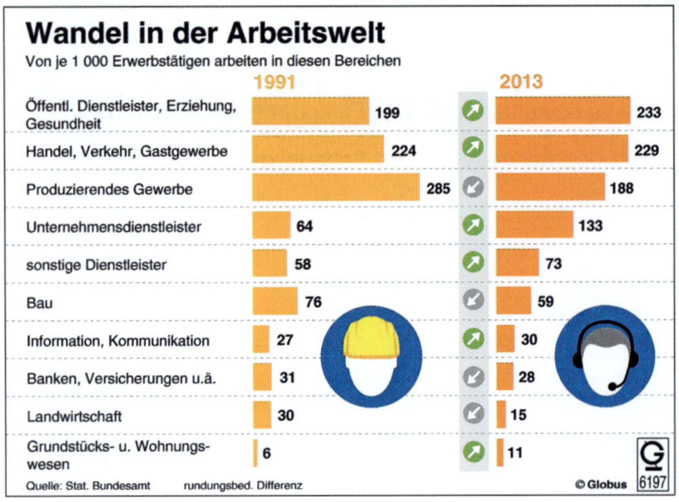

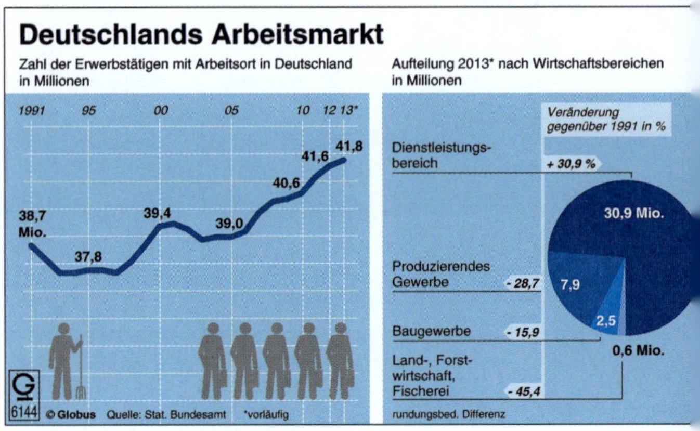

A1 Beschreiben Sie den Strukturwandel im Deutschen Reich und in der Bundesrepublik Deutschland in den drei Wirtschaftssektoren in der Zeit von 1882 bis 2010.

-
-
-
-
-

A2 Nordrhein-Westfalen (NRW) gilt vielen Menschen noch immer als das typische Industrieland. Nach dem Zweiten Weltkrieg hatten die traditionellen Schwerindustrien noch einmal eine tragende Rolle beim Wiederaufbau der westdeutschen Wirtschaft gespielt. Als die Kohle- und Stahlkrise dann den Strukturwandel herbeizwang, waren die sozialen und wirtschaftlichen Auswirkungen umso einschneidender. Heute tragen der Dienstleistungsbereich ca. 70 %, das produzierende Gewerbe ca. 29 % und die Land- und Forstwirtschaft ca. 1 % zur wirtschaftlichen Gesamtleistung in NRW bei. Erläutern Sie die sozialen und wirtschaftlichen Auswirkungen, die durch den Strukturwandel in NRW ausgelöst wurden.

A3 Die Zahl der Erwerbstätigen hat einen Höchststand erreicht. Dabei entwickelten sich die Wirtschaftsbereiche von 1991 bis 2013 sehr unterschiedlich. Begründen Sie anhand des nebenstehenden Schaubildes „Deutschlands Arbeitsmarkt“ die Entwicklung.

13.2 Unternehmenskonzentration

Konzerne: In ihnen werden rechtlich selbstständige Unternehmen unter einer einheitlichen Leitung wirtschaftlich zusammengefasst. Unternehmen, welche andere beherrschen, z. B. durch Aktienmehrheit, werden als **Muttergesellschaft** bezeichnet. Von **Schwesterngesellschaften** spricht man, wenn Unternehmen gegenseitig maßgeblich an ihrem Kapital beteiligt sind; sie bleiben rechtlich selbstständig. Häufig steht an der Spitze eines Konzerns eine Dachgesellschaft, eine sogenannte **Holding-Gesellschaft**, die alle Konzernunternehmen kapitalmäßig beherrscht.

Arten der Konzernunternehmung

- **Horizontale Konzerne** stellen eine Verbindung von Unternehmen dar, die sich auf der gleichen Produktionsstufe befinden, z. B. Mobilfunkanbieter.
- **Vertikale Konzerne** stellen eine Verbindung von vor- und nachgelagerten Produktionsstufen dar, z. B. Forstwirtschaft – Spanplattenhersteller – Küchenproduzent – Küchenstudio.
- **Anorganische Konzerne** stellen einen Zusammenschluss von Unternehmen aus völlig unterschiedlichen Branchen dar, z. B. Oetker-Konzern.

Trust

Eine Form des Unternehmenszusammenschlusses ist der Trust. Die beteiligten Unternehmen verlieren bei diesem Zusammenschluss ihre rechtliche wie auch ihre wirtschaftliche Selbstständigkeit. Es entsteht bei dieser Fusion eine neue Unternehmung.

Unternehmenskonzentrationen können die wirtschaftliche und technische Entwicklung fördern. Sie können aber auch durch Kartelle, Konzerne oder Trusts marktbeherrschende Stellungen einnehmen oder sogar Monopolisten werden.

Kartelle

Kartelle sind Vereinbarungen voneinander unabhängiger Unternehmen mit dem Ziel, die marktwirtschaftliche Konkurrenz einzuschränken. Die gegenseitigen Absprachen können sich auf die Preise, Dienstleistungen, die geografische produktbezogene Aufteilung des Marktes oder die Begrenzung des Angebotes beziehen. In Deutschland sind Kartelle durch das Gesetz gegen Wettbewerbsbeschränkungen (GWB) geregelt.

Gesetz gegen Wettbewerbsbeschränkungen (GWB)

Grundsätzlich verboten sind:

- Preiskartelle,
- Gebietskartelle,
- Produktions- und Quotenkartelle.

Diese Kartelle würden den Wettbewerb völlig aufheben und dadurch den Verbraucher extrem benachteiligen.

Genehmigungspflichtig sind

- Strukturkrisenkartelle,
- Rationalisierungskartelle,
- Vertriebskartelle.

Diese Kartelle können ggf. den Wettbewerb nachteilig beeinflussen. Sie müssen daher zur Überwachung beim Bundeskartellamt beantragt und nach Genehmigung in das Kartellregister eingetragen werden.

Anmeldepflichtig sind

- Rabattkartelle,
- Normungs- und Typisierungskartelle,
- Spezialisierungskartelle.

Diese Kartelle müssen nur angezeigt werden, damit ihre Auswirkungen auf den Wettbewerb beobachtet werden können.

Fusionskontrolle und Missbrauchsaufsicht

Wettbewerbsgefährdende Verhaltensweisen von marktbeherrschenden Unternehmungen sollen durch die sogenannte **Missbrauchsaufsicht** unterbunden werden. Behindern oder diskriminieren marktbeherrschende Unternehmen ihre Konkurrenten oder verlangen sie z. B. überhöhte Preise, kann das Bundeskartellamt dieses Verhalten untersagen und Zuwiderhandlungen mit Geldbußen belegen. Damit es zu marktbeherrschenden Stellungen erst gar nicht kommt, untersagt das Gesetz, dass bestimmte Unternehmungen fusionieren **(Fusionskontrolle)**. Grundsätzlich sind zwar Fusionen erlaubt, aber solche, die zu Marktbeherrschungen führen, nicht.

Ausgeführt und überwacht wird das GWG vor allem durch das Bundeskartellamt in Bonn und die europäische Wettbewerbskommission.

Gesetz gegen unlauteren Wettbewerb (UWG)

Neben dem GWG gibt es das UWG im Wettbewerbsrecht. Das **Gesetz gegen den unlauteren Wettbewerb** zielt ab auf die Lauterkeit und Fairness des Wettbewerbs.

Vor dem Hintergrund dieses Gesetzes verschaffen wettbewerbswidrige Handlungen wie unbefugte Benutzung eines fremden Namens, täuschende oder irreführende Werbung dem Verletzten einen Unterlassungs- und Schadensersatzanspruch.

A1 Warum sind in der Bundesrepublik Deutschland bis auf wenige Ausnahmen Kartelle verboten?

____

____

____

____

A2 Kreuzen Sie für jede Kartellart an, ob sie verboten, genehmigungs- oder anmeldepflichtig ist.

Kartell	Erläuterung	Verboten	Genehmigungs-pflichtig	Anmeldepflichtig
Strukturkrisenkartell	Die Mitglieder passen sich alle gleichmäßig der veränderten Marktsituation an, z. B. durch Produktionseinschränkungen.			
Preiskartell	Einheitliche Preisgestaltung oder Preisabsprachen, sodass ein Kartellmitglied als „Günstigster" den Auftrag bekommt.			
Rabattkartell	Jedes Mitglied gewährt denselben Rabatt.			
Gebietskartell	Jedes Mitglied hat sein bestimmtes Absatzgebiet.			
Normungs-und Typisierungskartell	Die Mitglieder entwickeln gemeinsame Normen und Typen.			
Produktions- und Quotenkartell	Jedem Mitglied wird eine Produktionsmenge vorgegeben, sodass keine Überkapazitäten entstehen.			
Vertriebskartell	Der Vertrieb erfolgt über eine einheitliche Verkaufsstelle.			

A3 Man unterscheidet vertikale, horizontale und anorganische Unternehmenszusammenschlüsse. Entwickeln Sie jeweils ein Beispiel.

Horizontaler Zusammenschluss	Vertikaler Zusammenschluss	Anorganischer Zusammenschluss
◆ ____________	◆ ____________	◆ ____________
◆ ____________	◆ ____________	◆ ____________
◆ ____________	◆ ____________	◆ ____________

Unternehmensgewinne und Vermögenseinkommen legen zu

Für die Arbeitnehmer war 2010 insgesamt ein erfolgreiches Jahr. Die Arbeitnehmerentgelte, also der Teil des Volkseinkommens, der als Lohn oder Gehalt und Sozialversicherungsbeiträge den Arbeitnehmern zugerechnet wird, sind im vergangenen Jahr um 2,5 Prozent auf 1 263 Milliarden Euro gestiegen. Im Jahr zuvor waren sie wegen der Wirtschaftskrise kaum gewachsen (plus 0,1 Prozent). Noch deutlich stärker konnten die Unternehmensgewinne und Vermögenseinkommen (zum Beispiel Zinsen und Dividenden) zulegen - der andere Teil des Volkseinkommens: Dort gab es ein Plus von 10,5 Prozent auf 635 Milliarden Euro. Nach den beiden Minusjahren 2008 und 2009, die die Unternehmenseinkommen um 3,7 bzw. 13,5 Prozent schrumpfen ließen, ist aber noch nicht wieder das Vorkrisenniveau von 2007 erreicht. Damals betrugen die Unternehmens- und Vermögenseinkommen 690 Milliarden Euro.

Wolfgang Fink, Pressetext dpa-infografik, 3.11.2011

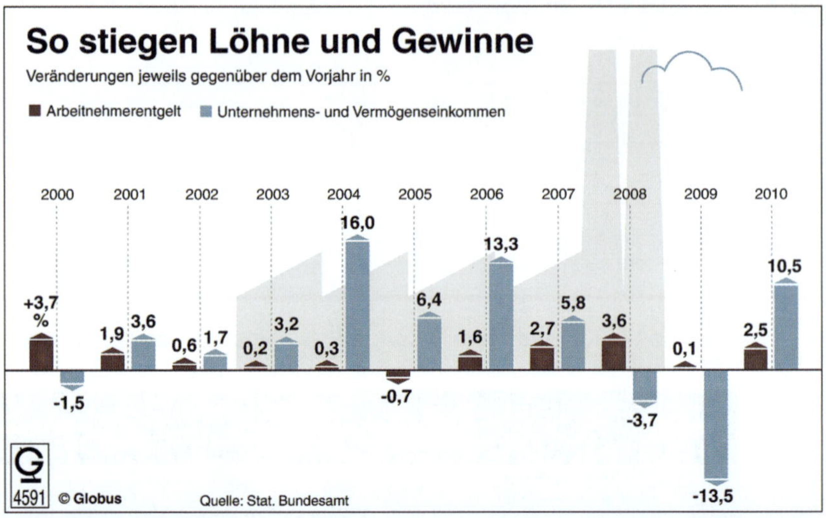

Wertschöpfung und Volkseinkommen		
Wertschöpfung in den Wirtschaftsbereichen	**=**	**Volkseinkommen (Summe aller Einkommen)**
◆ öffentliche Verwaltung ◆ sonstige Dienstleistungen ◆ Banken und Versicherungen ◆ Handel und Verkehr ◆ Handwerk ◆ Industrie ◆ Bauwirtschaft ◆ Landwirtschaft	=	◆ Löhne und Gehälter ◆ Unternehmereinkommen ◆ Zinsen und Dividenden ◆ Miete und Pacht ◆ Staat ◆ Differenz der Einkommen zwischen In- und Ausland

Die Wertschöpfung wird bestimmt, indem alle durch Dienstleistungen und die Produktion geschaffenen Werte zusammengefasst werden. Das heißt, das erzielte Produktionsergebnis wird wieder in Form von Geld = Einkommen verteilt.
Die Summe der Einkommen, die durch Beteiligung am Dienstleistungs- und Produktionsprozess entstehen, wird als **Volkseinkommen** bezeichnet.

Wie wird der Wirtschaftskuchen in Deutschland aufgeteilt?
(Siehe Kap. 11.4)

Eine Antwort darauf gibt ein Blick in die Volkswirtschaftliche Gesamtrechnung. Dort kann man beispielsweise nachlesen, wie hoch die sogenannte Lohnquote ist. Zur Berechnung dieser Quote werden die Arbeitnehmerentgelte - das sind die Löhne und Gehälter, die alle abhängig Beschäftigten im Laufe eines Jahres verdient haben - in Beziehung zum gesamten Wirtschaftskuchen, dem Volkseinkommen, gesetzt. Betrug im Jahr 2000 die Lohnquote noch über 72 Prozent, so waren es im vergangenen Jahr nur 68,1 Prozent. Den Arbeitnehmerentgelten stehen die Unternehmens- und Vermögenseinkommen gegenüber. Konkret: die Gewinne der Unternehmen und die Zinserträge aus Vermögen (dazu zählen auch die Zinserträge, die Arbeitnehmer mit ihren Geldanlagen erzielen). Sie machten im vergangenen Jahr 31,9 Prozent des Volkseinkommens aus.

Wolfgang Fink, Pressetext dpa-infografik, 22.11.2013

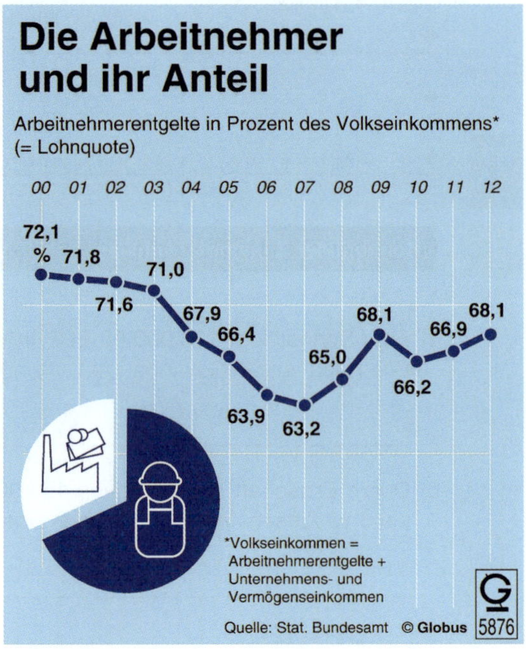

A1 Wie setzt sich das Volkseinkommen zusammen?

A2 Wie entwickelte sich die Lohnquote von 2000 bis 2012?
Begründen Sie diese Entwicklung.

A3 Welche Maßnahmen führen Ihrer Meinung nach zur Steigerung der Lohnquote?

A4 Welche Einkommen werden aus Unternehmertätigkeit erzielt?

-
-
-
-

A5 Berechnen Sie das Einkommen aus dem Produktionsfaktor Kapital.

a) Frau Schnell legt 125 000,00 EUR in Wertpapieren an und erhält am Ende des Jahres 4 % Dividende.
Wie hoch ist die Gewinnausschüttung?

b) Durch Erbschaft erhält Tatjana 15 000,00 EUR. Sie legt das Geld bei einem Geldinstitut an. Für ein Jahr erhält sie 5 % Zinsen. Wie hoch ist der Zinsertrag?

13.4 Vermögen in Deutschland

Das Geldvermögen der Deutschen hat im vergangenen Jahr weiter zugenommen. Mit 4 939 Milliarden Euro lag es Ende 2012 um 229 Milliarden Euro oder knapp fünf Prozent über dem Vorjahresendstand. Nach Angaben der Deutschen Bundesbank entfiel mit 72 Milliarden Euro etwa ein Drittel des Zuwachses auf Kursgewinne an den Kapitalmärkten, also auf gestiegene Aktienkurse. Der größte Brocken im Vermögensberg waren Ansprüche gegenüber Versicherungen, also Lebensversicherungen, Versorgungswerken, Pensionsfonds und Ähnlichem (1 469 Milliarden Euro). Bargeld und Sichteinlagen (auf dem Girokonto) kletterten kräftig auf 1 057 Milliarden Euro. Das war vor allem eine Folge der niedrigen Zinsen, die dazu führten, dass Anlagen bevorzugt wurden, aus denen man schneller wieder aussteigen kann. Dem Geldvermögensberg stehen übrigens auch milliardenschwere Verbindlichkeiten (Schulden) gegenüber. Sie summierten sich Ende vergangenen Jahres auf 1 566 Milliarden Euro.

Wolfgang Fink, Pressetext dpa-infografik, 02.05.2014

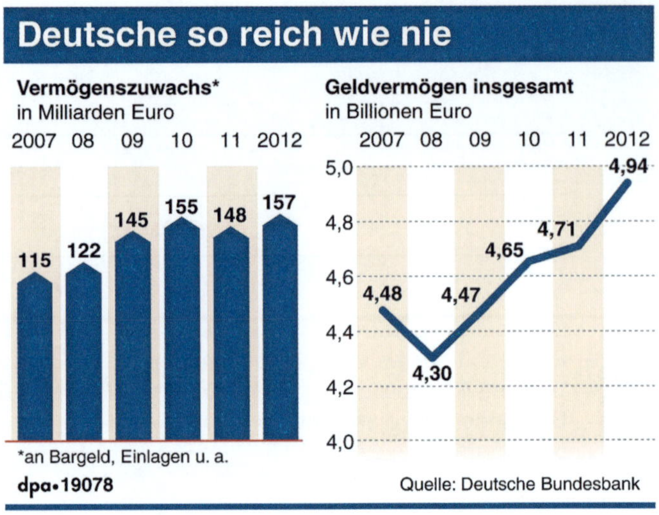

Die Vermögensarten

Geldvermögen

Bargeld und Sichtguthaben
Sparguthaben
Bausparguthaben
Geldanlage bei Versicherungen
festverzinsliche Wertpapiere

Gebrauchsvermögen

Gründstücke, Eigenheime } eigene private Nutzung
Wohnungseinrichtung
Kleidung (einschl. Schmuck)
Verkehrsmittel (Fahrrad, Pkw, Boot usw.)
kurzlebige Konsumgüter (Lebensmittel, Getränke usw.)

Erwerbsvermögen

Landwirtschaftliches Vermögen
Boden
Gebäude (einschl. Wohngebäude)
Inventar (Traktoren, Melkmaschinen usw.)
Grundvermögen
Wohngebäude
Geschäftsräume
unbebaute Grundstücke
Produktivvermögen
Betriebsvermögen der Einzelunternehmen und Personengesellschaften
Beteiligungen an Unternehmen mit eigener Rechtspersönlichkeit (z. B. Aktiengesellschaften)
Aktien
Investment-Anteile
GmbH-Anteile
Geschäftsguthaben bei Genossenschaften
Anteile an überbetrieblichen Vermögensfonds

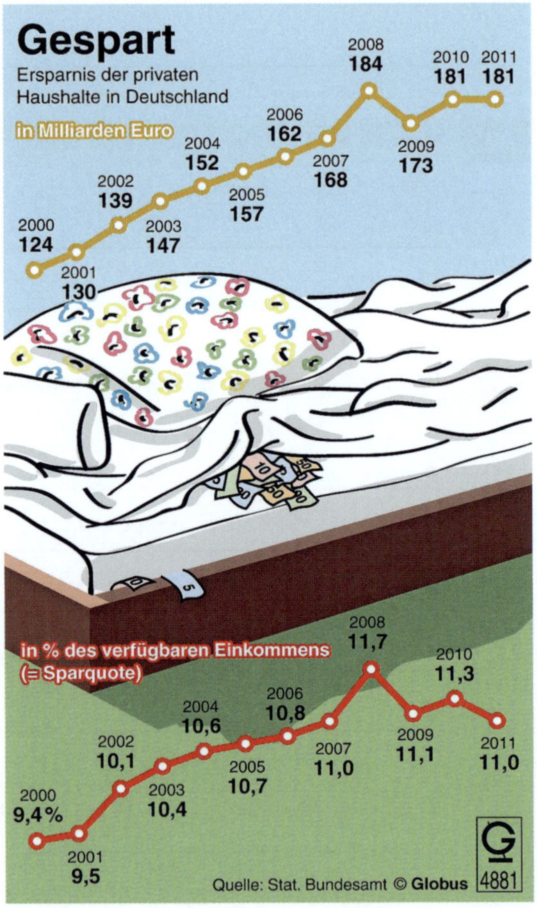

Vermögensbildung

Bei der Vermögensbildung für Arbeitnehmer gab es Änderungen. So wurden die Arbeitnehmersparzulage für vermögenswirksame Leistungen von bisher zehn auf neun Prozent vermindert und der Höchstbetrag von 480,00 auf 470,00 EUR pro Jahr gesenkt. Für Anlagen in Produktivvermögen gilt die Arbeitnehmersparzulage von 20 %, der Höchstbetrag wurde auf 400,00 EUR heruntergesetzt. Bei der Wohnungsbauprämie wurde die Förderung von zehn auf 8,8 % der Aufwendungen reduziert.

A1 Welchen Zusammenhang gibt es Ihrer Meinung nach zwischen den Sparmotiven der Bundesbürger und der wirtschaftlichen Entwicklung in der Bundesrepublik?

____

____

____

A2 Die Sparquote betrug im Jahr 2000 9,4 %. Die Ersparnisse betrugen 124,00 Mrd. EUR. Wie viel EUR hatten die Bundesbürger als verfügbares Einkommen?

$$\text{Sparquote} = \frac{\text{Ersparnisse} \times 100}{\text{Verfügbares Einkommen der Haushalte}}$$

Die Bundesbürger verfügten über ______________ Mrd. EUR.

A3 Beschreiben Sie den Unterschied zwischen „Geldvermögen“ und „Produktivvermögen“.

____

____

____

____

____

A4 Zur Vermögensbildung für Arbeitnehmer stellt der Staat Förderungen zur Verfügung. Beschreiben Sie die Möglichkeiten, staatliche Förderung zu erhalten.

- ____
- ____
- ____

____

____

____

____

____

____

____

____

So fördert der Staat das Sparen

Wer bekommt für welchen Sparaufwand wie viel Zuschuss?

	Arbeitnehmer bis zu diesem Einkommen ...*	*... und einem jährlichen Sparbetrag ...*	*... bekommen darauf diese staatliche Sparzulage*
ARBEITNEHMER-SPARZULAGE			
Beteiligungssparen (z. B. Aktienfonds)	max. 20 000 Euro/ 40 000 Euro (Verheiratete)	bis max. 400 Euro	20 % Sparzulage
Bausparen	max. 17 900 Euro/ 35 800 Euro (Verheiratete)	bis max. 470 Euro	9 % Sparzulage
WOHNUNGS-BAUPRÄMIE			
Bausparen	max. 25 600 Euro/ 51 200 Euro (Verheiratete)	bis max. 512 Euro bzw. 1 024 Euro (Verheiratete)	8,8 % Sparzulage

Quelle: BMAS   *zu versteuerndes Jahreseinkommen   Stand 2014   © Globus 6139

Die Inflationsrate

Der Verbraucherpreisindex spiegelt die Preisentwicklung für diejenigen Waren und Dienstleistungen wider, die ein durchschnittlicher Privathaushalt im Monat braucht. Dazu werden all diese Waren und Dienstleistungen in einen sogenannten Warenkorb gepackt; die Preise dieser Waren werden je nach Bedeutung für die Gesamtausgaben gewichtet. Das heißt: Weil Kosten für die Wohnung (Miete etc.) im Schnitt rund ein Drittel eines Haushaltsbudgets ausmachen, spielen Preissteigerungen hier auch eine besonders starke Rolle für den Gesamtindex. Andere Güter und Dienstleistungen wie Telefon- oder Portokosten haben ein vergleichsweise geringes Gewicht. Zur Ermittlung der Preise notieren Beobachter monatlich die Preise für festgelegte Produkte in den immer gleichen Geschäften (Kaufhäusern, Supermärkten, Fachgeschäften etc.) und - bei einheitlichen Preisen, z. B. für Bücher oder ärztliche Dienstleistungen - im Internet oder in Versandhauskatalogen. Alle fünf Jahre wird die Gewichtung der Güterarten im Warenkorb den veränderten Kaufgewohnheiten der Verbraucher angepasst.

Wolfgang Fink, Pressetext dpa-infografik, 24.4.2014

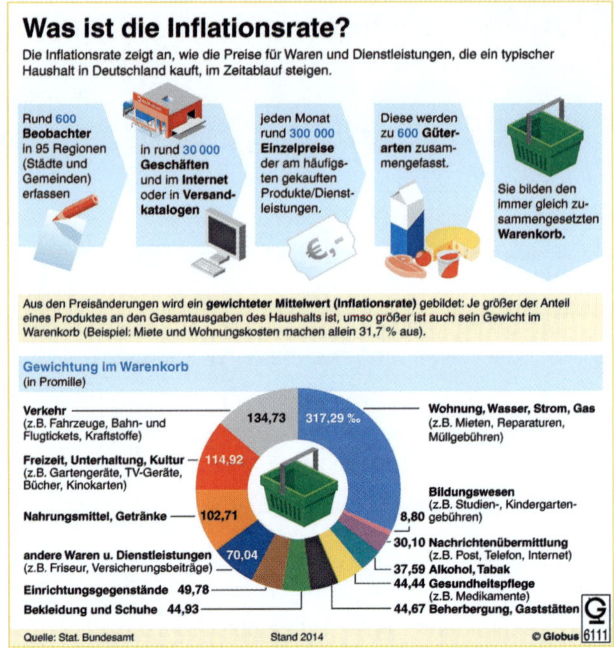

Der Warenkorb

Viele hundert Waren und Dienstleistungen enthält der neue Warenkorb, mit dessen Hilfe das Statistische Bundesamt den Anstieg der Verbraucherpreise in Deutschland berechnet. Der Inhalt dieses Korbes (das sogenannte Wägungsschema) wird alle fünf Jahre geändert, weil sich die Verbrauchsgewohnheiten der Menschen ändern, weil neue Produkte auf den Markt kommen und alte vom Markt verschwinden. So kommt es, dass einige Güter neu aufgenommen, andere ganz gestrichen oder durch modernere ersetzt wurden. Dem neuen Warenkorb liegt nun die Ausgabenstruktur der privaten Haushalte aus dem Jahr 2010 zugrunde. Es sind aber nicht nur anders gewichtete Güter, die sich im neuen Warenkorb befinden. Auch die veränderten Einkaufsgewohnheiten der Verbraucher werden berücksichtigt.

Wolfgang Fink, Pressetext dpa-infografik, 23.1.2014 (Auszug)

Steuern und Abgaben - Belastung sinkt

Deutschland gehört zu den Ländern, in denen die Steuern und Abgaben für Arbeitnehmer stärker gesunken sind als im Durchschnitt der OECD-Länder. Das geht aus einer Untersuchung der Organisation für wirtschaftliche Zusammenarbeit und Entwicklung (OECD) hervor, in der die Abgabenlasten zwischen 2000 und 2010 erfasst wurden. In zwei Dritteln der OECD-Mitgliedsländer erhöhte sich die Last, so die OECD. Die Experten haben zudem festgestellt, dass vor allem kinderlose Besserverdienende von den Steuerentlastungen einen Nutzen ziehen konnten. Bei Alleinerziehenden, die über deutlich weniger als das Durchschnittseinkommen verfügen, haben sich die Steuerabgaben hingegen kaum nach unten bewegt.

Frithjof Goetz, Pressetext dpa-infografik, 19.5.2011

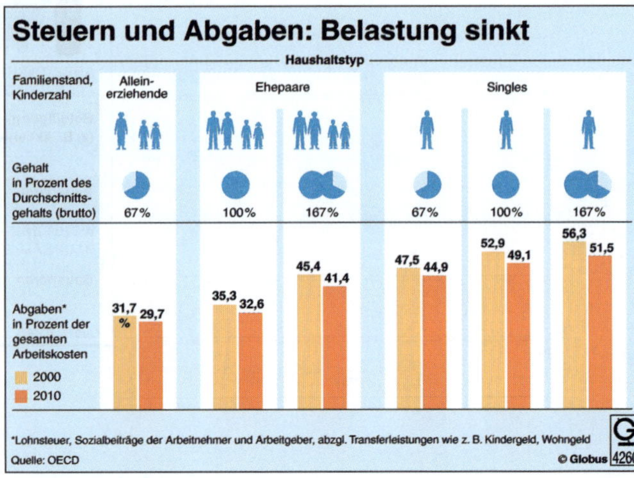

A1 a) Welcher private Haushalt verfügt prozentual über das geringste frei verfügbare Einkommen?

b) Welcher private Haushalt verfügt prozentual über das höchste frei verfügbare Einkommen?

c) Begründen Sie den Unterschied.

A2 Erklären Sie den Begriff „Verbraucherpreisindex“.

A3 Was versteht man unter dem Begriff „Warenkorb“?

A4 Analysieren Sie das Schaubild und beantworten Sie die Frage: Ist der Euro ein „Teuro“? Begründen Sie Ihre Aussage.

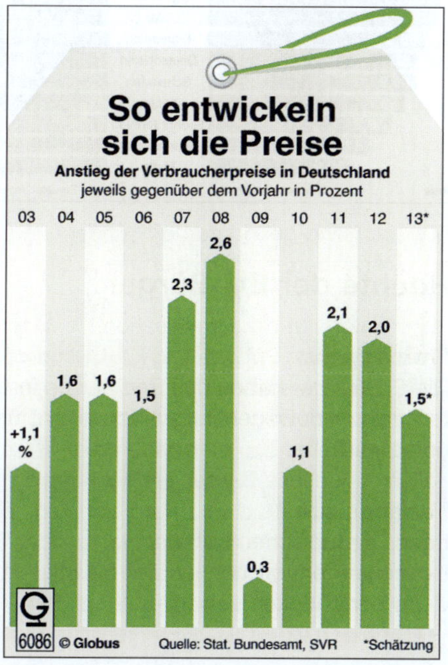

Europäischer Binnenmarkt

Der „grenzenlose“ Binnenmarkt bildet das Herzstück der Europäischen Union (EU), und die vier Freiheiten sind seine Grundpfeiler: Die 500 Millionen EU-Bürger können sich frei bewegen, ihren Wohn- und Arbeitsort in den derzeit 28 Mitgliedstaaten frei wählen. Zu dieser Freiheit gehört auch die gegenseitige Anerkennung von Schul- und Berufsabschlüssen. Die weiteren Freiheiten sind der grenzenlose zollfreie Warenverkehr, die Freiheit, Dienstleistungen im gesamten Binnenmarkt anbieten zu dürfen ebenso wie der freie Kapitalverkehr. Er erlaubt Bankgeschäfte ohne Behinderungen im gesamten Binnenmarkt, aber beispielsweise auch Direktinvestitionen wie Beteiligungen an Unternehmen. Im Jahr 1993 wurde der Binnenmarkt auf den Weg gebracht. Die EU-Kommission spricht von mehreren Millionen Arbeitsplätzen, die durch ihn geschaffen wurden, sowie von spürbaren Preissenkungen für Verbraucher, beispielsweise im Bereich Telekommunikation. Die Verwirklichung des Binnenmarkts ist allerdings ein andauernder Prozess, denn bei veränderten Rahmenbedingungen - zum Beispiel ausgelöst durch die Finanzmarktkrise 2008 - müssen auch Veränderungen an den Regeln des gemeinsamen Marktes vorgenommen werden.

Wolfgang Fink, Pressetext dpa-infografik, 13.2.2014

Der Handel mit den EU-Partnern hat für viele Mitglieder der Gemeinschaft der 27 eine erhebliche Bedeutung. So gehen mehr als 80 Prozent der Exporte der Slowakei und Tschechiens in die EU-Partnerländer. Für Estland und Lettland hat die EU ein ähnliches Gewicht auf der Importseite. Im Durchschnitt der 27 Mitgliedstaaten kommt im Jahr 2012 der Binnenhandel innerhalb der EU bei den Importen auf einen Anteil von 60,6 Prozent, bei den Exporten sind es 62,7 Prozent. Allerdings zeigen sich zwischen den einzelnen EU-Mitgliedern erhebliche Unterschiede. Vor allem die kleineren Staaten setzen überdurchschnittlich viele Waren und Dienstleistungen im Binnenmarkt ab. Große Länder wie Deutschland, Frankreich, Italien und Großbritannien sind dagegen nur unterdurchschnittlich auf dem gemeinsamen Markt aktiv und unterhalten intensivere Handelsbeziehungen zu Drittstaaten.

Wolfgang Fink, Pressetext dpa-infografik, 12.9.2013

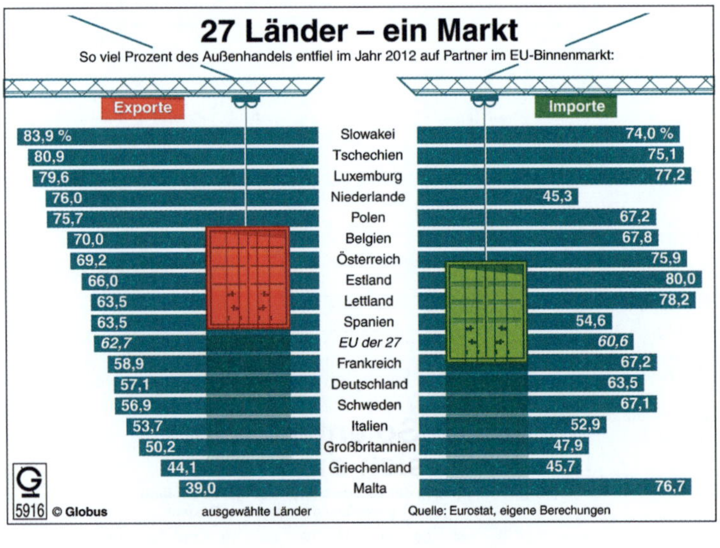

Durch die Währungsunion wurden innerhalb der EU die Voraussetzungen für einen echten Binnenmarkt und die damit verbundenen Vorteile geschaffen:

- Zwischen den beteiligten Staaten gibt es keine Wechselkursrisiken mehr; das erleichtert den Handel über die Grenzen hinweg.
- Die Geld- und Kapitalmärkte werden durchlässiger.
- Grenzüberschreitende Bankgeschäfte können schneller und kostengünstiger abgewickelt werden.
- Es gibt mehr Preistransparenz und Wettbewerb, da sich die Güter- und Dienstleistungsangebote der Länder anhand der Europreise unmittelbar miteinander vergleichen lassen.

Bergmoser + Höller Verlag: Die Euro-Zone, Pressetext 01/2014

Rechte der EU-Bürger

Freizügigkeit
Die EU-Bürger haben das Recht, sich in allen Mitgliedsstaaten frei zu bewegen und aufzuhalten, überall zu studieren und zu arbeiten.

Petitionsrecht
beim Europäischen Parlament;
Beschwerderecht beim Bürgerbeauftragten über Missstände in der Tätigkeit von EU-Institutionen.

Wahlrecht
bei Europa- und Kommunalwahlen auch für Bürger, die in einem anderen als ihrem eigenen EU-Land leben.

Schutz der Grundrechte
Wer glaubt, durch Einrichtungen der EU in seinen Grundrechten eingeschränkt zu werden, kann den Europäischen Gerichtshof anrufen.

A1 Setzen Sie die durchschnittliche Wirtschaftsleistung je Einwohner der EU der „Achtundzwanzig“ gleich 100.
a) Berechnen Sie, wie die Wirtschaftsleistung der mittel- und osteuropäischen Länder hiervon abweicht.
b) Stellen Sie dies nach der Berechnung in einem Balkendiagramm dar.

mittel- und osteuropäische EU-Länder	Einwohner in Mio.	Bruttoinlandsprodukt je Einwohner 2014[1]	Prozent des EU-Durchschnitts
Estland	1,3	19300,00 EUR	________
Lettland	2,3	18500,00 EUR	________
Litauen	3,4	20300,00 EUR	________
Malta	0,4	23100,00 EUR	________
Polen	38,1	18 300,00 EUR	________
Slowakei	5,4	20400,00 EUR	________
Slowenien	2,1	21400,00 EUR	________
Ungarn	10,0	18000,00 EUR	________
Tschechien	10,5	21 200,00 EUR	________
Zypern	0,8	21100,00 EUR	________
Bulgarien	7,6	12800,00 EUR	________
Rumänien	21,5	13900,00 EUR	________
EU der 28	500,0	26500,00 EUR	________

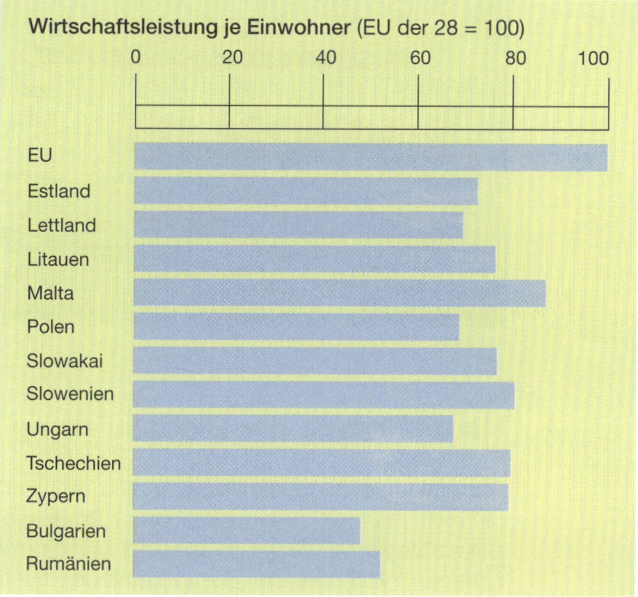

c) Erläutern Sie Ihr Ergebnis :

____

____

____

____

____

A2 Man spricht von den „vier Freiheiten“ für den EU-Binnenmarkt. Welche „Freiheiten“ sind Ihrer Meinung nach besonders vorteilhaft?
Erstellen Sie eine Mind-Map (Gedächtnis-Landkarte).

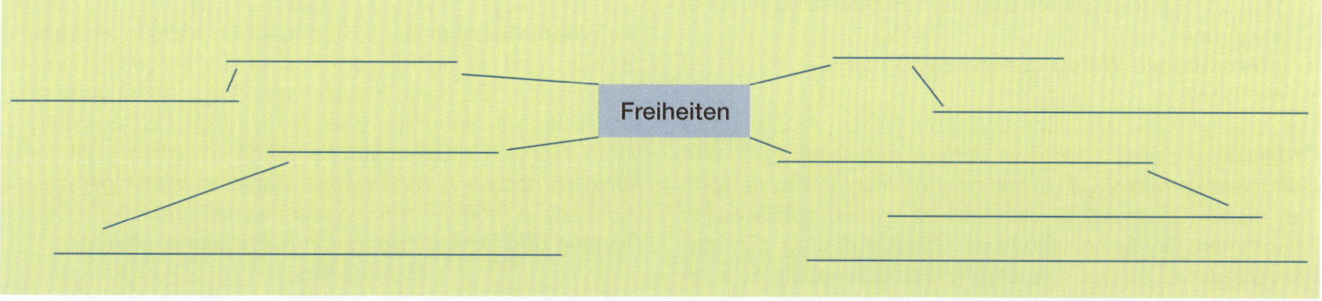

[1] Prognose und vorläufige Werte; Zahlen gerundet; Quelle: EU-Kommission/Wirtschaftskammer Österreich, http://wko.at/statistik/eu/europa-BIPjeEinwohner.pdf, Zugriff: 5.5.2014

14.1 Weltwirtschaft und Welthandel

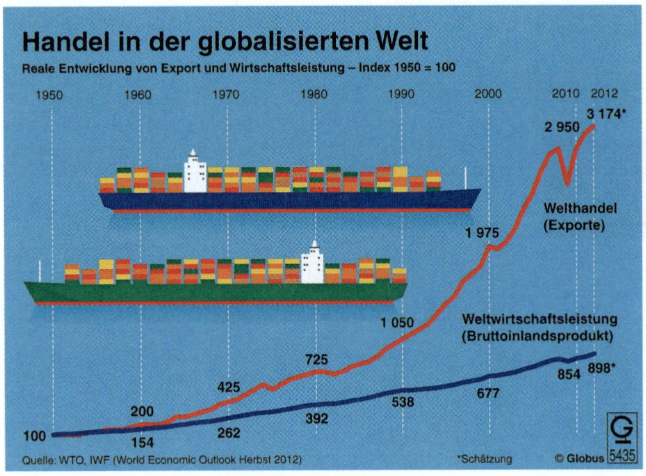

Globalisierung

Wenn man in Finnland Bananen aus Equador kaufen kann, in Equador Maschinen aus Deutschland, in Deutschland Kaffee aus Vietnam, in Vietnam DVD-Player aus Japan und in Japan Wodka aus Russland, dann zeigt dies: Die Volkswirtschaften der Welt wachsen zu einer weltumspannenden Wirtschaft zusammen. In diesem Zusammenhang spricht man von Globalisierung. Der Begriff „Globalisierung" ist aber noch umfassender: Er ist Ausdruck einer neuen Qualität internationaler Verflechtungen in Handel und Produktion. Globalisierung ist also die zunehmende gegenseitige Abhängigkeit aller Märkte für die jeweiligen volkswirtschaftlichen Produktionsfaktoren Arbeit, Kapital, Boden und auch des technischen Knowhows.

Hauptakteure der Globalisierung

Hauptakteure der Globalisierung sind multinationale Unternehmen[1], die mit ihren Investitions-, Produktions- und Produktstrategien zunehmend Umfang und Formen des internationalen Handels und der Investitionen bestimmen. 2008 gab es weltweit rund 82 000 multinationale Unternehmen mit insgesamt 807 000 Tochtergesellschaften. Die „Multis" und ihre „Töchter" waren für ein Drittel der Weltproduktion zuständig.[2]

Am Anfang der Entwicklung stand die Einsicht, dass sich Staaten, die sich wirtschaftlich nicht abschließen, sondern in einen offenen Austausch mit anderen Wirtschaften treten, davon profitieren und Wohlstandsgewinne erzielen.

Das allgemeine Muster dabei ist: Ein Land produziert diejenigen Güter, die es besonders billig oder besonders gut herstellen kann oder zu dessen Produktion verstärkt diejenigen Produktionsfaktoren benötigt werden, mit denen das Land besonders reichlich ausgestattet ist.

Zitate:

- „Globalisierung bedeutet für mich, dass Firmen und Arbeitskräfte, Kapital und Verstand, Güter und Dienstleistungen vermehrt Grenzen passieren, ohne dass Politik, Gesetze und Regulierungen sie daran hindern." (Themba Sono, Professor für Ökonomie, Pretoria)
- „Globalisierung bedeutet für mich, dass niemand verschont bleibt, seine Haut weltweit zu Markte zu tragen. Der Wettlauf um niedrigste Löhne und übelste Arbeitsbedingungen spielt Menschen gnadenlos gegeneinander aus." (Cornelia Füllkrug-Weitzel, Brot für die Welt)
- „Globalisierung ist das, was wir in der Dritten Welt einige Jahrhunderte Kolonisierung genannt haben." (Martin Khor)

Internationale Organisationen

Nach dem Ende des Zweiten Weltkriegs wurden internationale Institutionen ins Leben gerufen, deren Ziel es war, die Außenhandelsbeziehungen zwischen den Ländern wieder zu intensivieren und institutionell abzusichern. Die drei wichtigsten Institutionen sind die

- **Welthandelsorganisation WTO** (als die Nachfolgeorganisation des allgemeinen Zoll- und Handelsabkommens) sowie der
- **Internationale Währungsfond (IWF)** und die
- **Weltbank**.

Die heutige Welthandelsorganisation (WTO: World Trade Organisation) ging 1995 aus dem Allgemeinen Zoll- und Handelsabkommen (GATT) hervor und hat ihren Sitz in Genf. Ziel dieser Organisation war und ist es, in multilateralen Abkommen für die zunehmende Handelsöffnung der Mitgliedsländer zu sorgen. In mehreren Runden gelang es auch tatsächlich, deutliche Senkungen des Zollniveaus zu erreichen. Daneben vermittelt bzw. entscheidet die Welthandelsorganisation auch in bilateralen Handelskonflikten.

Der **IWF** engagiert sich heute vor allem im Management länder- oder regionenspezifischer Wirtschaftskrisen. Das Hauptinstrument ist dabei, Kredite bereitzustellen und zu organisieren, um die Zahlungsunfähigkeit einzelner Länder abzuwenden.

Die **Weltbank** hat sich auf Kredite für Entwicklungshilfe konzentriert und ist auf diesem Gebiet die weltweit führende Organisation. Da diese Kredite wegen des damit verbundenen Risikos beziehungsweise des niedrigen Ertrags auf privaten Märkten nicht zustande kommen würden, ist diese Funktion nach wie vor sinnvoll. Daneben leistet gerade die Weltbank in großem Umfang technische Hilfestellung bei der Planung und Durchführung von Entwicklungsprojekten.

---

[1] Aktueller ist der Begriff „TNC" (transnationale Unternehmen).

[2] vgl. Informationen zu transnationalen Unternehmen der Bundeszentrale für politische Bildung, www.bpb.de/nachschlagen/zahlen-und-fakten/globalisierung/52630/anzahl, Zugriff: 6.5.2014

A1 Werten Sie die Grafik aus. Um welche Faktoren haben sich in den Jahren von 1950 bis 2012 die weltweite Produktion und der weltweite Handel vervielfacht?

____

____

A2 Im folgenden Beispiel geht es um die Produktion von Jeans. Tragen Sie die beteiligten Länder in die Weltkarte ein. Kennzeichnen Sie anschließend den Produktionsweg durch Linien.

Eine US-amerikanische Firma organisiert die Produktion von Jeans.
Inder bauen mit deutschen Düngemitteln Baumwolle an.
Diese wird dann in der Türkei zu Garn gesponnen.
Im mittelamerikanischen Honduras werden die Stoffe unter Verwendung britischer Kurzwaren zu Jeans genäht.
Nach Fertigstellung werden die Jeans nach Deutschland exportiert und dort verkauft.

A3 Füllen Sie die folgenden Textlücken sinnvoll aus.

Große international operierende ______________ können sich genau die ______________ für ihre ______________, den Vertrieb und den Absatz ihrer Waren aussuchen, die ihnen den größten ______________ sichern.

A4 Nennen Sie drei mögliche Vorteile von global operierenden Unternehmen.

- ____
- ____
- ____

A5 Welche Faktoren treiben den Globalisierungsprozess voran im

a) Bereich der Kommunikationstechnik?

- ______________________
- ______________________

____

b) Bereich des Transportwesens?

- ______________________
- ______________________

____

A6 WTO, IWF und Weltbank sind drei internationale Organisationen, die unterschiedliche Aufgaben haben. Tragen Sie die Namen der jeweiligen Organisationen in den nachfolgenden Text ein.

______________ sorgt für eine zunehmende Handelsöffnung zwischen den Mitgliedsländern und entscheidet in Welthandelskonflikten.

______________ gewährt Kredite, um die Zahlungsunfähigkeit von Ländern abzuwehren.

______________ gibt den Entwicklungsländern Kredite, gewährt technische Hilfestellung bei der Planung und Durchführung von Entwicklungsprojekten.

Dominanz der Marktwirtschaft und freier Wettbewerb

Seit den 1980er-Jahren hat sich in weiten Teilen der Welt die Marktwirtschaft als effektivstes Modell durchgesetzt, vor allem ihre reine Variante des angebotsorientierten Neoliberalismus (s. Kasten). In diesem Sinne folgte innenpolitischen Reformen zur Stärkung des Wettbewerbs oft auch eine Liberalisierung auf internationaler Ebene; etwa im Rahmen des Welthandelsabkommens GATT.

Da in den kommenden Jahrzehnten Dienstleistungen wie die Entwicklung von Computerprogrammen, Konstruktion von Maschinen, Call-Center usw. eine immer größere Rolle spielen werden, wurde bereits 1994 für diesen Bereich ein internationales Regelwerk für den Handel mit Dienstleistungen geschaffen. Gleichzeitig wurde durch die Einrichtung der Welthandelsorganisation (WTO) das GATT-Abkommen ersetzt (vgl. Kap. 14.1).

Mit **Neoliberalismus** ist ein wirtschaftspolitisches Konzept gemeint, nach dem die ökonomischen Prozesse in erster Linie über den Markt gesteuert werden. Staatliche Eingriffe sind nur erwünscht, wenn sie der Erhaltung des freien Wettbewerbs dienen und damit gruppenegoistische Machtentfaltung auf dem freien Markt verhindern.

Unter **angebotsorientierter** Politik versteht man ein Bündel von Maßnahmen, das die Unternehmen entlastet, wie z. B.

- geringe Lohnsteigerungen,
- Steuererleichterungen,
- Abbau bürokratischer Hemmnisse,
- Lockerung des Kündigungsschutzes,
- Öffnungsklauseln in Flächentarifverträgen,
- geringe Auflagen im Umweltschutz,
- usw.

Technische Innovationen

Ihre eigentliche Dynamik erhielt die Globalisierung durch die enorme technologische Entwicklung auf den verschiedensten Gebieten. Gemeint sind hiermit die Produkte selbst wie auch ihre Herstellung. Die Verbesserungen der Produktionsmethoden ermöglichen erhebliche Produktivitätssteigerungen, die wiederum Innovationen in anderen Wirtschaftsbereichen auslösen. Ein Beispiel wird im folgenden Abschnitt genauer erläutert.

Revolutionierung durch Mikroelektronik und Telekommunikation

Die modernen Informations- und Kommunikationstechnologien (Multimedia) haben zwar auch stark im privaten Konsum Verbreitung gefunden – z. B. Handy, digitales Fernsehen, electronic Banking, Online-Dienste, Internet usw. Von größerer ökonomischer Bedeutung sind jedoch die geschäftlichen und betrieblichen Anwendungen dieser neuen Technologien, z. B. Automatisierungsprozesse in der Produktion.

Karikatur: Felix Musil, Frankfurt/M.

Weitere Ursachen

Sprunghaft beschleunigt wurde der Prozess der Globalisierung auch durch eine Reihe weiterer Faktoren:

- umfassender Ausbau der Verkehrs- und Transportwege, gesunkene Transportkosten,
- Mobilität des Kapitals,
- Abbau staatlicher Vorschriften im Innern (Deregulierung),
- Vereinheitlichung technischer Normen,
- Übernahme der Marktwirtschaft durch ehemals kommunistische Länder,
- Übergang von der Industrie- in die Wissensgesellschaft.

Shareholder Value

Wörtlich übersetzt bedeutet dieser Begriff nichts anderes als „Aktionärswert". Der Shareholder Value bezeichnet somit den Wertzuwachs von Unternehmensaktien. Der Kurs der Aktien muss steigen, sonst suchen sich die Anleger eine Anlageform, die größeren Gewinn verspricht. Der Unternehmenserfolg ist auf eine einzige Messgröße, die Aktienrendite, reduziert.

Die Konzentration auf den Shareholder Value sichert dem Topmanagement nicht nur das Wohlwollen des Aufsichtsrates und seiner Aktionäre. Sie liefert der Führungsriege auch gute Gründe dafür, ertragsschwache Unternehmensbereiche abzustoßen. Dem Management gibt sie Gründe an die Hand, Forderungen des Betriebsrats, beispielsweise nach Lohnerhöhungen, abzulehnen.

Um mehr Druck zu machen, werden die Manager-Bezüge an den Aktienkurs gekoppelt.

Im Zuge der Globalisierung der Finanzmärkte haben sich US-amerikanische und britische Rentenfonds in deutsche Unternehmen eingekauft und erwarten nun von diesen Unternehmen eine Rendite, wie sie von deutschen Unternehmen bislang nicht erwirtschaftet wurde. Daraus resultiert speziell in Deutschland ein ungeheurer Zwang zur Rationalisierung. Arbeitskräfte werden entlassen und durch Technik ersetzt.

A1 Viele Bereiche des gesellschaftlichen und wirtschaftlichen Lebens verursachen und befördern die Globalisierung. Andererseits wirkt die Globalisierung auf diese Bereiche zurück. Das nachfolgende Schema soll Ursachen und Erscheinungsformen der Globalisierung verdeutlichen. Finden Sie geeignete Begriffe und ergänzen Sie das Schema.

Ursachen und Erscheinungsformen der Globalisierung

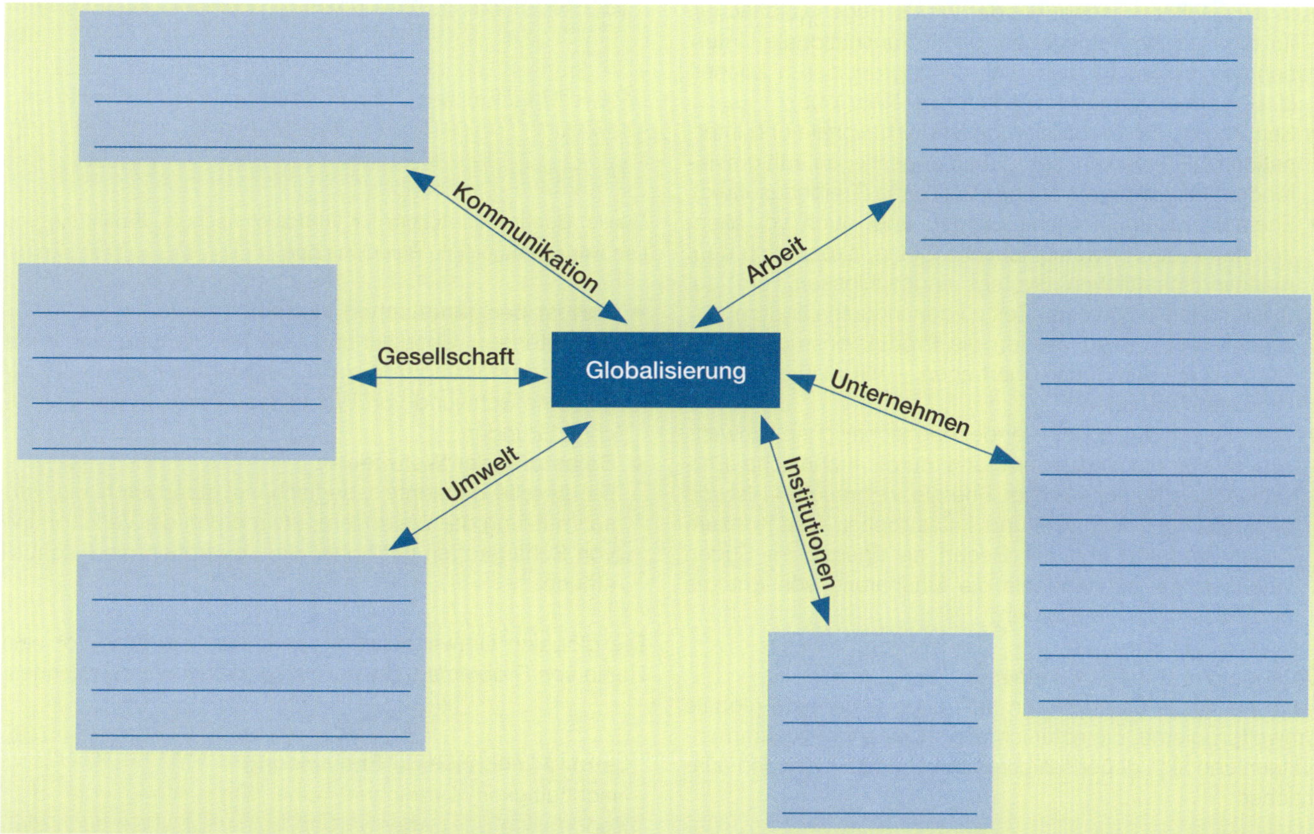

A2 Was versteht man unter Neoliberalismus?

____

____

____

A3 Welche Botschaft will die Karikatur vermitteln?

____

____

____

A4 a) Was versteht man unter Shareholder Value?

____

____

b) Welche Konsequenzen bzw. Gefährdungen können sich hieraus ergeben? Nennen Sie drei Beispiele.

1. Arbeitsmärkte: ______________________________

____

2. Sozialstaat: ______________________________

3. Umwelt: ______________________________

14.3 Ökonomie kontra Ökologie

Das weltweite Zusammenwachsen der Wirtschafts- und Finanzmärkte mit seinen technologischen Voraussetzungen und Möglichkeiten hat für die Umwelt entscheidende Konsequenzen: Ökonomie[1] steht häufig im Gegensatz zur Ökologie[2].

Beispiele:

- In asiatischen Ländern wurden große Regenwaldflächen für die Rodung freigegeben, damit transnationale Unternehmen billiger für den Weltmarkt produzieren können (z. B. Kaffeeplantagen in Vietnam, s. Kap. 14.5).
- Seit Beginn der Globalisierung ist der nationale und internationale Flugverkehr sprunghaft angestiegen, mit gravierenden Auswirkungen auf das Weltklima (Treibhauseffekt).
- Ehemals kommunistische Länder, aber auch vor allem das heute noch kommunistische China, haben sich dem marktwirtschaftlichen System angeschlossen, um auf diese Weise in kürzester Zeit zu den Industrieländern aufzuschließen. Hierzu werden die Produktionsmuster des Nordens auf den Süden übertragen — mit all ihren fatalen Umweltbelastungen.
- Selbst wenn die Industrieländer den technischen Umweltschutz ständig verbessern und durch technische Entwicklungen immer weniger Energie verbrauchen, ist die ökologische Gesamtwirkung katastrophal. Der Konsum neuer Produkte und der Bedarf an Energie im Süden wachsen viel schneller als die Einsparung von Energie und Ressourcen im Norden.

Ökologische Schäden weltweit

Nach heutigem Stand lassen sich als drängendste globale Umweltprobleme, die natürlich eng miteinander zusammenhängen und sich gegenseitig verstärken, die Folgenden ausmachen:

- **Klimaveränderungen:**
  Flutkatastrophen, Überschwemmungen einerseits, das Vorrücken von Trockenzonen und Wüsten und eine Verknappung der Süßwasserressourcen andererseits

Länder mit den höchsten CO_2-Emissionen

Land	CO_2-Emissionen durch Verbrennung fossiler Energieträger in Mt	Pro-Kopf-Emissionen in t
China	7 955	5,92
USA	5 287	16,94
Indien	1 745	1,41
Russland	1 653	11,65
Japan	1 186	9,28
Deutschland	748	9,14
Südkorea	588	10,81
Kanada	566	15,37
Iran	521	6,97
Saudi-Arabien	457	16,28

Quelle: CO_2 Emissions from Fuel Combustion – Highlights © OECD/IEA, 2012, S. 48–50 und 99–101.

Regenwald – Zerstörung in den Tropen

Region	Restlicher Regenwald (1 000 ha)	
	1990	2004
Südamerika	896 450	788 197
Afrika	687 280	607 722
Asien	307 790	271 738
Zentralamerika	88 320	75 436
Ozeanien	36 350	35 136
alle Tropenländer	1 976 190	1 776 739

Quelle: Bundesministerium für Verbraucherschutz, Ernährung und Landwirtschaft, eigene Berechnungen

- **Verlust der genetischen Vielfalt:**
  Artensterben, Überfischung und Ausbeutung der Weltmeere, Abholzung tropischer Regenwälder sowie der allgemeine Schwund von Waldressourcen aus wirtschaftlichen Gründen
- **Belastung der Weltmeere:**
  Die bereits genannte Überfischung, aber auch die Verschmutzung der Weltmeere, etwa durch die Verklappung von Schadstoffen auf hoher See, bedrohen die Fischbestände.

Die globalen Umweltbelastungen stellen die Welt vor eine Reihe von Problemen, die nur global gelöst werden können.

Leitbild „nachhaltige Entwicklung“
Nachhaltigkeit bezeichnet eine Entwicklung, die die Bedürfnisse der Gegenwart so befriedigt, dass auch die Lebens- und Rohstoffgrundlagen künftiger Generationen nicht gefährdet werden.

In Rio de Janeiro verständigten sich 1992 178 Staaten mit dem globalen Aktionsprogramm „Agenda 21“ auf das Prinzip einer nachhaltigen Entwicklung.
Das wichtigstes Ziel der Klimarahmenkonvention von 1992 und des 1997 verabschiedeten Kyoto-Protokolls ist die Reduktion oder Begrenzung der Treibhausgase in den „alten“ Industriestaaten sowie in den jungen Marktwirtschaften Osteuropas. Dabei wurde für jedes einzelne Land ein Emissionsziel formuliert, um den unterschiedlichen geografischen, klimatischen, wirtschaftlichen und sozialen Bedingungen Rechnung zu tragen.

Klimapolitik - ein schwieriges Geschäft

Auf der bislang letzten Klimakonferenz im Dezember 2012 in Doha, der Hauptstadt Katars, haben sich die fast 200 Teilnehmerstaaten auf einen Kompromiss geeinigt: Das Kyoto-Protokoll wird bis 2020 verlängert. Schärfere Verpflichtungen sind nicht vorgesehen. Russland, Kanada, Japan und Neuseeland sind an der zweiten Verpflichtungsperiode nicht mehr beteiligt. Neben den 27 EU-Staaten machen noch zehn weitere Länder bei Kyoto II mit. Sie alle verursachen allerdings nur 15 % der Emissionen. Ein Weltklimavertrag, bei dem sich alle Länder verpflichten sollen, ist erst ab 2020 geplant.

---

[1] Ökonomie = Wirtschaftslehre, Wirtschaftlichkeit
[2] Ökologie = Wissenschaft von den Beziehungen zwischen Lebewesen und ihrer Umwelt

A1 Zeigen Sie am Beispiel des gestiegenen Flugverkehrs den Gegensatz zwischen Ökonomie und Ökologie auf.

A2 Definieren Sie den Begriff „globale Umweltprobleme“.

A3 Berechnen Sie aus der nebenstehenden Tabelle

a) um wie viel Prozent sich die Regenwaldfläche von 1990–2004 verringert hat.

daraus folgt:

b) die Fläche absolut

In km^2 umgerechnet sind das

c) das Verhältnis dieser Fläche zur Gesamtfläche der Bundesrepublik Deutschland. Die Gesamtfläche der Bundesrepublik beträgt 357 022 km^2.

A4 Wie werden sich die CO_2-Emmissionen in der Zukunft entwickeln? Denken Sie an die Wirtschaftsentwicklung in den osteuropäischen Staaten, vor allem aber in China und in den Entwicklungsländern.

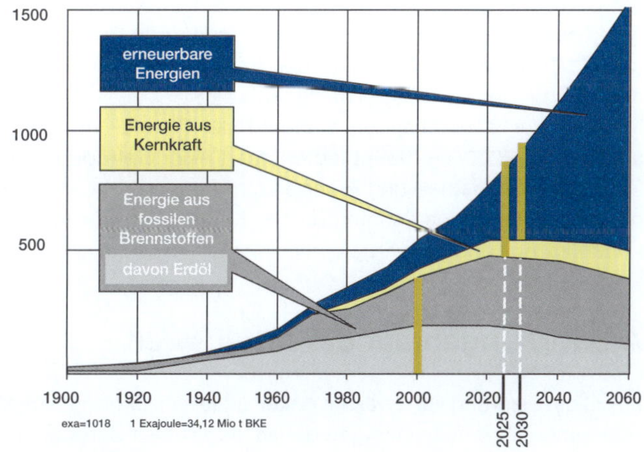

Quelle: Mercur Eco e. V.

A5 Berechnen Sie, wie viel Emissionsrechte für CO_2 jeder Mensch auf der Erde in Anspruch nehmen könnte, wenn alle gleich berechtigt sind, und die CO_2- Emissionen verringert werden sollen.

Rechnen Sie mit folgenden Angaben:
- Im Jahr 2000 lebten etwa 6 Mrd. Menschen auf der Erde.
- Sie verursachten insgesamt 24 Mrd. t CO_2/Jahr, d. h. im Durchschnitt 4 t CO_2/Jahr und Person.
- Im Jahre 2050 werden etwa 10 Mrd. Menschen auf der Erde leben.
- Klimaforscher fordern ein Absenken auf 10 Mrd. t CO_2/Jahr.

Schreiben Sie einen Kommentar zu diesem Ergebnis auf ein gesondertes Blatt.

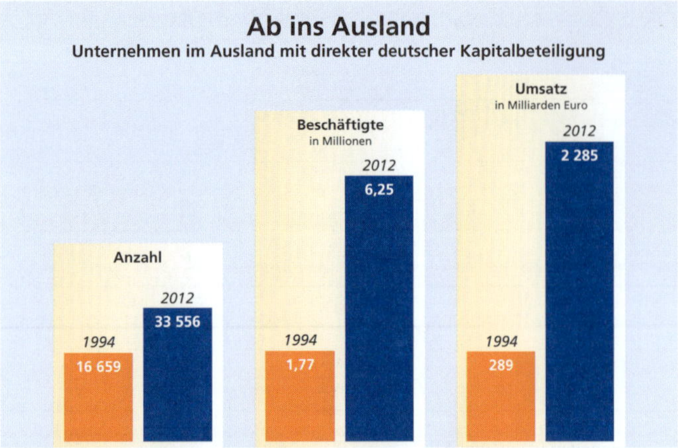

Eigene Zusammenstellung nach Ursprungsdaten der Deutschen Bundesbank

Direktinvestitionen

Je mehr sich die Grenzen für Waren, Finanzströme, Dienstleistungen und Informationen öffnen, desto enger wächst die Weltwirtschaft zusammen. Diese Form der internationalen Kapitalverflechtung hat auch für Deutschland in den letzten Jahrzehnten zunehmend an Bedeutung gewonnen.
Man spricht in diesem Zusammenhang von **Direktinvestitionen** und meint damit private Kapitalanlagen, mit denen außerhalb der eigenen Landesgrenzen Unternehmensbeteiligungen erworben, Zweigbetriebe errichtet und/oder Tochtergesellschaften gegründet werden. Seit Mitte der 1990er-Jahre stieß die deutsche Wirtschaft mit ihren Auslandsbeteiligungen in eine vorher kaum denkbare Größenordnung vor: 2012 waren ca. 33 000 deutsche Firmen in den verschiedensten Ländern der Welt präsent (s. obige Grafik).
Nach kurzer Zurückhaltung während der Finanz- und Wirtschaftskrise (2008—2009) planten nach einer Befragung des Deutschen Industrie- und Handelskammertages 44 Prozent der deutschen Industrieunternehmen für 2010 wieder Investitionen im Ausland.

Auswirkungen auf die Arbeitswelt

[...] Globalisierung ist zwar in erster Linie ein ökonomisches Phänomen, ihre Auswirkungen gehen jedoch weit darüber hinaus. Viele Menschen in den Industriestaaten sehen sie als eine Gefährdung ihrer sozialen Sicherheit und ihrer Zukunftschancen an. Der Abbau zwischenstaatlicher Hindernisse erleichtert es besonders großen, kapitalkräftigen Unternehmen, die ihre Produktionskosten verringern wollen, sich in Ländern mit niedrigeren Lohnkosten, minimalen umweltpolitischen Auflagen sowie schwachen sozialen Sicherungssystemen niederzulassen. Für einfache Tätigkeiten wird in manchen Ländern so wenig bezahlt, dass die dort hergestellten Produkte ungeachtet der Transportkosten immer noch billiger sind als solche, die in Deutschland fabriziert wurden [s. Bericht rechts].
Dies gefährdet vor allem solche Arbeitsplätze, für die schon geringe Qualifikationen ausreichen. Folglich müssen die Menschen ein immer höheres Ausbildungsniveau und innovative Fähigkeiten aufweisen, um mit der Arbeitnehmerschaft anderer Industriestaaten konkurrenzfähig zu bleiben. [...]

Quelle: Bernard von Plate, Grundzüge der Globalisierung, in: Informationen zur politischen Bildung (Heft 280), www.bpb.de/publikationen/5G4W2M,0,Grundz%FCge_der_Globalisierung.html, Zugriff: 5.12.07

Ausbeutung in der Arbeitswelt?

Ob Karstadt, C&A, Adidas, Nike, H&M, Levis ... – sie alle lassen ihre Bekleidung in Weltmarktfabriken in Billiglohnländern produzieren. 80 – 90% unserer Kleidung wird in solchen Fabriken überwiegend von Frauen hergestellt. Über die ausbeuterischen und unwürdigen Arbeitsbedingungen in diesen Fabriken, in Lateinamerika „Maquiladoras" genannt, wird jedoch kaum berichtet.

[...] Wesentliche Kennzeichen dieser Fabriken, meist mit anderen Maquiladoras in Freien Produktionszonen (FPZ) angesiedelt, sind, dass sie nicht für das Inland, sondern für den Export produzieren und dass dort andere Gesetze und Regeln gelten als im übrigen Teil des Landes. Die FPZ werden daher auch als „Staat im Staate" bezeichnet. Die dort geltenden Sonderregelungen sind durchweg unternehmerfreundlich:

- keine oder geringe Umweltauflagen,
- keine Zölle, keine Steuern (weder Mehrwert-, noch Gewinn-, noch Gewerbesteuer),
- freie Gewinnrückführung,
- kaum Gewerkschaften,
- kostenlose Infrastruktur, fertige Fabrikhallen zu geringen Mieten [...].

[...] In El Salvador existieren mittlerweile 225 Maquiladoras in sechs FPZ. Die Anzahl der Arbeiter innen ist dort innerhalb von 14 Jahren (1986–2000) von 2 100 auf 80 000 angestiegen. In Honduras stieg die Anzahl sogar von 2 538 (1986) auf 110 923 (1999).

Neben diesen „Vorteilen" nutzen die Konzerne gerne einen weiteren bedeutenden Faktor: die billigen Arbeitskräfte. [Es arbeiten hauptsächlich Frauen, zwischen 18 und 28 Jahren alt, in diesen Fabriken. Eine Frau ab 30 hat keine Chance.] Aber auch die übrigen Arbeitsbedingungen sind miserabel:

- unbezahlte, erzwungene Überstunden, regelmäßige Schwangerschaftstests,
- Arbeitsdruck durch die VorarbeiterInnen,
- hohe Sollvorgaben,
- ungereinigtes Trinkwasser,
- bewachte Toilettengänge,
- Strafarbeiten bei „Zuspätkommen"

sind typische Beispiele für die unwürdigen Arbeitsbedingungen. Hinzu kommt ein ausbeuterischer Lohn von 144 US-$/Monat in El Salvador. Berechnungen zufolge müsste der Lohn für eine 4-köpfige Familie etwa 520 US-$ betragen, um ein einigermaßen erträgliches Leben zu ermöglichen.

Quelle: Dorit Siemers, Graswurzelrevolution 4/2001 (gekürzt), www.graswurzel.net/258/elsalvador.shtml, Zugriff: 6.5.2014

A1 Berechnen Sie die Wachstumsraten deutscher Unternehmen bezogen auf Anzahl, Beschäftigte und Umsatz im Vergleich der Jahre 1994 bis 2012 in Prozent.

Anzahl ______________________

Beschäftigte ______________________

Umatz ______________________

A2 Aus welchen Gründen verlegen deutsche Unternehmen ihre Produktion ins Ausland? Listen Sie stichwortartig Urteile bzw. Vorurteile über den deutschen Standort für Arbeit und Dienstleistungen auf.

- ______________________
- ______________________
- ______________________
- ______________________
- ______________________
- ______________________

A3 Das nachfolgende Schema listet die Standortfaktoren aus Unternehmersicht differenzierter auf. Dabei wird zwischen beschaffungsseitigen, produktionsbezogenen und absatzseitigen Aspekten unterschieden. Ergänzen Sie das Schema. Der Bericht über die Maquiladoras gibt Ihnen insbesondere zum Aspekt „produktionsbezogen" Anregungen.

Standortfaktoren aus Unternehmersicht

beschaffungsseitig	produktionsbezogen	absatzseitig
◆	◆	◆
◆		◆
◆	◆	◆
		◆
◆	◆	
◆		
◆		
◆		

A4 Lesen Sie den nebenstehenden Bericht über die Maquiladoras.

a) Würde ein Boykott der Firmen, die den Weltmarktfabriken Aufträge geben, helfen?

____

____

b) Was muss Ihrer Meinung nach geschehen, damit sich die Produktionsbedingungen in den Entwicklungsländern verbessern?

____

____

____

____

____

14.5 Welthandel und Entwicklungsländer

Staaten, die erst am Anfang einer industriellen Entwicklung stehen und die notwendigen Voraussetzungen für eine Marktwirtschaft, wie vor allem eine
- rechtsstaatliche Ordnung und
- funktionierende Institutionen,

allenfalls ansatzweise bieten können, haben es schwer, sich gegenüber der Konkurrenz entwickelter Industrieländer zu behaupten. Sie drohen weltwirtschaftlich an den Rand gedrängt zu werden. Die Gefahr besteht, dass sich die ohnehin schon bestehende wirtschaftliche Kluft zwischen den Industriestaaten im Norden und vielen Entwicklungsländern im Süden weiter vergrößert (z. B. in Afrika).

Theoretisch sollte der freie Welthandel auch den wirtschaftlich Schwächeren helfen, die Wirtschaft ihres Landes zu entwickeln. Denn wirtschaftlich schwächere Länder können häufig zu günstigeren Kosten produzieren und ihre Waren somit billiger in andere Länder liefern.

Während der 1990er-Jahre steigerten die Industrieländer ihre Ausfuhr um 60 Prozent, die Entwicklungsländer legten 138 Prozent zu — mehr als das Doppelte. Bei diesen Zahlen muss man allerdings berücksichtigen, dass diese Entwicklung nicht alle Länder erfasst hat. Ferner ist zu fragen, ob es den Entwicklungsländern gelungen ist, eine eigene Verarbeitungsindustrie aufzubauen oder aber ob ihnen nur die Aufgabe zugekommen ist, günstige Rohstoffe zu liefern.

Die verstärkte Integration in den Welthandel ist nur einer Handvoll Ländern gelungen, wie z. B. China, den südostasiatischen „Tigerstaaten", z. B. Südkorea, oder Mexiko.

An Afrika ist diese Entwicklung bisher vorbeigegangen. Das hat nahe liegende Gründe: Um ihre eigenen verarbeitenden Betriebe vor Billigkonkurrenz aus dem Süden zu schützen, werden z. B. die EU-Zölle erhoben. Solange es um Rohstoffe wie Kaffee, Kakao usw. geht, können diese zollfrei eingeführt werden. Sobald diese Rohstoffe verarbeitet sind, werden Zölle fällig.

Auf diese Weise haben die Entwicklungsländer keinerlei finanziellen Anreiz, eine verarbeitende Industrie aufzubauen. Sie werden auf die Rolle reiner Rohstofflieferanten beschränkt. Die meisten afrikanischen Staaten liefern daher weiterhin v. a. Rohöl, Erze und landwirtschaftliche Rohwaren wie Kakao oder Baumwolle. Dem Aufbau einer international konkurrenzfähigen weiterverarbeitenden Industrie stehen in Afrika aber auch die folgenden Hindernisse im Weg:
- mangelhafte Transportwege,
- fehlende Kommunikationsverbindungen,
- politische Instabilität,
- bürokratische Hindernisse vor allem beim Zoll,
- kaum konvertierbare Währungen,
- Sprachprobleme.

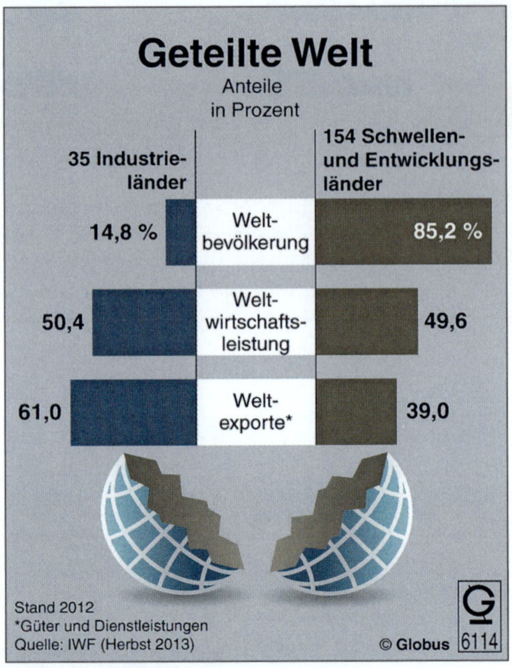

Unfaire Preise für Hühnerfleisch

Die Forderung nach einem Fair-Play im Welthandel geht aber noch in eine andere Richtung.

> Innerhalb eines Jahres haben die deutschen Fleischexportbetriebe ihren Export nach Afrika erneut mehr als verdoppelt. Waren es 2011 bereits über 20 Millionen Kilo Hähnchen aus Deutschland, die afrikanische Märkte überschwemmten, sind es 2012 schon 42 Millionen Kilo.
>
> [...] Afrika ist außerdem zum wichtigsten Exportmarkt für europäische Geflügelfleischreste geworden, [...] „Deutsches und EU-Fleisch verdrängt auf immer neuen Märkten die einheimischen Tierhalter und beraubt besonders Kleinbäuerinnen in Afrika zusätzlicher Einnahmen aus dem Geflügelverkauf", so Francisco Mari, Agrarhandelsexperte bei Brot für die Welt. „Nicht nur die Unmengen an gefrorenen Fleischstücken haben in Ländern wie Ghana oder Kongo einheimische Produzenten verdrängt. Mit Importpreisen von ca. 80 Eurocent pro Kilo können sie nicht konkurrieren. Diese Preise sind unfair und verbotenes Dumping. Die gleichen Fleischteile kosten in Deutschland trotz aller Fleischrabattschlachten mindestens drei Euro."
>
> Quelle: Francisco Mari, „Deutschland steigert Hähnchenausfuhren nach Afrika um 120 Prozent", 29.8.2013, unter: http://info.brot-fuer-die-welt.de/blog/deutschland-steigert-haehnchenausfuhren-afrika-um (Zugriff: 19.5.2014)

Doha-Runde — Zähes Ringen um Liberalisierung des Welthandels

2001 begann die gegenwärige Verhandlungsrunde der Welthandelsorganisation (WTO) in Doha am Persischen Golf. Bei diesen Verhandlungen — die bis heute nicht abgeschlossen sind und zuletzt 2008 in Genf weitergeführt wurden — geht es um mögliche Zusagen der Industrieländer, auf handelsverzerrende Subventionen und Zölle zu verzichten bzw. sie zu reduzieren. Andererseits fordern die Industriestaaten von den Entwicklungsländern eine größere Öffnung der Märkte vor allem für Industriegüter. Dagegen wenden sich die großen Schwellenländer wie Brasilien, China und Indien, die ihre noch relativ junge Industrie vor massiver Konkurrenz aus den alten Industrieländern schützen wollen. Die Verhandlungen scheiterten aber zuletzt daran, dass China und Indien Handelshemmnisse (Zölle) aufstellen wollten, wenn Importe von Agrarprodukten wie Reis und Zucker 10 Prozent überstiegen. Dagegen stellten sich die USA, die aber einen Schwellenwert von 40 Prozent akzeptiert hätten.

A1 a) Erstellen Sie mithilfe der nachfolgenden Tabelle ein gruppiertes Säulendiagramm, das die Produktion von Kaffee und den Erlös veranschaulicht.
b) Entwickeln Sie eine Formel, wie man den Preis für 500 g Kaffee berechnen kann.
Ermitteln Sie danach die Werte für die einzelnen Jahre und tragen Sie diese in die Tabelle ein.
c) Zeichnen Sie mithilfe dieser Werte ein Liniendiagramm.
d) Kommentieren Sie das Ergebnis.

	Exportmenge in Mio. Tonnen	Exporterlöse in Mrd. USD	Weltmarktpreise in USD pro 500 g
1996	7,4	15,096	______
1998	7,8	16,848	______
2000	8,8	11,264	______
2002	9	8,46	______
2004	6	7,44	______
2006	9,9	18,81	______
2008	9,5	23,56	______

Zur Information: Mit finanzieller Hilfe der Weltbank wurden in Vietnam Regenwaldflächen gerodet und Kaffeeanbauflächen eingerichtet. Vietnam ist nach Brasilien der zweitgrößte Kaffeeexporteur. Seither wird weltweit mehr Kaffee produziert als verbraucht.

b) Der Preis für 500 g Kaffee errechnet sich:

____

____

____

a)

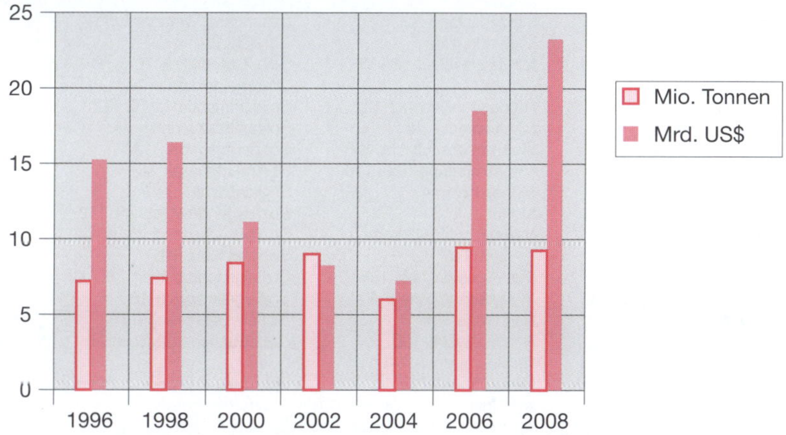

c)

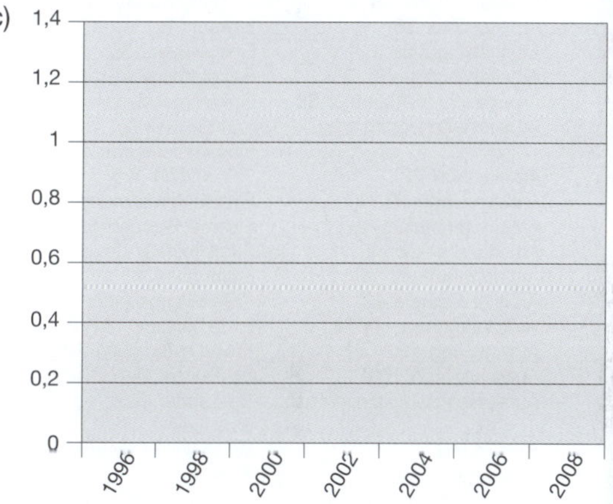

d) ______________________________

____

____

____

____

2 Macht wachsender Handel die Welt gerechter? Ist die Forderung von einigen Entwicklungsländern nach einem bedingungslosen Freihandel politisch umzusetzen?

____

____

____

____

____

Sachwortverzeichnis